邓小平理论和"三个代表"重要思想概论

（修订版）

《邓小平理论和"三个代表"重要思想概论》编写组　编写

苏州大学出版社

图书在版编目(CIP)数据

邓小平理论和"三个代表"重要思想概论/邵健主编. —修订本. —苏州：苏州大学出版社,2013.4(2019.1重印)

五年制高职德育系列教材

ISBN 978-7-5672-0465-2

Ⅰ.①邓… Ⅱ.①邵… Ⅲ.①邓小平理论—概论—高等职业教育—教材②"三个代表"—概论—高等职业教育—教材 Ⅳ.①A849 ②D261

中国版本图书馆CIP数据核字(2013)第065828号

邓小平理论和"三个代表"重要思想概论(修订版)

邵 健 主编

责任编辑 金振华

苏州大学出版社出版发行
(地址：苏州市十梓街1号 邮编：215006)
如皋市永盛印刷有限公司印装
(地址：如皋市纪庄村5组 邮编：226500)

开本787mm×1092mm 1/16 印张11.25 字数268千
2013年4月第1版 2019年1月第18次修订印刷
ISBN 978-7-5672-0465-2 定价：28.00元

苏州大学版图书若有印装错误,本社负责调换
苏州大学出版社营销部 电话：0512-67481020
苏州大学出版社网址 http://www.sudapress.com

五年制高职德育系列教材编委会

主 任　张建初　耿曙生

编 委　（以姓氏笔画为序）

　　　　王　蔚　田　雷　朱坤泉　许曙青

　　　　李国宝　邹　燕　张以清　陈兴昌

　　　　邵　健　庞清秀　曾　天　路柏林

《邓小平理论和"三个代表"重要思想概论》编写组

主　编　邵　健

副主编　罗志勇　刘小滇　李艳秋　李国宝

编写人员　唐强奎　何　菊　殷　盈　杨祥才

　　　　　邵　健　罗志勇　刘小滇

编写修订说明

五年制高等职业教育是我国高等教育的一种特殊形式,其特殊性主要表现在:一是生源为初中毕业生,学生入学年龄小,在校时间长,身心成长的跨度大、可塑性强,处于未成年人向成年人转型的关键时期;二是培养目标定位于大专层次的高等职业技术应用型人才。五年制高职教育的这种特殊性,既对传统的学校德育教育提出了挑战,也为德育课程的改革和创新提供了机遇。

由于五年制高职办学时间不长,加之德育课程建设有其自身的规律,因此相对于各专业课程教材的改革而言,五年制高职德育教材建设比较滞后,各院校基本上还是沿用中等职业学校的德育教材或选用普通高校的"两课"教材,造成教学内容或是简单重复,或是难以消化,德育效果受到不同程度的影响。鉴于目前各院校对改革德育课程教材的急迫需求,我们在反复调研论证的基础上,组织有关高职院校的专家和学科带头人编写了这套五年制高等职业教育德育课系列教材。

编写该系列教材的指导思想是:以邓小平理论、"三个代表"重要思想、科学发展观和习近平新时代中国特色社会主义思想为指导,认真落实党的十九大精神,深入贯彻《中共中央国务院关于进一步加强和改进未成年人思想道德建设的若干意见》《关于进一步加强和改进大学生思想政治教育的意见》和《中共中央国务院关于深化教育改革全面推进素质教育的决定》,教育学生拥护中国共产党的领导,坚持党的基本路线,掌握马克思主义、毛泽东思想和邓小平理论的基本原理,具有爱国主义、集体主义、社会主义思想和良好的思想品德,努力使自己成为德、智、体、美各方面全面发展,适应新世纪我国生产建设和管理服务第一线需要的高素质应用型人才。

教材的编写力求体现以下特色:一是适当调整教材理论的难度深度,不强调学科知识的系统性,体现基础性和够用为度的原则,并注意与初中阶段相关知识的衔接,简明扼要,重点突出,使学生听得懂,好消化;二是贴近学生、贴近生活、贴近职业需求,体现应用性要求,无论是内容的阐述、资料的选择,还是体例的编排、栏目的设计,都致力于提升学生应对和解决实际问题的能力,使之在体验性学习中学有所得,学以致用;三是适应这一阶段学生认知发展的特殊性,教材从内容到形式注意丰富多样,有的在每章开头设有学习提示,简要告知本章主要内容和意义、学习目标和教学方法;有的则在正文中按需设置了多个栏目,或是启发思考,或是解疑答难,或是延伸拓展;每章结尾都安排了思考练习或探究活动,使学习过程生动活泼,富有成效。为方便教学,我们还组织编写了与教材配套使用的学习指导与训练。

教材自2008年出版后,我们通过多种渠道与方式听取使用学校意见,并结合近年来我国经济、政治和社会生活发展变化的实际,于2012年启动了全面修订工作,力求使教材内容更加贴近教学需要。2018年,我们组织作者再次对教材作了修订。

五年制高职德育教材建设是一项带有探索性的工作,受到多方面条件的制约。尽管我们做了很大努力,但难免存在这样或那样的问题和不足。祈请不吝指正,以便我们在以后的修订中不断完善。

五年制高职德育系列教材编委会

前言

新时期我国正经历着整个社会层面的改革,同时面临着复杂的国际环境。如何正确处理国内外的各种矛盾,振兴中华,实现民族复兴,正在成为每个有爱国主义情怀的青年学生所积极追求的目标。当代高职学生面临着越来越激烈的竞争,他们更多地接触现实社会,对社会的观察和认识也趋于实际和深刻;他们不仅仅是社会道德和规范的评论者及捍卫者,更是社会价值观的实践者和参与塑造者,邓小平理论与"三个代表"重要思想和科学发展观理应成为他们面对现实进行选择的指针和规范。

"邓小平理论和'三个代表'重要思想概论"课主要是针对职业院校学生进行建设中国特色社会主义的理论与实践教育的公共基础课程,目的是使学生通过本课程的学习,全面理解指导中国现代化建设的邓小平理论和"三个代表"重要思想、科学发展观,有助于把实践与理论相结合进行思维创新,增强执行党的路线、方针、政策的自觉性,自觉地投身于中国现代化建设实践。

本教材按照教育部颁布的《邓小平理论和"三个代表"重要思想概论》教学大纲的基本要求,结合职业院校德育课程的规律和特征,大胆改革教材编写方法,抓住本课程兼有理论性和实践性的特点,遵循青年学生认知的基本规律和时代对青年学生应具备素质的要求,提高内容的针对性、实效性,从身边真实、具体的现实情况讲解邓小平理论与"三个代表"重要思想,增强吸引力、感染力,从单纯注重理论知识的传授转向重视对学生分析能力、情感认知的培养。2018年7月,教材又适时新增了党的十九大精神和习近平新时代中国特色社会主义思想的内容,体现了与时俱进的精神。编写中还引用了一些重要的文献及数据,论述角度和提出的观点、列举案例独具匠心,深入浅出,力求比较系统、生动具体地论述该课程的理论和知识,从而引导学生对理论学习和研究保持浓厚兴趣。

本书由邵健任主编并拟定编写提纲,罗志勇、刘小滇、李艳秋、李国宝任副主编。参与编写的老师有:唐强奎(第一、四、十章)、李国宝(第三章)、何菊(第二、七章)、殷盈(第五章)、杨祥才(第六章)、邵健(第八、九章)。最后由邵健、罗志勇、刘小滇、李艳秋修改定稿。

本书在编写过程中,得到了苏州大学出版社的大力支持,本书的责任编辑在审稿过程中提出了许多宝贵的修改意见,付出了大量心血;此外,教材出版后,盐城卫生职业技术学院等院校的有关老师就教材的修订完善提出了很好的意见建议,在此一并表示最诚挚的谢意。

作为一次尝试,愿本教材的编写能为青年学生树立正确的世界观、人生观、价值观和对他们学习政治理论有所帮助。由于时间仓促,加之我们水平有限,本书一定还存在着许多不足之处。因此,我们真诚地希望广大师生及各界同仁不吝赐教,提出宝贵意见和建议,以便我们今后的修订和完善。

目　录

第一章　邓小平理论的主要内容和历史地位
　　第一节　邓小平理论的形成和发展 …………………………………… （1）
　　第二节　邓小平理论的科学体系和基本内容 ………………………… （12）
　　第三节　邓小平理论的历史地位和指导意义 ………………………… （13）

第二章　"三个代表"重要思想和科学发展观是马克思主义中国化的重要理论成果
　　第一节　"三个代表"重要思想的形成和发展 ………………………… （19）
　　第二节　"三个代表"重要思想的科学体系和主要内容 ……………… （24）
　　第三节　"三个代表"重要思想的历史地位和指导意义 ……………… （30）
　　第四节　科学发展观 …………………………………………………… （35）

第三章　习近平新时代中国特色社会主义思想
　　第一节　习近平新时代中国特色社会主义思想的形成 ……………… （43）
　　第二节　习近平新时代中国特色社会主义思想的基本内涵及重大
　　　　　　意义 …………………………………………………………… （44）

第四章　解放思想　实事求是　与时俱进　求真务实
　　第一节　中国共产党思想路线的发展历程 …………………………… （49）
　　第二节　建设中国特色社会主义的过程是不断解放思想、实事求是
　　　　　　的过程 ………………………………………………………… （53）
　　第三节　与时俱进、求真务实是新时期党的思想路线的重要内容
　　　　　　………………………………………………………………… （57）

第五章　社会主义的本质和根本任务
　　第一节　社会主义的本质 ……………………………………………… （63）
　　第二节　社会主义的根本任务 ………………………………………… （68）

第六章　社会主义初级阶段理论
　　第一节　社会主义初级阶段理论的形成和发展 ………………………（74）
　　第二节　社会主义初级阶段的基本路线 ………………………………（82）
　　第三节　社会主义初级阶段的基本纲领 ………………………………（87）

第七章　社会主义初级阶段的发展战略
　　第一节　"三步走"发展战略 ……………………………………………（92）
　　第二节　转变经济发展方式　加快产业结构战略性调整 ……………（99）
　　第三节　科教兴国战略和可持续发展战略 ……………………………（105）
　　第四节　实现中国梦和建成社会主义现代化强国的战略安排 ………（111）

第八章　"和平统一、一国两制"与实现祖国的完全统一
　　第一节　"一国两制"构想的形成和发展 ………………………………（115）
　　第二节　"一国两制"的成功实践 ………………………………………（121）
　　第三节　实现台湾与祖国大陆的完全统一 ……………………………（125）

第九章　维护世界和平　促进共同发展
　　第一节　和平与发展的时代主题 ………………………………………（132）
　　第二节　独立自主的和平外交政策 ……………………………………（141）

第十章　中国特色社会主义事业的依靠力量和领导核心
　　第一节　中国特色社会主义事业的依靠力量 …………………………（147）
　　第二节　中国特色社会主义事业的领导核心 …………………………（156）
　　第三节　按照新时代中国特色社会主义思想要求　全面推进党的
　　　　　　建设新的伟大工程 ……………………………………………（163）

主要参考文献 ……………………………………………………………（167）

第一章 邓小平理论的主要内容和历史地位

邓小平理论是当代中国的马克思主义，是引领中国改革开放和现代化建设不断取得辉煌成就的一面伟大旗帜。实践证明，在当代中国，除了把马克思主义同当代中国实践和时代特征结合起来的邓小平理论外，没有别的理论能够解决社会主义的前途和命运问题。中国共产党第十五次全国代表大会修订后的党章明确规定："中国共产党以马克思列宁主义、毛泽东思想、邓小平理论作为自己的行动指南。"这是中国共产党经过改革开放和社会主义现代化建设的成功实践后，所作出的实事求是的历史性抉择，充分反映了全国人民的共识和心愿。在社会主义改革开放和现代化建设的新时期，我们一定要高举邓小平理论的伟大旗帜，用邓小平理论指导中国特色社会主义事业的各项工作。

作为朝气蓬勃的当代大学生，肩负着新世纪的历史重任，肩负着把建设中国特色社会主义伟大事业继续全面推向更高阶段的神圣使命，应该更加自觉地认真学习和理解邓小平理论科学体系的基本立场、观点和原则、方法，并贯彻到社会实践中去。

第一节 邓小平理论的形成和发展

以邓小平同志为核心的党的第二代中央领导集体带领全党全国各族人民深刻总结我国社会主义建设正反两方面经验，借鉴世界社会主义历史经验，作出把党和国家工作中心转移到经济建设上来、实行改革开放的历史性决策，深刻揭示社会主义本质，确立社会主义初级阶段基本路线，明确提出走自己的路、建设中国特色社会主义，科学回答了建设中国特色社会主义的一系列基本问题，成功开创了中国特色社会主义事业，创立了邓小平理论。

一、邓小平理论形成的时代背景和历史条件

（一）邓小平理论形成的时代背景

江泽民同志在中国共产党第十五次全国代表大会的报告中指出，邓小平理论"是在和平与发展成为时代主题的历史条件下，在我国改革开放和现代化建设的实践中，在总结我国社会主义胜利和挫折的历史经验并借鉴其他社会主义国家兴衰成败历史经验的基础上，逐步形成和发展起来的"。在当代中国，邓小平理论的产生有其历史必然性。

一切理论的产生，都是同特定的历史背景相联系的。邓小平理论是一定历史时代的产物。当代国际局势的新发展是邓小平理论产生的时代背景。

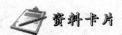 资料卡片

20世纪70年代中期以来,世界"第三波民主化浪潮"已经使近40个国家转变成了新兴的民主国家,格鲁吉亚、乌克兰等独联体国家和巴勒斯坦等中东地区国家出现的政治民主化浪潮尤其引人注目。据国际机构"自由之家"的统计,目前世界上只有25%的国家、35%的人口生活在非民主政治制度之下,国际关系的民主化不断发展。联合国和其他国际组织在处理国际关系中的作用不断增强,国际法的权威性不断提高;国际多边协商谈判机制日益成为处理国际问题的通行机制;欧盟的诞生为推进国际关系的民主化开辟了崭新的道路,创造了超国家联盟的民主政体新形式;为防止美国霸权主义的形成,全球绝大多数国家都一致主张世界多极化和国际关系民主化,美国的单边主义政策很难实施;等等。国际政治民主化的这些进展都清楚地表明,以国家主权为基础的国家主义政治时代正在向以国际联盟体为基础的超国家主义或国际主义政治发展,建立在民主政治原则基础上的世界政治一体化的全球主义政治时代已初露端倪。

自20世纪70年代中期以来,世界范围内反对霸权主义的力量不断增强,制止战争的因素也在日益增长。尽管霸权主义和强权政治仍然不同程度地威胁着世界的和平与稳定,不公正、不合理的国际经济旧秩序还在损害着发展中国家的利益,围绕民族、宗教、领土等因素而引发的局部冲突依然时起时伏,但全世界人民争取和平的呼声日益高涨,在相当长的时期内避免新的世界大战是完全可能的。特别是社会主义和资本主义的关系,从原来的对抗逐渐转向加强对话和接触,这在客观上促进了世界局势的和平与稳定。针对这种时代主题的变化,邓小平同志在20世纪80年代初就曾提出:我们有信心,如果反霸权主义斗争搞得好,可以延缓战争的爆发,争取更长一点时间的和平;这是可能的,我们也正是这样努力的,不仅世界人民,我们自己也确确实实需要一个和平的环境。如果没有这种和平的环境,我国很难成功地进行社会主义建设,从而也很难产生树立于这一建设实践基础之上的邓小平理论。和平是发展的根,和平促进了发展,世界的和平带来了世界的发展。特别是新技术革命的迅速发展,极大地改变了世界各国的面貌,从而使社会经济领域越来越成为竞争的焦点。世界各国都在利用新技术革命创造的良好契机,寻找一种符合本国实际情况的社会经济发展之路,以增强自己的竞争能力。社会主义和资本主义的竞争,更多地表现为经济实力的较劲,而不是军事力量的对比。社会主义国家必须更多地依靠本国的经济发展与社会的全面进步,来充分显示社会主义制度的优越性。正因为如此,发展与和平一样,已经成为当今时代的主题。所以,邓小平同志说,现在世界上真正大的问题,带全球性的战略问题,一个是和平问题,一个是经济问题或者说发展问题。

时代主题的变化,为我国社会主义建设提供了新的机遇,也提出了新的挑战。和平的国际环境,是中国顺利进行社会主义建设的必要条件,而世界的发展,更鞭策着我们加快社会主义建设的步伐。只有把经济搞上去了,才能实现社会的全面进步和稳定发展,从而为维护世界和平作出我们应有的贡献。邓小平同志说:"中国发展得越强大,世界和平越靠得住。"更何况世界的发展本来就包括中国的发展,中国的发展是世界发展必不可少的重要组成部分。所以,面对当今时代主题的变化,中国共产党要领导全国人民去探求一条

既符合中国国情,又同时代主题相适应的社会主义建设和发展道路。这是邓小平理论即建设中国特色社会主义理论创立的时代背景。

(二) 邓小平理论产生的历史条件

1. 邓小平理论产生的历史依据

一切科学理论体系的创立,都是建立在科学总结历史经验的基础之上的。社会主义国家兴衰成败的历史经验教训,特别是我国社会主义建设胜利和挫折的历史经验,是邓小平理论产生的历史根据。

1917年俄国十月社会主义革命的胜利,开创了人类历史的新纪元。随着十月革命一声炮响,资本主义世界因其固有矛盾的作用,因其内部经济、政治发展的不平衡性,终于被打开了一个巨大的缺口。一批社会主义国家的出现,从根本上改变了20世纪世界政治、经济格局,极大地动摇了资本主义的"一统天下"。这是20世纪人类社会进步划时代的事件,初步展示了社会主义制度的优越性。

但是,无产阶级社会主义革命的胜利,对社会主义事业来说,只是新的起点。社会主义国家刚刚建立,就面临着繁重而艰巨的社会主义建设任务。由于20世纪的社会主义革命大都发生在经济文化比较落后的国度内,而且社会主义建设属于开拓性的事业,没有什么成功的实践经验可借鉴,更需要人们去探索和研究,寻求一条符合各自国情的建设社会主义的道路。半个多世纪以来,苏联和其他社会主义国家曾经有过许多教训,中国也经历了一个艰难曲折的探索过程。邓小平建设中国特色社会主义理论正是在对这种实践的反思中逐步建立起来的。

在中国,在这个经济文化比较落后的大国里,如何建设、巩固和发展社会主义?这是建国伊始摆在中国人民、尤其是作为执政党的中国共产党面前的一个难题。在社会主义改造过程中,中国共产党虽然比较注重从中国的实际出发,探索一条具有自己特色的道路,但由于当时的基本思路仍是以苏联既有模式为根据的,所以走了一条弯路。正如邓小平同志所指出的:"过去我们搬用别国的模式,结果阻碍了生产力的发展,在思想上导致僵化,妨碍人民和基层积极性的发挥。"

苏 联 模 式

所谓苏联模式,如果仅就其内涵本身而言,可以从经济和政治这两个方面加以解释。

首先,从经济上来看,苏联模式表现为一个高度集中的计划经济体制,它以国家政权为核心,以党中央为领导者,以各级党组织为执行者,以国家工业发展为主要目的,以行政命令为经济政策,以行政手段为运作方式。总之,这是一个有鲜明特点的经济体制,它限制商品货币关系,否定价值规律和市场机制的作用,用行政命令甚至强制手段管理经济,把一切经济活动置于指令性计划之下。它片面地发展重工业,用剥夺农民和限制居民改善生活的手段,达到高积累多投资的目的。

其次,从政治上来看,苏联模式又表现为一个高度集权的行政命令体制。对内,它将权力高度集中于党中央,而党从中央到地方的各级组织,大多数情况下又是由个人意志所操纵的。这就造成了党政不分,共产党领导一切,直接发布政令,管理国家事务,民主集中制有名无实,社会主义法制被忽视甚至遭到践踏。干部由上级委派,领导终身任职,基本上不受群众监督,最后形成个人高度集权,并由此衍生出个人崇拜、官僚主义和形形色色的特权现象,从而严重损害了党和国家的正常民主生活。

再次,从对外关系上来看,苏联模式又是集中了严重的官僚主义、主观主义、沙文主义和专制主义即封建农奴主义式的作风于一体的大国强权体制。它不顾别国的国情,以社会主义阵营的老大哥自居,到处指手划脚,发号施令,对违反其意志的国家则严惩不贷,从舆论声讨、经济制裁直到外交孤立,甚至实行军事干预或占领,无所不用其极,结果造成了社会主义阵营的分裂,削弱了国际共产主义运动的力量。

总之,苏联模式就是采用高度集中的经济政治体制进行社会主义建设的模式,它的要害则在于树立个人崇拜。它无情地践踏了社会主义的民主和法制,以长官意志取代民主集中制,形成了自下而上的金字塔式的个人崇拜网,高踞塔顶的则是斯大林及其后任们。以批判斯大林个人崇拜而闻名的赫鲁晓夫为例,他自己就又在制造新的甚至超过斯大林的个人崇拜。据一般统计,报纸刊登斯大林的照片,每年无非几十张,而赫鲁晓夫却年逾百张,1963年达到124张,1964年头10个月里竟刊登140次。可见,制造和利用个人崇拜,正是苏联领导人用以指挥高度集中的经济政治体制的法宝。

1956年春,苏联模式开始在我国社会主义建设的实践中暴露出一定的弊端。当时,以毛泽东同志为核心的中国共产党第一代领导集体,在破除对斯大林和苏联经验的迷信、摆脱教条主义束缚的基础上,努力探索符合中国国情的社会主义建设道路。毛泽东同志的《论十大关系》是这一探索的开始。而1956年8月党的第八次全国代表大会的召开,标志着中国共产党探索中国自己的社会主义建设道路取得了初步的成效。遗憾的是,到1957年以后,这条基本正确的探索思路没有得到应有的坚持。由于教条主义和"左"的思想的干扰,中国共产党未能对当时中国的国情和国际形势作出正确的估计,以致出现了"大跃进"和"文化大革命"这样的严重失误,对中国的社会主义建设造成了灾难性的破坏。对此,邓小平同志曾经尖锐地指出:可以说,从1957年开始,我们的主要错误是"左","文化大革命"是极左,中国社会从1958年到1978年二十年间,实际上处于停滞和徘徊的状态,国家的经济和人民的生活没有得到多大的发展和提高,这种情况不改革行吗?正是在反省、总结中国和其他社会主义国家探索社会主义建设道路的历史经验的基础上,"从十一届三中全会以来,我们党在经济、政治、文化等各方面的工作中恢复了正确的政策,并且研究新情况、新经验,制定了一系列的正确政策",进而逐步形成了贯通哲学、政治经济学、科学社会主义,涵盖经济、政治、科技、教育、文化、民族、军事、外交、统一战线、党的建设等方面的比较完备的邓小平理论体系。

2. 邓小平理论形成的实践基础和现实条件

邓小平理论的创立不但是中国历史发展的客观要求,而且是社会实践的产物。建设中国特色社会主义理论是对中国这个经济文化比较落后的大国建设社会主义规律的正确反映,是以党的十一届三中全会以来的改革开放和现代化建设实践为现实依据的。我国人民在党的领导下,解放思想、实事求是、大胆探索、勇于创新的伟大实践,正是邓小平理论形成的丰富源泉。这个理论之所以能成为科学的理论体系，首先就是因为它来自活生生的社会实践，即是在实践中获得真知的；这个理论之所以具有强大的生命力，也在于它是中国社会主义建设实践客观规律的科学反映，而且还不断地在新的实践中证实自己的真理性并获得进一步的丰富和发展。特别是我国自党的十一届三中全会以来的改革开放和社会主义现代化建设，一方面为邓小平理论的形成提供了取之不尽的实践经验；另一方面以其所造成的生产力的巨大发展，以及由此所带来的勃勃生机和整个社会所发生的历史性的伟大变化，有力地证明了邓小平理论是科学的，是必须坚持的。正如江泽民同志在十五大报告中所指出的："在当代中国，只有把马克思主义同当代中国实践和时代特征结合起来的邓小平理论，而没有别的理论能够解决社会主义的前途和命运问题。"

阅读思考

"大跃进"运动

"大跃进"是指1958年至1960年间，在全国范围内开展的极"左"路线的运动，是在中共八届三中全会及其以后不断地错误批判1956年反冒进的基础上发动起来的，是"左"倾冒进的产物。1958年5月，中共八大二次会议正式通过了"鼓足干劲、力争上游、多快好省地建设社会主义"的总路线。尽管这条总路线的出发点是要尽快地改变我国经济文化落后的状况，但由于忽视了客观经济规律，根本不可能迅速地改变我国经济文化落后的状况。总路线提出后，党发动了"大跃进"运动。"大跃进"运动，在生产发展上追求高速度，以实现工农业生产高指标为目标，要求工农业主要产品的产量成倍、几倍，甚至几十倍地增长。例如，提出钢产量1958年要比1957年翻一番，由335万吨达到1 070万吨，1959年要比1958年再翻番，由1 070万吨达到3 000万吨。粮食产量1958年要比1957年增产80%，由1 950亿公斤达到3 500亿公斤左右，1959年要比1958年增产50%，由3 500亿公斤左右达到5 250亿公斤。"大跃进"运动在建设上追求大规模，提出了名目繁多的全党全民"大办"、"特办"的口号。例如，全党全民大炼钢铁，大办铁路，大办万头猪场，大办万鸡山。在这样的目标和口号下，基本建设投资急剧膨胀，三年间，基建投资总额高达1 006亿元，比"一五"计划时期基本建设总投资几乎高出一倍。积累率突然猛增，三年间平均每年积累率高达39.1%。由于硬要完成那些不切实际的高指标，必然导致瞎指挥盛行，浮夸风泛滥，广大群众生活遇到了严重的困难。"大跃进"是一场空前的经济灾难。

结合历史资料，谈谈"大跃进"运动的深刻历史教训。

二、邓小平理论的形成和发展

（一）邓小平的光辉历程

邓小平理论的形成和发展与邓小平一生的革命经历是紧密相连的。他的革命生涯富有传奇色彩。

邓小平生于1904年，四川广安县人，1920年至1925年赴法勤工俭学。此间，他加入了赵世炎、周恩来、李维汉组织的中国少年共产党旅欧支部，开始接受马克思主义，1924

年加入中国共产党。1926年1月,赴莫斯科中山大学学习,钻研马列主义基本理论。后来他在自传中回忆这段经历时说:"我能留俄一天,便要努力研究一天,务使自己对共产主义有一个相当的认识。"1927年春回国,投入到革命大潮之中。1927年6至7月间,在中共中央机关工作,曾任中央秘书长。1929年至1930年,他同其他领导人一起在广西先后发动和领导了百色起义和龙州起义,创建了中国工农红军第七军、第八军和左、右江革命根据地。

1934年10月,在长征途中,邓小平第二次出任中共中央秘书长。1935年遵义会议后,邓小平参与红一军团的领导工作,直到抗日战争爆发。抗日战争时期,邓小平先后任八路军总政治部副主任、129师政委、中央太行分局书记、北方局代理书记,同刘伯承一起领导创建了一系列抗日根据地,为打败日本侵略者作出了重大贡献。他从中国实际出发,提出了对敌斗争的一系列具体的方针和策略,充分显示了战略家统揽全局、处理复杂问题的卓越领导才能。他高度评价毛泽东在我党的领袖地位和作用,阐述了毛泽东思想即中国化的马列主义,是中国共产党的指导思想。

在解放战争时期,邓小平历任晋冀鲁豫野战军、中原野战军、第二野战军政治委员,任晋冀鲁豫中央局、中原局、华东局第一书记,1948年同刘伯承、陈毅等指挥淮海战役和渡江战役,任总前委书记,解放了国民党统治中心南京和华东诸省。

新中国建立以后,邓小平任中共中央西南局书记,西南军区政委和西南军政委员会主席。1952年任政务院副总理。1954年任国务院副总理、中共中央秘书长、国防委员会副主席。1955年被选为中共中央政治局委员。1956年当选为中央委员会总书记。邓小平在重要的领导岗位上,参与党和国家路线、方针、政策的制定,参与关系党和国家前途、命运重大问题的决策。

"文革"期间,邓小平两次被贬,又两次奇迹般地复出。

资料卡片

邓小平在"文革"中

1966年,"文化大革命"一开始,邓小平就被认定为第二号党内走资本主义道路的当权派,在全国范围内遭受批判。其"政治罪状"主要是:在农业政策中提出"白猫黑猫,能逮住耗子就是好猫"的口号;煽动搞单干、包产到户;鼓吹要搞职称评定、实行学位制;反对个人崇拜;等等。1969年,65岁的邓小平被遣送到江西,在南昌市郊一个无人问津的小厂——江西新建县拖拉机厂做了一名钳工,在那里度过了三年艰难岁月。在江西的三年,他读了许多马列著作和古今中外的书籍,并结合中国实际,对许多重大问题进行了深入的思考。1971年9月,林彪反革命政变阴谋被粉碎。1973年,邓小平再次从严重的政治挫折中崛起。1975年1月,他当选为中共中央副主席、中央政治局常委,任中共中央军委副主席、中国人民解放军总参谋长,主持党、国家和军队的日常工作。在主持中共中央和国务院的日常工作期间,他大刀阔斧地整顿全国各方面的工作,系统纠正"左"倾错误,得到了全国人民的衷心拥护。但这一切遭到了"四人帮"的猖狂反对,于是掀起了一场"批邓、反击右倾翻案风"的运动。1976年,邓小平再次被打倒。

粉碎"四人帮"后,1977年10月,党中央恢复了他在党内外的一切领导职务。邓小平领导和推动全党进行拨乱反正,实行改革开放和建设社会主义现代化事业,开始成为中国共产党第二代领导集体的核心。1978年,邓小平当选为第五届全国政协主席。在党的十一届三中全会前夕,邓小平提出"解放思想,实事求是,团结一致向前看"的指导方针。全会根据他的提议,决定把党的工作重心转移到经济建设上来,实行改革开放政策。1979年,他提出坚持"四项基本原则"的重要政治主张。1981年,邓小平任中共中央军委主席。同年,党的十一届六中全会通过了在他主持和指导下起草的《关于建国以来党的若干历史问题的决议》,科学地总结了我国社会主义建设的经验和教训。1982年,邓小平提出了建设有中国特色社会主义的科学概念和历史性任务。1983年,邓小平当选为中华人民共和国中央军委主席。1984年,他提出"一国两制"的构想,为香港、澳门的回归和回归后的繁荣、稳定奠定了基础。1989年,党中央接受他退休的请求,邓小平离开了核心领导岗位。

 阅读思考

1984年3月25日,邓小平会见日本首相中曾根康弘时说:"谈到我个人的经历,你在毛主席纪念堂的展览室里看到的那张有我在里面的照片是在巴黎照的,那时只有十九岁。我自从十八岁加入革命队伍,就是想把革命干成功,没有任何别的考虑,经历也是艰难的就是了。我一九二七年从苏联回国,年底就当中共中央秘书长,二十三岁,谈不上能力,谈不上知识,但也可以干下去。二十五岁领导了广西百色起义,建立了红七军。从那时开始干军事这一行,一直到解放战争结束。建国以后我的情况你们就清楚了,也做了大官,也住了'牛棚'。你问我觉得最高兴的是什么?最痛苦的是什么?在我一生中,最高兴的是解放战争的三年。那时我们的装备很差,却都在打胜仗,这些胜利是在以弱对强、以少对多的情况下取得的。建国以后,成功的地方我都高兴。有些失误,我也有责任,因为我不是下级干部,而是领导干部,从一九五六年起我就当总书记。那时候我们中国挂七个人的像,我算是一个。所以,在'文化大革命'前,工作搞对的有我的份,搞错的也有我的份,不能把那时候的失误都归于毛主席。至于'文化大革命',那是另外一回事。我一生最痛苦的当然是'文化大革命'的时候。其实即使在那个处境,也总相信问题是能够解决的。前几年外国朋友问我为什么能度过那个时期,我说没有别的,就是乐观主义。所以,我现在身体还可以。如果天天发愁,日子怎么过?"①

读了邓小平的自我叙述,你有何感想?

邓小平的领袖风范和人格魅力是很感人的。这里我们再从他一生中的几个不同阶段,略举数例:

邓小平早在青少年时代,就抱负远大,志存高远。他赴法勤工俭学、赴莫斯科读书,就是"以天下为己任",寻求救国之道。他在回忆1926年莫斯科中山大学学习的那段经历

---

① 《邓小平文选》第三卷,第54~55页。

时说:"我来莫的时候,便已打定主意,更坚决地把我的身子交给我们的党,交给本阶级。"

邓小平性格刚毅,一生为坚持真理、捍卫真理而斗争:20世纪30年代,与王明"左"倾冒险主义路线作斗争;建国初,与"高、饶反党联盟"作斗争;"文革"时期,与"四人帮"作斗争,都表现出他不惟书、不惟上、不信邪、不怕压的革命意志和勇气。不论自己处于什么样的逆境,他都始终坚信,真理在马克思主义、在人民群众、在中国共产党一边。

邓小平尊重群众,热爱人民,是中国人民忠诚的儿子。他在1981年2月14日为英国培格曼公司将要出版的英文版《邓小平副主席文集》所写序言中说:"我荣幸地以中华民族一员的资格,而成为世界公民,我是中国人民的儿子。我深情地爱着我的祖国和人民。"

(二)邓小平同志是邓小平理论的主要创立者

邓小平理论的产生,是中国历史发展的必然产物,正如江泽民同志在十五大报告中所指出的,它和毛泽东思想一样,"是党和人民实践经验和集体智慧的结晶,它的主要创立者是邓小平"。在中国特色社会主义理论的形成和发展过程中,邓小平同志作出了最突出的贡献。邓小平同志恢复领导职务后,狠抓拨乱反正的工作。他凭着远见卓识、丰富的政治经验和高超的领导艺术,在千头万绪中抓住决定性环节,从端正思想路线入手,强调实事求是是毛泽东思想的精髓,反对"两个凡是"的错误观点,支持开展真理标准问题的讨论,从而为党的十一届三中全会的胜利召开奠定了思想基础。党的十一届三中全会的召开,是以邓小平同志为核心的党的第二代领导集体形成的标志。在十一届三中全会上,邓小平同志强调全党要重新确立解放思想、实事求是的思想路线,确定把党和国家工作的中心转移到经济建设上来,作出实行改革开放的决策,随后又旗帜鲜明地指出必须坚持四项基本原则。这些,对党在社会主义初级阶段基本路线的形成起了关键性的作用。

解放思想,实事求是,就必然要正确地看待党的历史,正确地看待毛泽东同志的历史地位和毛泽东思想的科学性。邓小平同志以巨大的政治勇气和理论勇气,领导全党认真总结建国以来的历史经验,从根本上否定"文化大革命"的错误理论和实践,一分为二地全面评价毛泽东同志的历史功过,坚决顶住了否定毛泽东同志和毛泽东思想的错误思潮。

随着国内外形势的发展和变化,这个决策越来越显示出对我国坚持建设中国特色社会主义的重要意义。

在党的十二大开幕词中,邓小平同志明确提出,要"把马克思主义的普遍真理同我国的具体实际结合起来,走自己的道路,建设有中国特色的社会主义"。1992年初,他在视察南方时又发表了一系列重要讲话,科学地总结了十一届三中全会以来党的基本实践和基本经验,从理论上回答了长期困扰和束缚人们思想的许多问题,把中国社会主义改革开放和现代化建设推向新阶段。在89岁高龄时,他还亲自编辑并选篇审定了即将付梓的《邓小平文选》第三卷。《邓小平文选》第二卷和第三卷,汇集了邓小平同志在形成和发展建设有中国特色社会主义理论过程中许多富有独创性见解的重要著作,我们可以从中清楚地领略邓小平同志对创立建设有中国特色社会主义理论的特殊贡献。

(三)邓小平理论的孕育和形成

邓小平理论是马克思主义基本原理同中国国情和时代特征相结合的产物,是对毛泽东思想的继承、丰富和发展。以毛泽东同志为核心的党的第一代领导集体,曾经在探索符合中国国情的社会主义建设道路方面付出了巨大的努力,尽管有不少失误,但毕竟为邓小平理论的创立奠定了必要的基础。在党的十一届三中全会以后,以邓小平同志为核心的党的第二代领导集体,认真总结历史的经验和教训,逐步形成了比较完备的建设有中国特色社会主义理论体系。以江泽民同志为核心的党的第三代领导集体,则在巩固和发展邓小平理论新成果上付出了巨大的努力,从而使邓小平理论成为建设有中国特色社会主义科学指导思想体系的重要组成部分。

邓小平理论是在党的十一届三中全会以后逐步形成的,是党和人民实践经验和集体智慧的结晶。

党的十一届三中全会在党的历史上具有里程碑意义,是我国走上建设中国特色社会主义正确道路的转折点。它彻底清算了"文化大革命"的错误,坚决平反一切冤假错案;高度评价了当时全国范围内所开展的关于实践是检验真理唯一标准的讨论,端正了党的思想路线,要求全党同志和全国人民在马克思列宁主义、毛泽东思想的指导下,解放思想,努力研究新情况、新问题、新事物;坚持实事求是、一切从实际出发、理论联系实际的原则,充分肯定了毛泽东同志1956年在总结我国经济建设经验时所作《论十大关系》的报告,认为其中提出的基本方针仍具有现实指导意义,并决定要把全党工作的重点转移到社会主义现代化建设上来。正是在这一系列的科学决策中,建设有中国特色社会主义理论的发展跨出了关键性的一步。

 阅读思考

十大关系是:在重工业和轻工业、农业的关系问题上,要用多发展一些农业、轻工业的办法来发展重工业;在沿海工业和内地工业的关系问题上,要充分利用和发展沿海的工业基地,以便更有力量来发展和支持内地工业;在经济建设和国防建设的关系问题上,在强调加强国防建设的重要性时,提出把军政费用降到一个适当的比例,增加经济建设费用,只有把经济建设发展得更快了,国防建设才能够有更大的进步;在国家、生产单位和生产者个人的关系问题上,三者的利益必须兼顾,不能只顾一头,既要提倡艰苦奋斗,又要关心群众生活;在中央和地方的关系问题上,要在巩固中央统一领导的前提下,扩大地方的权力,让地方办更多的事情,发挥中央和地方两个积极性;在汉族与少数民族的关系问题上,要着重反对大汉族主义,也要反对地方民族主义,要诚心诚意地积极帮助少数民族发展经济建设和文化建设;在党和非党的关系问题上,共产党和民主党派要长期共存,互相监督;在革命和反革命的关系问题上,必须分清敌我,化消极因素为积极因素;在是非关系问题上,对犯错误的同志要实行"惩前毖后,治病救人"的方针,要允许人家犯错误,允许并帮助他们改正错误;在中国和外国的关系问题上,要学习一切民族、一切国家的长处,包括资本主义国家先进的科学技术和科学管理方法,要反对不加分析地一概排斥或一概照搬。

(毛泽东《论十大关系》)

毛泽东的《论十大关系》对探索适合我国国情的社会主义建设道路有何贡献?

1981年6月,党的十一届六中全会通过了《关于建国以来党的若干历史问题的决议》,在对历史、特别是"文化大革命"进行深刻反思和全面拨乱反正的基础上,初步形成了适合我国国情的社会主义现代化建设理论：其一，在社会主义改造基本完成以后，由于剥削阶级作为阶级已经被消灭，阶级斗争不再是社会的主要矛盾，我国所要解决的主要矛盾，是人民日益增长的物质文化需要同落后的社会生产力之间的矛盾；其二，社会主义经济建设必须从我国的国情出发，量力而行，积极奋斗，有步骤、分阶段地实现现代化的目标；其三，社会主义生产关系的完善必须适应生产力的状况，有利于生产的发展；其四，逐步建设高度民主的社会主义政治制度，是社会主义革命的根本任务之一；其五，社会主义必须建设高度的精神文明；其六，中国是一个多民族的国家，要改善和发展社会主义的民族关系，加强民族团结；其七，在国际上依然存在爆发战争的危险性，必须加强现代化的国防建设；其八，在对外关系上必须继续坚持反对帝国主义、霸权主义、殖民主义和种族主义，维护世界和平；其九，要加强党的建设，坚决纠正党内不正之风，真正把党建设成为具有健全的民主集中制的领导政党；等等。尽管没有直接明确提出"建设有中国特色社会主义"的科学命题，但这个决议实际上可以说已经对有中国特色社会主义理论作出了初步概括。

1982年9月召开的党的十二大正式提出"建设有中国特色社会主义"。邓小平同志在开幕词中强调指出："我们的现代化建设，必须从中国的实际出发。无论是革命还是建设，都要注意学习和借鉴外国经验。但是，照抄照搬别国经验、别国模式，从来不能得到成功。这方面我们有过不少教训。把马克思主义的普遍真理同我国的具体实际结合起来，走自己的道路，建设有中国特色的社会主义，这就是我们总结长期历史经验得出的基本结论。"① 正是在这一思想的指导下，党的十二大把继续推进经济建设作为全面开创社会主义现代化建设新局面的首要任务；在明确经济建设目标的同时，提出要努力建设高度的社会主义精神文明和高度的社会主义民主；强调在整个社会主义现代化建设事业中，要坚持党的领导，并要把党建设成为坚强的领导核心；等等。所有这些，都标志着建设有中国特色社会主义理论主题的形成。1984年党的十二届三中全会通过的《关于经济体制改革的决定》和1986年党的十二届六中全会通过的《关于社会主义精神文明建设指导方针的决议》，深刻揭示了社会主义经济与商品经济的有机联系、社会主义精神文明对实现社会主义现代化的重要影响、改革开放与坚持四项基本原则的辩证统一，把建设有中国特色社会主义理论又向前推进了一步。

1987年10月召开的党的十三大对丰富和发展建设有中国特色社会主义理论作出了重要贡献。这主要表现在三个方面：第一，大会提出我国正处在社会主义初级阶段的科学论断，并且对社会主义初级阶段作出了原则的界定，即一方面，它是指我国社会已经是社会主义社会，另一方面，它是指我国的社会主义社会还处在初级阶段。第二，系统阐明了党在社会主义初级阶段建设有中国特色社会主义的基本路线，其主要内涵是指要坚持"一个中心"——以经济建设为中心和"两个基本点"——坚持四项基本原则和坚持改革开放。第三，概括了我们党自十一届三中全会以来，通过对社会主义的再认识，发挥和发展了的12个基本观点，初步回答了我国社会主义建设的阶段、任务、动力、条件、布局和国际环境等问题。这标志着邓小平理论已基本形成。这是马克思主义在与中国实践相结合

---

① 《邓小平文选》第三卷，第2~3页。

的过程中,继找到中国新民主主义革命道路、实现第一次历史性飞跃之后的第二次历史性飞跃。

(四) 邓小平理论在实践中丰富和发展

邓小平理论的基本形成,并不意味着它已终结了真理,它还要随着实践的发展和认识的进步而不断丰富和完善。在邓小平理论的形成过程中,中国共产党的第二代领导集体发挥了关键性的作用。经过党的十三届四中全会和五中全会,中国共产党有计划、有步骤地实现了以邓小平同志为核心的第二代领导集体与以江泽民同志为核心的第三代领导集体的顺利交接。党的第三代领导集体在江泽民同志的领导下,进一步探索建设有中国特色社会主义的道路,锐意改革进取,从而对丰富和发展邓小平理论作出了新的贡献。

1990年12月,中国共产党十三届七中全会审议并通过了《中共中央关于制定国民经济和社会发展五年规划和"八五"计划的建议》。《建议》对建设有中国特色社会主义的基本理论和基本实践作了精辟的概括,提出了12条主要原则。全会认为,坚定不移地走建设有中国特色社会主义道路,是实施十年规划和"八五"计划所必须坚持的基本指导方针。

1992年10月,党的十四大胜利召开。这次会议是在邓小平同志1992年春视察南方并发表重要讲话,我国改革开放和现代化建设事业进入新阶段的背景下召开的,有其深远的历史意义。在这次大会的主题报告中,江泽民同志分别从发展道路、发展阶段、根本任务、发展动力和社会主义建设的外部条件、政治保证、战略步骤,以及社会主义的领导力量和依靠力量乃至祖国统一等九个方面,对有中国特色社会主义理论的主要内容作了全面的阐述,使邓小平理论得到进一步发展和完善,确立了科学的理论体系。在党的十四届四中全会上,中共中央作出了《关于加强党的建设几个重大问题的决定》;党的十四届五中全会通过了《中共中央关于制定国民经济和社会发展"九五"规划和2010年远景目标的建议》;在党的十四届六中全会上,中共中央形成了《关于加强社会主义精神文明建设若干重要问题的决议》。这些决定、建议包含着许多对建设有中国特色社会主义理论的探索和思考、运用和发展。

以江泽民同志为核心的第三代领导集体,在坚持邓小平理论和确立邓小平理论的指导地位方面,也进行了不懈的努力。在党的十四大报告中,江泽民同志明确指出:"这次代表大会的任务是:以邓小平同志建设有中国特色社会主义理论为指导,认真总结十一届三中全会以来十四年的实践经验,确定今后一个时期的战略部署,动员全党同志和全国各族人民,进一步解放思想,把握有利时机,加快改革开放和现代化建设步伐,夺取有中国特色社会主义事业的更大胜利。"这是在党的代表大会上首次明确要"以邓小平同志建设有中国特色社会主义的理论为指导"。党的十五大在这个基础上又前进了一步。在江泽民同志所作的报告中,第一次把邓小平建设有中国特色社会主义理论科学地表述为"邓小平理论",并代表党中央建议十五大在党章中把"邓小平理论"确立为党的指导思想。十五大报告指出,"邓小平理论是当代中国的马克思主义,是马克思主义在中国发展的新阶段",它和马克思列宁主义、毛泽东思想是一脉相承的统一的科学体系。

第二节 邓小平理论的科学体系和基本内容

邓小平理论是一个完整的科学体系。它第一次比较系统地初步回答了中国这样的经济文化比较落后的国家如何建设社会主义、如何巩固和发展社会主义的一系列基本问题。

在博大精深的邓小平理论体系中,始终贯穿的一个主题,是回答"什么是社会主义,怎样建设社会主义"这样一个当代中国的首要的根本问题。其他一系列基本问题都是围绕这个主题展开的。

第一,在社会主义的发展道路问题上,邓小平指出,只有社会主义才能救中国,只有社会主义才能发展中国。强调走自己的路,社会主义建设不能把书本当教条,在马克思主义著作中也找不到现成的答案。社会主义建设不能照抄照搬别国模式。"我们做的事是前人没有做过的,中国有自己的特点,我们只能按中国的实际办事。"要走"中国式的现代化道路",建设有中国特色的社会主义。

第二,在社会主义的发展阶段问题上,邓小平作出了我国处在社会主义初级阶段或中国的社会主义和初级阶段的社会主义的科学论断,强调这是一个至少上百年的很长的历史阶段,制定一切方针政策都必须以这个基本国情为依据,不能脱离实际,不能超越阶段。

第三,在社会主义的根本任务问题上,邓小平认为,当代中国社会的主要矛盾仍然是人民日益增长的物质文化生活需要同落后的社会生产之间的矛盾,社会主义的本质就是解放生产力,发展生产力,消灭剥削,消除两极分化,最终达到共同富裕。因此,当代中国的根本任务是发展生产力,中国的主要目标是发展。

第四,在社会主义的发展动力问题上,邓小平指出,革命是解放生产力,改革也是解放生产力。在当代中国,改革是发展生产力的必由之路。经济体制改革的目标是建立社会主义市场经济体制,政治体制改革的目标是完善人民代表大会制度,并使社会主义民主法律化、制度化。与经济、政治体制改革相适应,要进行精神文明建设,提高中华民族的整体素质。

第五,在社会主义建设的外部条件问题上,邓小平认为,和平与发展是当今时代的两大主题,必须坚持独立自主的和平外交政策,维护世界和平,为我国现代化建设争取有利的国际环境。现在的世界是开放的世界,中国的发展离不开世界,必须对外开放,吸收、借鉴世界各国包括发达资本主义国家的一切先进文化成果来发展社会主义。

第六,在社会主义建设的政治保证问题上,邓小平强调,要坚持社会主义道路,坚持人民民主专政,坚持中国共产党的领导,坚持马列主义、毛泽东思想。这四项基本原则是立国之本,是改革开放和现代化建设事业健康发展的保证。在四项基本原则中,核心是坚持中国共产党的领导。

第七,在社会主义的发展战略和战略重点问题上,邓小平认为,要分"三步走",基本实现现代化,实行台阶式的发展战略;贫穷不是社会主义,同步富裕又不可能,所以必须允许和鼓励一部分人、一部分地区先富起来,逐步实现共同富裕;战略重点一是农业,二是能源和交通,三是教育和科学,其中农业是根本,科教是关键,要实施科教兴国战略。

第八，在社会主义的领导力量和依靠力量问题上，邓小平指出，共产党是建设有中国特色社会主义事业的领导核心，必须适应当代中国改革开放和现代化建设的需要，不断改善和加强党的领导，加强党的建设；人民群众是历史的创造者，建设社会主义必须依靠广大工人、农民、知识分子，必须依靠各民族人民的团结，必须依靠全体社会主义劳动者、拥护社会主义的爱国者和拥护祖国统一的爱国者的最广泛的统一战线。党领导的人民军队是社会主义祖国的保卫者和建设社会主义的重要力量。

第九，在祖国统一问题上，邓小平提出了"一个国家，两种制度"的创造性构想，并以此为原则来解决香港、澳门、台湾问题，推进祖国和平统一大业的完成。

邓小平理论贯通各社会领域和相应的学科领域，涵盖经济、政治、科技、教育、文化、民族、军事、外交、统一战线、党的建设等方面。我们学习邓小平理论，必须完整、准确地把握理论的科学体系，从总体上领会理论的基本观点和基本精神。

第三节 邓小平理论的历史地位和指导意义

一、邓小平理论的历史地位和指导意义

（一）马克思主义与中国实际相结合的第二次飞跃

如何把马克思列宁主义和中国实际相结合，为中国革命和建设提供正确的理论指导，中国共产党人为此进行了长期的、富有创造精神的探索，实现了两次历史性的飞跃，产生了两大理论创新成果——毛泽东思想和邓小平理论。

第一次飞跃发生在新民主主义革命时期，以毛泽东同志为代表的中国共产党人，经过反复的探索，运用马克思主义的立场、观点、方法，在总结成功和失败经验的基础上，找到了适合中国国情的革命道路，取得了新民主主义革命的伟大胜利。建国以后，又完成了三大改造，在中国建立了社会主义的基本制度，使我国由一个半封建半殖民地的旧中国变成了社会主义的新中国。在理论上，实现了把马克思主义的普遍原理与中国实际相结合的第一次飞跃，这次飞跃的理论成果，形成了毛泽东思想。

第二次飞跃发生在党的十一届三中全会以后，以邓小平同志为代表的中国共产党人，在和平与发展成为时代主题的历史条件下，在总结我国社会主义建设正反两方面的经验教训的基础上，在研究国际社会主义运动历史经验和世界形势的基础上，在改革开放和现代化建设的新的实践中，找到了一条有中国特色的社会主义道路，使我国的社会主义建设事业飞速发展。在理论上，实现了马克思主义与中国实际相结合的第二次飞跃。这次飞跃的理论成果，创立了邓小平理论。它第一次比较系统地回答了中国这样一个经济比较落后的国家，如何建设、巩固和发展社会主义的一系列基本问题，是我们党历史发展上的第二个里程碑。

（二）邓小平理论是马克思主义在中国发展的新阶段

邓小平理论是马克思主义在中国发展的新阶段，它的"新"主要表现在以下四个方面：

第一,邓小平理论坚持了解放思想、实事求是的马克思主义思想路线,在新的实践基础上继承前人又突破陈规,开拓了马克思主义的新境界,开拓了中国特色社会主义事业的新局面。

第二,邓小平理论坚持科学社会主义理论和实践的基本成果,深刻地揭示了社会主义的本质,把对社会主义的认识提高到新水平,正确回答了"什么是社会主义,怎样建设社会主义"这一根本性问题,从而把对社会主义的认识提高到了新的高度。

第三,邓小平理论坚持用马克思主义的宽广眼界观察世界,对当今时代特征和总体国际形势,对世界上其他社会主义国家的成败,发展中国家谋求发展的得失,发达国家发展的态势和矛盾,进行了正确的分析,作出了新的科学的判断。

第四,邓小平理论形成了新的建设有中国特色社会主义的科学体系。在新时期,邓小平理论成为指导我们党制定社会主义初级阶段的基本路线和基本纲领的理论依据。经过党的十四大和十五大的科学、系统的总结概括,邓小平理论更加系统化、科学化,并必将随着新的实践而得到进一步的丰富和发展。

(三)邓小平理论是党和国家必须长期坚持的指导思想

进入21世纪,尽管国际国内形势发生了深刻而复杂的变化,但邓小平理论所确立的党的基本思想路线、基本纲领和方针政策始终具有现实和长远的指导意义。在推进中国特色社会主义伟大事业的历史进程中,中国共产党和全国各族人民必须始终围绕什么是社会主义、怎样建设社会主义这个首要而基本的理论问题,紧紧抓住和领会实事求是的思想路线,不断推进思想解放;紧紧抓住和领会社会主义本质的科学论断,贯彻落实"一个中心,两个基本点"的党的基本路线;紧紧抓住和领会社会主义初级阶段理论,按照"三步走"战略部署稳步推进社会主义现代化战略任务,为实现中华民族伟大复兴,建设中国特色社会主义伟大事业而奋斗。

二、学习邓小平理论的意义和方法

(一)学习邓小平理论的意义

1. 学习邓小平理论是时代的需要

自20世纪70年代以来,和平与发展成为时代主题,维护世界和平,谋求国家发展与繁荣已成为各国人民的普遍要求。在科技革命和产业结构调整的推动下,世界经济全球化、一体化趋势日益加强,发展中国家面临着新的挑战和发展机遇。与此同时,国际形势发生了巨大变化,冷战结束,两极解体,各种力量重新分化组合,世界正朝着多极化发展。在这样一种时代条件下,中国的社会主义事业怎样才能顺应时代的要求,取得更加主动的地位,占据更加有利的位置,这一切都需要我们在邓小平理论的指导下,从理论和实际的结合上作出深入系统的回答。党的十一届三中全会以来的伟大实践表明,高举邓小平理论伟大旗帜,是我们党和国家抓住历史机遇,战胜各种挑战的关键所在。

2. 学习邓小平理论是我国改革开放和现代化建设的迫切需要

旗帜就是形象,旗帜就是方向,旗帜就是信念和力量。在跨世纪的征途上,举什么旗帜的问题,是十分重大的问题。我们党成立之初,就郑重地把马克思列宁主义写在自己的旗帜上,党的七大又郑重地把毛泽东思想写在自己的旗帜上,党的十五大又郑重地把邓小平理论写在自己的旗帜上。这是我们党付出了巨大代价而获得的极为珍贵的精神财富。高举邓小平理论伟大旗帜,就是坚持社会主义方向,坚持党的"一个中心,两个基本点"的基本路线不动摇,从现在到2010年,是建设有中国特色的社会主义事业承前启后、继往开来的重要时期,在改革开放和现代化建设的过程中必然会出现一些新情况、新问题,都需要我们去研究和解决。只有高举邓小平理论伟大旗帜,坚持用这一理论武装全党,教育人民,指导工作,我们才能消除种种疑虑和困惑,明确方向,有效地提高驾驭全局的能力,减轻或避免大的社会动荡;才能凝聚起全党和全国各族人民,齐心奋斗,完成时代赋予我们的光荣而艰巨的使命。

阅读思考

　　罗杰·罗尔斯是美国纽约州历史上第一位黑人州长。他出生在纽约声名狼藉的大沙头贫民窟。这里环境肮脏,充满暴力,是偷渡者和流浪汉的聚集地。在这儿出生的孩子,耳濡目染,从小逃学、打架、偷窃甚至吸毒,长大后很少有人从事体面的职业。然而,罗杰·罗尔斯是个例外。他不仅考入了大学,而且成了州长。在记者招待会上,一位记者向他提问:"是什么把你推向州长宝座的?"面对300多名记者,罗尔斯对自己的奋斗史只字未提,只谈到了他上小学时的校长——皮尔·保罗。1961年,皮尔·保罗被聘为诺必塔小学的董事兼校长。当时正是美国嬉皮士流行的时代,他走进大沙头诺必塔小学的时候,发现这儿的穷孩子比"迷惘的一代"还要无所事事。他们不与老师合作,旷课、斗殴,甚至砸烂教室的黑板。皮尔·保罗想了很多办法来引导他们,可是没有奏效。后来他发现这些孩子都很迷信,于是在他上课的时候就多了一项内容——给学生看手相。他用这个办法来鼓励学生。当罗尔斯从窗台上跳下,伸着小手走向讲台时,皮尔·保罗说:"我一看你修长的小拇指就知道,将来你是纽约州的州长。"当时,罗尔斯大吃一惊,因为长这么大,只有他奶奶让他振奋过一次,说他可以成为5吨重的小船的船长。这一次,皮尔·保罗先生竟然说他可以成为纽约州的州长,着实出乎他的预料。他记下了这句话,并且相信了它。从那天起,"纽约州州长"就像一面旗帜,罗尔斯的衣服不再沾满泥土,说话时也不再夹杂污言秽语。他开始挺直腰杆走路,在以后的40多年间,他没有一天不按州长的标准要求自己。51岁那年,他终于成了州长。

　　在就职演说中,罗尔斯说:"信念值多少钱?信念是不值钱的,它有时甚至是一个善意的欺骗,然而你一旦坚持下去,它就会迅速增值。"

　　联系罗尔斯的事迹,谈谈高举邓小平理论伟大旗帜的重要性。

　　3. 学习邓小平理论,是马克思主义理论发展本身的需要

　　马克思主义是植根于实践并在实践中不断发展的科学理论。坚持马克思主义,就必须发展马克思主义。列宁曾经说过:我们绝不把马克思的理论看作某种一成不变的和神圣不可侵犯的东西。邓小平理论是当代中国的马克思主义,它在总结社会主义实践经验的基础上,科学地回答了关于社会主义的一系列基本问题,探讨了社会主义建设的基本规律,丰富和发展了马克思主义理论。但是,建设有中国特色社会主义是几代人的事业,前面的路很长,还有许多未被认识的必然王国,有许多复杂的问题需要继续探索和解决。这

就必须高举邓小平理论这面大旗,深入研究新情况,总结新经验,在实践中不断充实和丰富这一理论。这是历史赋予我们的责任。

（二）学习邓小平理论的方法

尽管邓小平理论是马克思主义在当代中国发展的新阶段和最新理论成果,但它并没有终结真理,而只是为中国共产党领导中国人民探索建设有中国特色社会主义道路提供了正确的世界观和方法论,指明了正确的方向,积累了丰富的经验,开拓了更多实践和认识的领域。马克思主义是发展的科学,邓小平理论也是一个需要从各方面进一步丰富和发展的科学体系;而且,邓小平理论也只有同实践相结合,才能较深刻地予以理解,才能发挥其应有的作用。所以,坚持马克思主义学风——理论联系实际是非常重要的。

1. 学习邓小平理论,就要坚持理论联系实际

坚持理论联系实际,这是由邓小平理论的本质决定的。因为,邓小平理论本身就是马克思主义普遍原理和中国具体实践相结合的产物。对于社会主义建设,特别是对中国这样经济文化比较落后的大国如何建设社会主义的问题,没有现成的经验好借鉴,没有现成的成功模式可以仿效,在马克思主义的经典著作中也找不到现成的答案,只能靠自己去摸索,去总结,去开辟出一条新路子。而要找到这样一条新路子,不坚持以马克思主义理论为指导不行,照搬或教条化地理解经典著作中的语句也不行,只有把马克思主义理论同中国社会主义建设的实际有机地结合起来,才能从中发现符合中国国情的前途和未来。邓小平理论正是在这种有机结合中产生的,它为我们指明了一条有中国特色社会主义建设的康庄大道。所以,坚持理论联系实际是邓小平理论本质的要求。

2. 坚持理论联系实际,就要认真看书学习,弄懂理论

我们要系统地学习邓小平同志的著作,学习十一届三中全会以来党的重要文献,学习马克思、列宁的一些重要著作和毛泽东同志的著作。这是实现理论联系实际的前提和基础。学习要持之以恒,不可半途而废;要锲而不舍,不可浅尝辄止。其次,学习邓小平理论要抓住实质和根本。我们不能满足于仅仅了解某些论述和词句,而要在把握邓小平理论的科学体系和领会其精神实质上下功夫,要注意学习和掌握寓于其中的马克思主义的立场、观点、方法,特别要着重领会邓小平理论的精髓——解放思想,实事求是。再次,学习邓小平理论一定要学以致用。正如江泽民同志在十五大报告中所指出的,学习理论一定要以我国改革开放和现代化建设的实际问题、以我们正在做的事情为中心,着眼于理论的运用,着眼于对实际问题的理论思考,着眼于新的实践和新的发展。只有坚持联系实际,即联系国际、国内的实际以及个人的思想实际,我们才能更深刻地理解邓小平理论;只有把邓小平理论运用于实际,才能使其转化为巨大的物质力量,才能使建设有中国特色社会主义事业取得伟大的成功。最后,学习邓小平理论,既要坚持它的基本观点,又要通过实践使它不断丰富和发展。这是马克思主义的态度。列宁对待马克思主义,毛泽东同志对待马克思列宁主义,邓小平同志对待马克思列宁主义、毛泽东思想,采取的都是这种态度。我们对待邓小平理论,也要坚持这种态度。只有这样,才能使邓小平理论永葆科学性和强大的生命力。

思考与练习

1. 邓小平理论形成的根据是什么？
2. 为什么说邓小平理论是当代中国的马克思主义？
3. 作为一名大学生,我们该如何结合实际学习邓小平理论？

探究与实践

邓小平南方谈话

1992年1月18日至2月21日,邓小平南巡武昌、深圳、珠海、上海等地,发表了重要讲话。邓小平的南方谈话对中国90年代的经济改革与社会进步起到了关键的推动作用。

邓小平强调,改革开放的胆子要大一些,敢于试验,看准了的,就大胆地试,大胆地闯。他说,没有一点闯的精神,没有一点"冒"的精神,没有一股气呀,劲呀,就走不出一条好路、一条新路,就干不出新事业。恐怕再有30年的时间,我们才会形成一整套更加成熟、更加定型的制度,在这个制度下的方针、政策,也将更加定型化。他说,改革开放迈不开步子,不敢闯,说到底就是怕资本主义的东西多了,走了资本主义道路。要害是姓"资"还是姓"社"的问题。判断的标准,应该主要看是否有利于发展社会主义社会的生产力,是否有利于增强社会主义国家的综合国力,是否有利于提高人民的生活水平。

邓小平说,有的人认为,多一分外资,就多一分资本主义,"三资"企业多了,就是资本主义的东西多了,就是发展了资本主义,这些人连基本常识都没有。邓小平明确提出,计划多一点还是市场多一点,不是社会主义与资本主义的本质区别。计划经济不等于社会主义,资本主义也有计划;市场经济不等于资本主义,社会主义也有市场,计划和市场都是经济手段。

邓小平还说,我国的经济发展,总要力争隔几年上一个台阶,当然不是鼓励不切实际的高速度,还是要扎扎实实,讲求效益,稳步协调地发展。比如广东,要上几个台阶,力争用20年的时间赶上亚洲"四小龙"。江苏、上海等地也可以发展得更快一点。邓小平进而指出,经济发展得快一点,必须依靠科技和教育;科学技术是第一生产力;要提倡科学,靠科学才有希望。邓小平的南方讲话,解放了思想,坚定了大家的信念,指明了经济建设的路子。邓小平南方谈话的内容主要有六点:

邓小平视察深圳

1. 革命是解放生产力,改革也是解放生产力。要坚持党的十一届三中全会以来的路线方针,关键是坚持党的"一个中心、两个基本点"的基本路线,一百年不动摇。

2. 要加快改革开放的步伐,不要纠缠于姓"资"还是姓"社"的问题讨论。改革开放的判断标准主要看是否有利于发展社会主义社会的生产力,是否有利于增强社会主义国家的综合国力,是否有利于提高人民的生活水平。现在要警惕右,但主要是防止"左"。计划和市场不是社会主义和资本主义的本质区别。

3. 发展才是硬道理,要抓住有利时机,集中精力把经济建设搞上去。发展经济必须依靠科技和教育,科技是第一生产力。

4. 坚持两手抓,两手都要硬。在整个改革开放过程中,必须始终注意坚持四项基本原则,反对资产阶级自由化。

5. 正确的政治路线要靠正确的组织路线来保证,要注意培养人,按照"四化"标准选拔人才进入领导层。要反对形式主义,学马列要精,要管用。

6. 坚持社会主义信念,社会主义在经历了一个曲折的发展过程后必然代替资本主义,这是历史发展的总趋势。

(资料来源:《百度百科》)

议一议:联系实际,谈谈"邓小平南方谈话"的重大意义及其在邓小平理论形成发展过程中的历史地位。

第二章 "三个代表"重要思想和科学发展观是马克思主义中国化的重要理论成果

十三届四中全会以来，以江泽民同志为主要代表的中国共产党人，在建设中国特色社会主义的实践中，加深了对什么是社会主义、怎样建设社会主义和建设什么样的党、怎样建设党的认识，积累了治党治国新的宝贵经验，形成了"三个代表"重要思想。"三个代表"重要思想是对马克思列宁主义、毛泽东思想、邓小平理论的继承和发展，反映了当代世界和中国的发展变化对党和国家工作的新要求，是加强和改进党的建设、推进我国社会主义自我完善和发展的强大理论武器，是中国共产党集体智慧的结晶，是党必须长期坚持的指导思想。始终做到"三个代表"，是我们党的立党之本、执政之基、力量之源。

通过本章的学习，要深刻领会"三个代表"重要思想形成的时代背景、形成过程、丰富内涵、历史地位和指导意义，自觉以"三个代表"重要思想为理论指导，积极投身中国特色社会主义伟大事业的实践之中。

第一节 "三个代表"重要思想的形成和发展

世纪之交，千年更替，人类社会的发展处于一个重要的时刻，我们党和国家的发展也进入了一个重要的历史时期。面对新世纪的挑战和复杂多变的国内外政治环境，以江泽民同志为核心的党的第三代中央领导集体审时度势，高瞻远瞩，提出了"三个代表"重要思想，为我们党在新的形势下如何走在时代前列，保持旺盛的生命力，领导好建设中国特色社会主义的伟大事业指明了方向。"三个代表"重要思想是中国共产党放眼世界、总揽全局做出的战略思考，是马克思主义与中国社会的具体实际相结合产生的又一重大理论成果，是新时期指导中国共产党和中国人民的又一理论武器。

一、"三个代表"重要思想形成的时代背景

1. 国际背景

从国际而言，"三个代表"重要思想是在对当今国际局势的科学判断的基础上形成的。

资料卡片

苏联解体和东欧剧变

1990年3月，立陶宛首先脱离苏联，宣告独立。接着，格鲁吉亚也宣告独立。1991年

8月以后,爱沙尼亚、拉脱维亚、乌克兰、白俄罗斯、摩尔多瓦、阿塞拜疆、乌兹别克斯坦、塔吉克斯坦、亚美尼亚、土库曼斯坦和哈萨克斯坦相继宣告独立。12月下旬,苏维埃社会主义共和国联盟停止存在。俄罗斯联邦接管克里姆林宫。12月25日,克里姆林宫上空的苏联国旗悄然降下。

东欧剧变,是指从20世纪80年代末到90年代初,东欧各个社会主义国家的政治经济制度发生根本性的改变,社会主义制度最终演变为资本主义制度的剧烈动荡。它是东欧社会主义事业的失败,使世界社会主义、共产主义运动陷入低潮。

东欧各国的剧变大体经历了三个阶段:

一是执政的共产党和工人党由于内部和外部的原因,在经济上和政治上面临着严重的困难,党内出现了反对派,它与党外的反对派相呼应。

二是执政党在国内外的各种压力下,不断对反对派妥协退让,甚至放弃社会主义原则,实行政治多元化、多党制,反对派得以扩大势力。

三是反对派向执政党夺权,通过不断制造动乱,施加压力,使执政党陷入困境,然后取得政权,个别国家甚至通过武装冲突,实现政权更迭。

(1) 政治多极化

随着东欧剧变、苏联解体,国际局势发生重大转折,由美苏两极对峙的局面转变为多极化发展的趋势,迈向政治多极化的客观进程。冷战结束后,世界力量对比严重失衡,在经济、科技、军事上处于超强地位的美国力图独霸世界,霸权主义和强权政治又有新的表现,恐怖主义危害上升,一些地区的冲突和争端时起时伏,世界还很不安宁。

面对这样的国际政治局势,作为近13亿中国人民领导力量的中国共产党面临着如何才能在新形势下带领中华民族昂首屹立于世界民族之林的问题。

 资料卡片

20世纪80年代初,波兰政府为摆脱经济困境,大幅度提高肉类价格,引发了许多城市的工人罢工,产生了以瓦文萨为首的团结工会。团结工会得到西方国家的大力支持,不断挑起罢工,导致局势动荡。波兰政府采取果断措施,宣布全国进入"战时状态",使局势平稳下来。"战时状态"结束后,由于经济得不到根本好转,局势继续动荡,波兰统一工人党的威信大为降低。1989年,波兰统一工人党实行政治多元化和工会多元化的方针,与团结工会举行圆桌会议。会议达成了关于团结工会合法化、进行议会大选等协议。在大选中,波兰统一工人党失利,团结工会获胜并组织政府。团结工会上台,标志着波兰政治经济制度的剧变。

1989年,大量公民外逃的浪潮,使长期保持稳定的民主德国政局出现大动荡。这时,德国统一社会党中央领导更换,随后党的方针改变:承认反对派组织"新论坛"为合法组织;政府宣布开放东西柏林边界,拆除"柏林墙";决定实行多党制。第二年春天,称为"德国联盟"的三个反对党联盟在大选中获胜。10月,以民主德国并入联邦德国的方式,实现了两德的统一。"柏林墙"打开后,大批民主德国公民前往西柏林。

1989年12月,罗马尼亚西部城市蒂米什瓦拉,因抗议解除一名持不同政见的神父职

务而举行的群众示威演变成骚乱。不久,布加勒斯特也开始了骚乱,军队倒戈。外逃的党和国家领导人齐奥塞斯库被捕,并被秘密处决。救国阵线委员会取代罗马尼亚共产党执政。

此外,在保加利亚、匈牙利、捷克斯洛伐克、阿尔巴尼亚、南斯拉夫等东欧国家,都发生了政权更迭、社会制度剧变的类似事件。

(2)经济全球化

科技进步日新月异,以信息技术为核心的高新技术的发展,极大地改变了人们的生产、生活方式和国际经济、政治关系,以经济为基础、科技为先导的综合国力竞争更为激烈。国际局势和世界格局的深刻变化,是"三个代表"重要思想形成的时代背景。

 资料卡片

知识经济

知识经济(Knowledge Economy),通俗地说,就是"以知识为基础的经济"。从内涵来看,知识经济是经济增长直接依赖于知识和信息的生产、传播和使用,以高技术产业为第一产业支柱,以智力资源为首要依托的可持续发展的经济。按照世界经济合作及发展组织的说法,知识经济就是以现代科学技术为核心,建立在知识和信息的生产、存储、使用和消费之上的经济。

2. 国内背景

就国内而言,"三个代表"重要思想是中国共产党在对当代中国国情的科学认识的基础上形成的。

就国内形势来讲,我们在胜利实现了现代化建设"三步走"战略前两步目标以后,进入了全面建设小康社会、加快推进社会主义现代化建设的新的发展阶段。我国生产力水平大幅度跃升,综合国力显著增强,国际地位进一步提高,改革开放取得丰硕成果,社会主义市场经济体制初步建立,政治稳定,民族团结,社会进步,人民生活总体上达到小康水平,社会主义中国充满活力。与此同时,改革进入攻坚阶段,发展处于关键时期,我国社会主义事业的发展面临新的巨大困难和压力。随着改革开放和社会主义市场经济的发展,社会经济成分、组织形式、就业方式、利益关系和分配方式日益多样化。加入世贸组织,给我国经济社会带来了深刻影响。推进现代化建设,完成祖国统一,维护世界和平与促进共同发展,仍是党在新世纪伟大而艰巨的三大历史任务。"三个代表"重要思想是在对当代中国发展变化的科学认识的基础上形成的。改革开放以来,特别是十三届四中全会以来,党和人民建设中国特色社会主义的伟大探索,是"三个代表"重要思想形成的实践基础。

3. 党自身的实际

就党的自身情况而言,"三个代表"重要思想是在对党的现状进行科学分析的基础上形成的。

就中国共产党内的情况来讲,随着党和国家事业的发展,党的队伍发生了重大的变

化。新党员的数量大幅度增加，干部队伍新老交替不断进行，一大批年轻干部走上领导岗位，既给党的发展带来了新的活力，也提出了新的挑战。进一步提高党的领导水平和执政水平，提高拒腐防变和抵御风险的能力，是党必须解决好的两大历史性课题。这就要求党从新的实际出发，以改革的精神加强和改进自身的建设。党的建设面临的新形势新任务，是"三个代表"重要思想形成的现实依据。

正是在上述世情、国情、党情新变化的背景下，党的十三届四中全会以来，党的中央领导集体高举邓小平理论伟大旗帜，科学判断党的历史方位，在建设中国特色社会主义的伟大实践中，逐步将治党治国治军新的经验加以概括和总结，创立了"三个代表"重要思想。

总之，新的国际国内形势在考验着中国共产党，中华民族伟大复兴的历史使命在召唤着中国共产党。"三个代表"重要思想是在世纪之交的历史时刻，着眼于我国改革开放和社会主义现代化建设的全局，深入思考世界社会主义运动的历史经验，紧密联系党所面临的形势、任务和现实状况作出的科学结论，"三个代表"重要思想的提出有着坚实的实践基础和极强的现实针对性。

二、"三个代表"重要思想的形成过程

"三个代表"重要思想是马克思主义中国化的第三个重大理论成果。它是对马克思列宁主义、毛泽东思想、邓小平理论的继承和发展，是加强和改进党的建设、推进我国社会主义自我完善和发展的强大理论武器，是中国共产党集体智慧的结晶。

以江泽民为核心的第三代中央领导集体深刻总结了国际上苏东剧变的经验教训，遵照邓小平同志的政治嘱托，开始"聚精会神地抓党的建设"。经过长时期的思考，2000年2月20日，江泽民在广东省高州市关于"三讲"教育的讲话中指出，要使党始终保持工人阶级先锋队性质，始终代表最广大人民群众的利益，始终成为社会先进生产力的代表，始终领导全国各族人民促进社会生产力的发展，始终坚强有力地发挥好领导核心作用，必须结合新的历史条件，进一步从思想上、组织上和作风上把党建设好。

2月25日，江泽民在广东省考察工作时进一步强调：要把中国的事情办好，关键取决于我们党，取决于党的思想、作风、组织、纪律状况和战斗力、领导水平。只要我们始终成为中国先进社会生产力的发展要求、中国先进文化的前进方向、中国最广大人民的根本利益的忠实代表，我们党就会永远立于不败之地，永远得到全国各族人民的拥护，并带领人民不断前进。在这里，江泽民同志正式提出了"三个代表"重要思想，标志着党的建设理论的重大突破。

江泽民在党的十五大报告中，全面系统科学地阐述了"三个代表"重要思想的内涵、实质、地位和重要意义。

江泽民指出，要做到"三个代表"，就必须紧密结合国内外形势的变化，紧密结合我国生产力的最新发展和经济体制的深刻变革的实际，紧密结合人民群众对物质文化生活提出的新的发展要求，紧密结合我们党员干部队伍发生的重大变化，来深入思考这个重大问

题。这四个"紧密结合",既揭示了"三个代表"重要思想产生的历史和现实基础,也揭示了"如何代表"的基本思路。

江泽民同志还阐述了"三个代表"的实质和"三个代表"之间的内在联系。他指出:因为我们党是代表先进生产力的发展要求的,所以全党同志的一切奋斗,归根到底都是为了解放和发展生产力,党的一切方针政策都要最终促进生产力的不断发展,促进国家经济实力的不断增强;因为我们党是代表先进文化的前进方向的,所以全党同志必须始终坚持以马克思主义为指导,努力继承和发展中华民族的一切优良的文化传统,努力学习和吸取一切外国的优秀文化成果,从而不断地创造和推进有中国特色社会主义文化,使社会主义物质文明和精神文明协调发展,使社会全面进步;因为我们党是代表最广大人民群众的根本利益的,所以全党同志的一切工作都是全心全意为人民服务的,都是为实现好、发展好和维护好人民的利益,任何脱离群众、任何违反群众意愿和危害群众利益的行为,都是不允许的。坚持"三个代表",根本的就是要统一体现在不断实现人民群众的根本利益上。发展先进生产力和先进文化,都是为了实现人民群众的根本利益这一目的。

在分别考察了江苏、浙江、上海之后,2000年5月14日,江泽民在上海发表讲话,明确提出:"始终做到'三个代表',是我们党的立党之本、执政之基、力量之源。"这次讲话要求把"三个代表"思想贯穿在党的思想建设、政治建设、组织建设和作风建设中,特别是贯彻落实在党的基层组织建设中,贯彻落实在党的全部工作中,贯彻于我们党领导人民进行现代化建设的全过程,并认为坚持"三个代表"思想是我们党的工人阶级先锋队性质、根本宗旨、根本任务的集中体现,是共产党人的先进性和时代精神的集中体现。

2001年7月1日,在纪念中国共产党成立80周年大会上,江泽民发表重要讲话,围绕"在新的历史条件下建设一个什么样的党和怎样建设党"这个基本问题,从立论根据、科学内涵、基本要求、实现途径、重大意义等方面全面而系统地论述了"三个代表"重要思想,提出了一系列新的观点。这是一个马克思主义的纲领性文献,是党在新世纪的政治宣言。如果说2000年2月的"广东讲话"提出了"三个代表",那么,同年5月的"上海讲话"开始从各个方面展开对"三个代表"思想的阐述,"七一"讲话则全面阐述了"三个代表"重要思想。

2002年5月31日,江泽民出席中央党校省部级干部进修班毕业典礼并发表重要讲话,明确提出贯彻"三个代表",关键在坚持与时俱进,核心在保持党的先进性,本质在坚持执政为民,并认为"三个代表"重要思想是推进中国社会主义制度自我完善和发展的强大理论武器;明确提出用发展着的马克思主义指导新的实践,并认为坚持解放思想、实事求是的思想路线,弘扬与时俱进的精神,是党在长期执政条件下保持先进性和创造力的决定性因素;明确提出建设社会主义政治文明,并认为要坚持党的领导、人民当家作主和依法治国的有机结合和辩证统一。

2002年11月,江泽民在党的十六大报告中进一步阐述了"三个代表"重要思想的时代背景、历史地位、精神实质和指导意义,阐明了贯彻"三个代表"重要思想的根本要求,提出要把"三个代表"重要思想贯彻到社会主义现代化建设的各个领域,体现在党的建设的各个方面。他强调指出,贯彻"三个代表"重要思想,关键在坚持与时俱进,核心在坚持党的先进性,本质在坚持执政为民。党的十六大高度评价了"三个代表"重要思想的历史地位和重要意义,把"三个代表"重要思想同马克思列宁主义、毛泽东思想、邓小平理论一道确立为党必须长期坚持的指导思想,并写进了党章,2004年又写进了宪法。

2003年7月,胡锦涛在"三个代表"重要思想理论研讨会上的讲话,对"三个代表"重要思想作为系统的科学理论的内涵进行了全面阐述,号召全党不断增强学习贯彻"三个代表"重要思想的自觉性和坚定性,牢固确立"三个代表"重要思想在全党一切工作中的指导地位,自觉用"三个代表"重要思想指导自己的思想和行动,在建设中国特色社会主义这一前无古人的伟大实践中继续创造新的辉煌。

第二节 "三个代表"重要思想的科学体系和主要内容

"中国共产党必须始终代表中国先进生产力的发展要求,代表中国先进文化的前进方向,代表中国最广大人民的根本利益。"这是对"三个代表"重要思想的集中概括。

一、始终代表中国先进生产力的发展要求

始终代表中国先进生产力的发展要求,就是党的理论、路线、纲领、方针、政策和各项工作,必须努力符合生产力发展的规律,体现不断推动社会生产力的解放和发展的要求,尤其要体现推动先进生产力发展的要求,通过发展生产力不断提高人民群众的生活水平。

生产力是最活跃最革命的因素,是社会发展的最终决定力量。生产力与生产关系、经济基础与上层建筑的矛盾,构成社会的基本矛盾。这个基本矛盾的运动,决定着社会性质的变化和社会经济政治文化的发展方向。社会主义与资本主义的根本区别,就在于它们的生产关系和上层建筑是不同的。无论什么样的生产关系和上层建筑,都要随着生产力的发展而发展。如果它们不能适应生产力发展的要求,而成为生产力发展和社会进步的障碍,那就必然要发生调整和变革。每一种生产关系总是同生产力的一定发展阶段相适应的,它的产生和发展都是生产力发展的必然结果,都是符合客观规律的,不以人们的意志为转移的。

社会主义的根本任务是发展生产力,增强社会主义国家的综合国力,使人民的生活日益改善,不断体现社会主义优于资本主义的特点。在社会主义社会的各个历史阶段,都需要根据经济社会发展的要求,适时地通过改革,不断推进社会主义制度自我完善和发展,这样才能使社会主义制度充满生机和活力。

人是生产力中最具有决定性的力量。包括知识分子在内的我国工人阶级,是推动我国先进生产力发展的基本力量。我国农民阶级和其他劳动群众,同工人阶级紧密团结,是推动我国社会生产力发展的重要力量。不断提高工人、农民、知识分子和其他劳动群众以及全体人民的思想道德素质和科学文化素质,不断提高他们的劳动技能和创造才能,充分发挥他们的积极性、主动性、创造性,始终是我们党代表中国先进生产力发展要求必须履行的第一要务。

科学技术是第一生产力,而且是先进生产力的集中体现和主要标志。科学技术的突飞猛进,给世界生产力和人类经济社会的发展带来了极大的推动。未来的科技发展还将

产生新的重大飞跃。我们必须敏锐地把握这个客观趋势,始终注意把发挥我国社会主义制度的优越性,同掌握、运用和发展先进的科学技术紧密地结合起来,大力推动科技进步和创新,不断用先进科技改造和提高国民经济,努力实现我国生产力发展的跨越。这是我们党代表中国先进生产力发展要求必须履行的重要职责。

我国社会主义现代化建设取得了巨大成就,但人口多、底子薄、经济文化发展很不平衡、生产力不发达的情况总体上还没有改变。不断解放和发展生产力,依然是我们长期的中心任务。我们必须坚持不懈地发展先进的生产力。对于仍然存在的不适应先进生产力和时代发展要求的一些落后的生产方式,既不能脱离实际地简单化地加以排斥,也不能采取安于现状、保护落后的态度,而要立足实际,创造条件,加以改造、改进和提高,通过长期努力,逐步使它们向先进适用的生产方式转变。所以,只有坚定地站在时代潮流的前头,更好地代表先进生产力的发展要求,才能胜利完成历史和时代赋予我们党的神圣使命。

资料卡片

由浙江大学和杭钢集团公司联合开发成功的"杭钢1号高炉炼铁优化操作计算机系统",自1995年7月正式投入运行以来,系统没有发生过在线采集数据丢失和其他故障现象,经受住了生产使用的全面考验,对炼铁生产过程的科学管理和优化操作起到了重要作用,产生了明显的应用效果。从提高炼铁产量、降低焦炭消耗和提高铁水一级品率三项主要经济指标计算,该系统每年可创直接经济效益200万元,投资效益比达到1:4,堪称是投资小、效益高的典范。该系统由SUPCON集散控制系统和优化计算机系统两大部分组成。

集散控制系统可实时采集炼铁过程的各种数据64项,其工作站在线显示与监测所采集的过程参数具有实时报警功能。优化计算机系统建立了用于自动采集和人机对话输入的常用数据库33个,可存储包括生产工艺、生产统计、成本分析等在内的数据1 260项,同时为生产工艺建立了功能模块12大类。这些数据库和功能模块为炼铁技术、管理和生产人员快速查询、调阅各种历史数据,总结生产优化规律,指导生产优化操作提供了极大的方便。

该系统从炼铁工艺的基本原理出发,针对炼铁工艺过程的实际,创新性地运用多种非线性数学方法来处理工艺数据,建立起能分析和优化生产规律的计算及逻辑判断等数学模型和专家系统,对提高炼铁技术水平和改善高炉经济指标起到了重要作用。该系统把十分复杂的炼铁过程及其数字模型处理全部软件化,界面设计友好、灵活,一般生产及管理人员稍加培训即可学会使用。

该系统的研制成功和投入使用,使高炉炼铁从传统的看仪表、抄数据、凭经验的生产方式转变为人机对话,并依靠计算机来优化炼铁生产规律,实施炼铁生产优化决策与科学管理,从而最大限度地挖掘出高炉的生产潜力。

据了解,目前全国类似杭钢1号高炉这样的中小型高炉共有200多座,如能在这些高炉中推广应用这套系统,可产生经济效益数亿元。

二、始终代表中国先进文化的前进方向

始终代表中国先进文化的前进方向,就是党的理论、路线、纲领、方针、政策和各项工作,必须努力体现面向现代化、面向世界、面向未来的,民族的科学的大众的社会主义文化的发展要求,促进全民族思想道德素质和科学文化素质的不断提高,为我国经济发展和社会进步提供精神动力和智力支持。

资料卡片

"文化"的起源

据专家考证,"文化"是中国语言系统中古已有之的词汇。

"文"的本义,指各色交错的纹理。《易·系辞下》载:"物相杂,故曰文。"《说文解字》称:"文,错画也,象交叉。"均指此义。在此基础上,"文"又引申为:其一,为包括语言文字在内的各种象征符号,进而具体化为文物典籍、礼乐制度。《论语·子罕》载孔子说:"文王既没,文不在兹乎?"其二,彩画、装饰、人为修养之义,《尚书·舜典》疏曰"经纬天地曰文",《论语·雍也》称"质胜文则野,文胜质则史,文质彬彬,然后君子"。其三,美、善、德行之义,《礼记·乐记》中所谓"礼减两进,以进为文",郑玄注:"文犹美也,善也。"

"化",本义为改易、生成、造化,如《庄子·逍遥游》:"化而为鸟,其名曰鹏。"《礼记·中庸》:"可以赞天地之化育。"等等。"化"指事物形态或性质的改变,同时,"化"又引申为教行迁善之义。

"文"与"化"并联使用,较早见于战国末年儒生编辑的《易·贲卦·象传》:(刚柔交错),天文也。文明以止,人文也。观乎天文,以察时变;观乎人文,以化成天下。

这段话里的"文",即从纹理之义演化而来。日月往来交错,文饰于天,即"天文",亦即天道自然规律。同样,"人文",指人伦社会规律,即社会生活中人与人之间纵横交织的关系,如君臣、父子、夫妇、兄弟、朋友,构成复杂网络,具有纹理表象。这段话说,治国者须观察天文,以明了时序之变化,又须观察人文,使天下之人均能遵从文明礼仪,行其所当行,止其所当止。在这里,"人文"与"化成天下"紧密联系,"以文教化"的思想已十分明确。

西汉后,"文"与"化"方合成一个整词,如"文化不改,然后加诛"(《说苑·指武》),"文化内辑,武功外悠"(《文选·补之诗》)。这里的"文化",或与天造地设的自然对举,或与无教化的"质朴"、"野蛮"对举。因此,在汉语中,"文化"的本义就是"以文教化",表示对人的性情的陶冶、品德的教养,本属精神领域之范畴。随着时间的流变和空间的差异,现在"文化"已成为一个内涵丰富、外延宽广的多维概念。

先进生产力的发展必将创造出反映生产力发展的先进精神成果,提升人类的精神文化境界,先进的文化也为物质创造活动提供精神支撑。因此,先进生产力的发展规定并制约着先进文化的前进方向,丰富着先进文化的内涵。

先进文化是人类文明进步的表现和结晶,是人类精神文明的载体和标志,是代表社会前进方向的精神成果,它包括先进的思想道德和先进的科学文化知识两个部分。在当代中国,发展先进文化就是发展中国特色社会主义文化,就是建设社会主义精神文明。先进的思想道德是指马克思主义的科学理论,社会主义的理想、信念和道德等;先进的科学文化是指能够正确反映客观世界发展规律的科学知识系统,同时还包括教育、文学艺术、新闻出版、广播影视、卫生等事业。思想道德文化规定着整个文化的性质和发展方向,对社会经济政治的发展有着巨大的推动作用,它是先进文化的主要代表和标志。

发展中国特色社会主义文化,要始终代表中国先进文化的前进方向,牢牢把握中国先进文化的发展趋势和要求,坚持马克思主义、毛泽东思想和邓小平理论在思想文化领域的主导地位,用马克思主义武装广大人民的思想,树立正确的精神支柱。

资料卡片

第十届精神文明建设"五个一工程"

2007年9月7日,第十届精神文明建设"五个一工程"表彰座谈会和颁奖晚会在北京举行。中共中央政治局常委李长春参加颁奖晚会,并为获得特等奖的作品颁奖。

第十届精神文明建设"五个一工程"从2007年4月1日起组织实施评选,经过预评、初评和公示三个阶段,共评选出268部优秀作品。

其中,电影《张思德》、《云水谣》、《太行山上》,电视剧《恰同学少年》、《延安颂》、《插树岭》、《亮剑》,话剧《立秋》共8部作品获得特等奖;电影《我的长征》、电视剧《八路军》、话剧《黄土谣》、歌曲《吉祥三宝》、广播剧《代表中国》、文艺类图书《百花》等122部作品获得优秀作品奖;电影《戎冠秀》、电视剧《红旗谱》、话剧《平头百姓》、歌曲《永恒的彩霞》、广播剧《有个同学叫江洋》、文艺类图书《八月桂花遍地开》等138部作品获得入选作品奖。同时,在综合各地、各部门入选作品质量和数量的基础上,评选出第十届精神文明建设"五个一工程"一等组织工作奖15家、组织工作奖10家。

在当前社会转型时期,各种思想文化相互激荡,各种价值观念相互冲突,各种民族文化交汇碰撞,人们的思想观念在发生积极变化的同时,也出现了如信念动摇、精神困惑、个人至上等种种思想问题。更为重要的是,在社会大变革的情况下,意识形态的斗争也显得异常尖锐和复杂。在这种情况下,执政党举什么旗,坚持什么样的文化方向,也是一次严峻考验。在如此复杂的思想状况下,要代表先进文化的前进方向,为社会主义事业营造强大的思想政治优势,就更要坚持马克思主义的指导地位。只有这样,我们才能避免指导思想的多元化,才能彻底涤荡一切腐败没落的文化体系,才能形成代表时代进步方向的共同理想,构筑起全民族的精神支柱。

三、始终代表中国最广大人民的根本利益

始终代表中国最广大人民的根本利益,就是党的理论、路线、纲领、方针、政策和各项工作,必须坚持把人民的根本利益作为出发点和归宿,充分发挥人民群众的积极性、主动性、创造性,在社会不断发展进步的基础上,使人民群众不断获得切实的经济、政治、文化利益。

首先,必须坚持把人民的根本利益作为出发点和归宿。江泽民同志指出:人民群众是社会历史的创造主体。想问题、办事情的出发点和落脚点,始终要考虑人民群众的根本利益。在任何时候任何情况下,党的一切工作和方针政策都要以是否符合最广大人民群众的利益为最高标准。这是我们党观察和处理问题的一个根本原则。如今,我国社会发生了深刻变化,出现了经济主体、经济利益、就业方式、分配方式以及价值取向的多样化。人民群众之间的现实利益差距拉大了,人民内部包括工人阶级内部也形成了不同的利益群体。在这种情况下,我们党作为执政党,以什么为基点制定政策,为什么人服务,这是一个涉及党的性质、宗旨的大问题,是人民群众普遍关心的现实问题。江泽民同志从新的实际出发,强调党的理论、路线、纲领、方针、政策和各项工作,必须坚持把人民的根本利益作为出发点和归宿,鲜明地回答了这一根本性问题。

其次,充分发挥人民群众的积极性、主动性、创造性。历史唯物主义认为,人民群众的利益不是哪一个人、哪一个党恩赐的,而是人民群众自己创造的。因此,要满足人民群众的利益,就必须发挥人民群众的积极性、主动性和创造性。要充分发挥人民群众的积极性、主动性、创造性,非常重要的是倾听群众的意见。要深入群众。只有深入群众,倾听人民群众的呼声,才能了解群众的真实想法,才能知民之所想,察民之所虑,办民之所需。领导到群众中去,既要身到,更要心到,情真意切,做群众的知心朋友。只有这样,才能透彻了解群众的心思,真切感受群众的情绪,如实反映群众的要求。要对群众的反映和意见进行综合分析,使代表绝大多数群众根本利益的意见成为制定决策和部署工作的依据。这是保证党的路线、方针、政策符合实际,保证各项工作切实有效、符合群众要求的一个重要条件。要集思广益,主动让群众参与重大问题的决策,大力支持和鼓励人民群众的创造性实践。

再次,使人民群众不断获得切实的经济、政治、文化利益。唯物主义历史观认为,每个社会的经济关系都是作为利益关系表现出来的。要使人民群众不断获得切实的经济、政治、文化利益,关键在于发展。江泽民同志强调:我们党要承担起推动中国社会发展的历史使命,必须始终紧紧抓住发展这个执政兴国的第一要务。党的先进性是具体的、历史的,必须放到推动当代中国先进生产力和先进文化的发展中去考察,放到维护和实现最广大人民根本利益的奋斗中去考察,归根到底要看党在推动历史前进中的实际作用。因此,要把党的先进性和发挥社会主义制度的优越性,落实到发展先进生产力、发展先进文化、

维护和实现最广大人民的根本利益上来。把握住这一点,就从根本上把握了人民的愿望,把握了社会主义现代化建设的本质。

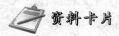

我国农村居民收入日趋多元化

国家统计局发布的统计数据表明,改革开放后,特别是党的十三届四中全会以来,我国农村就业结构发生了巨大的变化,农村居民的收入不再单单依靠种植业,出现了多元化发展的趋向。

统计显示,2001年,农村居民人均纯收入2 366.4元,比1989年增长2.9倍。农村家庭经营收入比重稳中趋降。在2001年农村居民人均纯收入中,家庭经营纯收入比重为61.7%,比1989年下降了10.5个百分点。农村居民工资性报酬收入成为农村居民收入增长的重要来源。2001年,农村居民人均工资性收入占全年纯收入的比重为32.6%,比1989年上升了9.9个百分点。农村居民市场意识增强,农产品商品率提高,现金收入增长较快。2001年,农村居民人均现金纯收入由1989年的426元提高到2001年的1 748元,增长3.1倍。收入的不断增长,为农村居民生活改善提供了坚实的基础。1989年至2001年,农村居民人均生活消费支出由535.4元提高到1 741.1元,增长了2.3倍。随着农村居民整体生活水平由温饱向小康过渡,居民消费结构不断升级。恩格尔系数由1989年的54.8%下降到2001年的47.7%。享受和发展性消费支出的比重普遍提高。医疗保健支出在农村居民生活消费中的比重提高了2.4个百分点,交通通信支出提高了4.7个百分点,文教娱乐支出提高了5.4个百分点。现金消费支出比重提高较快。全国农村居民生活消费现金支出额由1989年的378.5元提高到2001年的1 364.1元,增长了2.6倍。

(据新华网)

"三个代表"是统一的整体,相互联系,相互促进。发展先进生产力,是发展先进文化的基础,是实现最广大人民根本利益的前提;发展先进文化,是发展先进生产力和实现最广大人民根本利益的重要思想保证;发展先进生产力和先进文化,归根到底都是为了实现最广大人民的根本利益,而人民群众则是创造先进生产力和先进文化的主体,也是实现自身利益的根本力量。

"三个代表"重要思想围绕建设中国特色社会主义这个主题,创造性地运用马克思列宁主义、毛泽东思想、邓小平理论,紧密结合新的实践,提出了一系列新思想、新观点、新论断:关于建立社会主义市场经济体制的思想;关于公有制为主体、多种所有制经济共同发展是我国社会主义初级阶段的基本经济制度的思想;关于按劳分配为主体、多种分配方式并存的思想;关于实行全方位对外开放战略的思想;关于社会主义物质文明、政治文明和精神文明协调发展的思想;关于发展是党执政兴国的第一要务的思想;关于正确处理改革发展稳定关系的思想;关于建设社会主义法治国家的思想;关于依法治国和以德治国相结合的思想;关于走中国特色的精兵之路的思想;关于巩固党的阶级基础和扩大党的群众基础的思想;等等。这些思想、观点和论断构成了"三个代表"重要思想的主要内容。

"三个代表"重要思想是紧密联系、相互依存的统一整体。先进生产力是推动人类社会发展的最终决定力量，从根本上决定和影响着先进文化的形成和发展。先进文化是人类文明进步的结晶，是推进人类社会前进的精神动力，对先进社会生产力的发展起着巨大的促进作用。代表最广大人民的根本利益，是代表先进社会生产力和先进文化的归结点和根本所在。

第三节 "三个代表"重要思想的历史地位和指导意义

一、"三个代表"重要思想是马克思主义中国化的最新理论成果

1. "三个代表"重要思想继承并发展了马克思主义的基本原理和基本观点

"三个代表"重要思想是面向21世纪的中国化的马克思主义。马克思主义是发展着的科学，其发展大致经历了三个基本阶段。

 资料卡片

马克思主义的发展大致经历的阶段：第一阶段是在自由资本主义时代，马克思、恩格斯实现了社会主义从空想到科学的飞跃。第二阶段是19世纪末到20世纪中叶，资本主义由自由竞争阶段进入垄断阶段，以列宁和毛泽东为主要代表的马克思主义者先后在俄国和中国进行了革命和建立社会主义制度的成功尝试，实现了社会主义从理想到现实的转变。第三阶段是20世纪中叶以来，世界处于和平与发展的时代，各社会主义国家探索适合本国国情的社会主义建设道路。

对"什么是社会主义，怎样建设社会主义"这一历史课题，以邓小平为代表的中国共产党人把马克思主义与当代中国实际相结合，在理论上和实践上对这一世纪性课题作了回答，把马克思主义在中国发展到了一个新阶段。

20世纪90年代以来，国际形势发生了重大变化，我国改革开放尤其是党的建设也出现了许多新情况和新问题，"建设一个什么样的党，怎样建设党"这一重大历史课题，就现实地摆在中国共产党人面前，以江泽民为核心的第三代中央领导集体高屋建瓴地提出了"三个代表"重要思想。

"三个代表"重要思想继承并发展了马克思主义的基本原理和基本观点。从马克思主义的三个组成部分——马克思主义哲学、马克思主义的政治经济学和科学社会主义来看，"三个代表"重要思想是对唯物史观的新发展，是对马克思主义政治经济学的新贡献，是科学社会主义的新篇章。

 资料卡片

"三个代表"重要思想以马克思主义的科学世界观特别是唯物史观为指导,依据社会存在和社会意识辩证关系的原理、社会基本矛盾的原理、历史主体和历史客体关系的原理、人民群众是历史创造者的原理等,论述了先进生产力、先进文化和人民群众根本利益之间的内在统一关系,是运用唯物史观的基本原理和方法分析当代中国实际而得出的新结论和新观点。

"三个代表"重要思想丰富了马克思主义政治经济学理论,创造性地提出了社会主义初级阶段所有制结构及公有制的实现方式的理论、关于社会主义劳动和劳动价值的理论等。

在科学社会主义方面,"三个代表"重要思想丰富和发展了马克思主义建党学说,既集中体现了党的先进性,又集中体现了社会主义本质,回答了"建设一个什么样的党,怎样建设党"的问题,同时也进一步深化了"什么是社会主义,怎样建设社会主义"的认识,对社会主义发展道路、发展阶段、发展动力、依靠力量等问题均作了深刻而富有创新的论述,从而谱写了科学社会主义的新篇章。

2."三个代表"重要思想是对毛泽东思想、邓小平理论的继承和发展

"三个代表"重要思想是对毛泽东思想、邓小平理论的继承和发展。马克思主义在中国传播过程中,首先碰到的一个问题就是马克思主义基本理论如何与中国的具体实际相结合。为此,毛泽东对中国革命的性质、任务、对象、动力、道路、前途等问题均作了科学的分析,实现了马克思主义与中国实际结合中的第一次飞跃,形成了具有自己独特风格的中国化的马克思主义——毛泽东思想,集中论述了中国革命的基本规律。

邓小平运用马克思主义的基本理论和毛泽东思想的基本立场、观点和方法,对中国社会主义发展阶段、发展道路、发展动力、发展战略等一系列基本问题作了深入的理论探讨,集中论述了社会主义建设的基本规律,实现了马克思主义与中国实际结合中的第二次飞跃,产生了当代中国的马克思主义——邓小平理论。

江泽民在新的历史条件下,高举邓小平理论的伟大旗帜,根据我国改革开放和现代化建设的实际,进行了全方位的理论探索,在政治、经济、文化等领域均提出了一系列富有创新的理论观点,尤其是对党的性质、宗旨、党的先进性等重大问题作了新的总结和概括,集中论述了执政党建设的基本规律,并把对执政党建设规律的揭示与对社会主义建设规律和人类社会发展规律认识的深化有机结合起来,形成充满时代气息的系统理论。

这样,从毛泽东思想到邓小平理论到"三个代表"重要思想,一脉相承,从理论和实践的结合上,使马克思主义的基本理论得以不断地完善和发展。"三个代表"重要思想博大的内容和独特的创新,构成了马克思主义的重要组成部分,把马克思主义中国化推向了面向21世纪的崭新阶段。

资料卡片

"什么是井冈山精神？简单概括，就是'坚定信念、敢闯新路'，过去要与时俱进，将来更要与时俱进。中国共产党80年的历史，就是实践'三个代表'的历史。'得民心者得天下'。共产党的领导权不是哪个人恩赐的，也不是自己伸手去要来的，而是全国各族人民自愿给的。党始终将自己的前途命运和人民群众的利益紧紧结合在了一起。"

——毛秉华

认识毛秉华的人，都称他为井冈山的"活字典"。

自1989年离休后，他只身一人自费跑遍了湘赣两省边界各县的农村，还到赣南、闽西、广州、北京、长沙、洛阳、汕头、徐州、三门峡等地拜访老红军和红军后代，收集了大量的革命文物资料。如今，这些珍贵的文物资料都陈列在井冈山革命博物馆和井冈山革命烈士陵园。

三十年如一日，毛秉华义务宣传井冈山革命斗争史和井冈山精神，离休14年后，还荣获全国"五一劳动奖章"。

他先后应邀为国防大学、南昌陆军学院、长沙政治学院、省军区、省武警总队等单位作井冈山优良传统报告100多场，并被国防大学、同济大学、南昌陆军学院等数所大学聘为兼职教授。人们亲切地称毛秉华为"血肉里都融注了'井冈精神'的人"。

毛秉华每年给10万多人讲课，其中三分之一是大学生、年轻官兵和各级党校的中青年干部。配合吉安市关工委，他将当年井冈山革命根据地时期流传的一批革命故事加以整理，出版了《井冈山市革命故事选》，免费发送给全市中小学校及有关单位。他不仅从政治上关心下一代的成长，而且还为贫困学生办了许多实事。仅2002年，他就通过义务讲课，筹集社会资金8万多元，帮助120多名家庭贫困的大、中、小学生继续上学，受到了各级领导、家长和学校的称赞。

按他的讲课次数，他每年可拿到6万元讲课费。可他从来不收讲课费，实在谢绝不了的，就作为特殊党费上交。除此之外，他还掏出4 400元钱资助希望工程。有一次，60多位海外侨胞听了他的演讲后激动不已，执意要付给他报酬，他坚决不收。后来，侨胞还是给他寄去了800美元。他把这笔钱捐给了正在建设中的井冈山革命根据地纪念碑。毛秉华的事迹在井冈山有口皆碑，群众称他是井冈山精神的优秀传人。

二、"三个代表"重要思想的历史地位

"三个代表"重要思想是立党之本。它科学地回答了我们要建设一个什么样的党、怎样建设党的问题。中国共产党自成立之日起,无论是在革命时期,还是在建设时期,都是走在中国社会发展前列的先进政党,是中国工人阶级的先锋队以及中国人民和中华民族的先锋队。在新的历史条件下,党再次面临着"建设一个什么样的党,怎样建设党"这一严峻考验。总结我们党80多年的历史经验和教训,归根到底,就是要实现"三个代表",这是我们党的历史使命和任务使然,是我们党的历史地位和根本价值之所在,是我们党永葆先进性的奥秘,是我们的事业得以存在和发展的根本依据和重要基础。一句话,"三个代表"是我们党固本强基的关键。

"三个代表"重要思想是执政之基。它科学地回答了为何执政、应该怎样执政的问题。我们党领导人民,经过长期的革命斗争,建立了新中国,从而取得了执政地位。作为执政党,我们又领导全国人民从事社会主义建设事业,取得了令世人瞩目的成就。我们党的执政地位是历史赋予的,人民赋予的。我们党能够执政,并且能够执好政的基础,从根本上说,就是做到了"三个代表",我们党执政的根本任务和根本要求也就是解放和发展生产力,发展社会主义文化,维护和满足广大人民群众的根本利益。只有真正做到了"三个代表",我们党才能真正巩固执政基础,不断提高执政能力,永远保持执政地位。

资料卡片

福建省惠安县残联理事长、原老区办主任陈欠水,1988年从部队转业到地方工作以来,心系老区人民,关爱残疾群众,表现出一个共产党员勤政为民、无私奉献的高尚情操。13年来,陈欠水放弃了900多个节假日,骑着自行车,跑遍全县16个乡镇的295个行政村、1270多个自然村,摸清全县1.8万名残疾人的生活情况。他通过实施"小额扶贫"工程,向社会筹资40多万元,并购买牛、羊、猪、鸡、鸭,扶持残疾困难户,使其中1138户摆脱贫困。陈欠水热心为群众办好事、办实事的感人事迹,受到当地人民群众的交口称赞。中共泉州市委号召全市党员向他学习,并授予他实践"三个代表"优秀共产党员的称号。东岭镇前林村残肢青年林明兴生活十分困难。2002年初,陈欠水拿出540多元为林明兴买来补鞋机,使他生活有了出路。2002年6月4日,陈欠水骑车赶了30多里路,来到林明兴的鞋摊了解情况。

"三个代表"重要思想是力量之源。它科学地回答了怎样保持先进性和生命力,如何走在时代前列的问题。我们党经过了80多年的艰苦奋斗,由小到大,由弱变强,战胜了比自己强大得多的国内外敌人,克服了重重困难,经受住了种种考验,得到了人民的衷心拥护和支持。所有这一切,都在于我们党真正实现了"三个代表"。这是我们党全部力量的最终源泉,是我们取得成功的奥秘所在。

总之,始终做到"三个代表"是我们党的立党之本、执政之基、力量之源。这里的"本"、"基"、"源",说到底,就是人民群众的支持和拥护。人心向背,是决定一个政党、一个政权盛衰的根本因素。马克思主义政党的理论路线和方针政策以及全部工作,只有顺

民意、谋民利、得民心，才能得到人民群众的支持和拥护，才能永远立于不败之地。实现人民的愿望，满足人民的需要，维护人民的利益，是"三个代表"重要思想的根本出发点和落脚点。

三、"三个代表"重要思想的指导意义

贯彻"三个代表"重要思想，关键在坚持与时俱进。"三个代表"重要思想本身就是依照与时俱进的思想路线提出来的；因为只有始终保持与时俱进的精神状态，才能做到"四个不断"：不断开拓马克思主义理论发展的新境界，不断开创现代化建设的新局面，不断为中华民族的伟大复兴增添新力量，不断为党的肌体注入新活力。

贯彻"三个代表"重要思想，核心是坚持党的先进性。在新的历史条件下，如何理解党的先进性呢？江泽民作了回答。他认为：看一个政党是不是先进，是不是工人阶级先锋队，主要应看它的理论和纲领是不是马克思主义的，是不是代表社会发展的正确方向，是不是代表最广大人民的根本利益。这"三个是不是"是新形势下判断党的先进性的根本标准。

贯彻"三个代表"重要思想，本质是立党为公、执政为民。中国共产党并不是为了执政而执政，无论是夺取政权还是执政，其力量源泉都是人民群众，其宗旨都是全心全意为人民服务。党为什么要发展先进的生产力和先进的文化？其根本目的是为了更好地实现最广大人民的根本利益；党怎样代表先进的生产力和先进文化？其不竭的力量和创造源泉在于最广大人民。

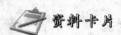 资料卡片

革命老区陕西省子长县在"三个代表"学教活动开展后，县、乡、村三级干部雷厉风行，仅仅两个多月，就使该县刘胡家沟村原来"村上一年没班子，一下成了烂摊子，问题积累无人管，各项工作难开展"的状况有了根本改观，自来水流到每家每户，千亩田地退了耕，一半家庭装上了电话，倒塌的淤底坝补好了，还投资17.2万元修了一座石桥，结束了村民祖祖辈辈过河没桥的历史。

看到学教活动带来的巨大变化，村民们再次放歌："'三个代表'暖人心，群众利益是根本。学教活动就是好……"

最广大人民的根本利益是实践"三个代表"的出发点和归宿，也是新形势下党的建设的出发点和归宿。坚持立党为公、执政为民是中国共产党的价值观和权力观的集中体现，是中国共产党执政目的的生动体现，是中国共产党与一切剥削阶级政党的根本区别之所在。

坚持立党为公、执政为民是当今社会发展的客观要求。在新的历史条件下，面向21世纪的中国共产党，面临着新的挑战和考验。要迎接这场挑战和经受住考验，归根到底取决于我们党能不能充分调动广大人民群众建设社会主义的积极性和创造性，能不能始终保持与人民群众的密切联系，能不能始终执政为民。

在世纪之交的历史条件下，只有从根本上促进中国社会生产力的发展，推动中国文化的不断进步，真心实意地为人民谋利益，我们的党才能始终走在时代前列，不断前进。

第四节　科学发展观

2007年10月，党的十七大胜利召开，胡锦涛总书记作了题为《高举中国特色社会主义伟大旗帜　为夺取全面建设小康社会新胜利而奋斗》的政治报告，全面系统地阐述了科学发展观的深刻内涵，指明了我们进一步推动中国经济改革与发展的思路和战略，明确了科学发展观是指导经济社会发展的根本指导思想，标志着中国共产党对于社会主义建设规律、社会发展规律、共产党执政规律的认识达到了新的高度，是马克思主义中国化在中国革命和社会主义建设进程中的又一重大理论创新成果。

本世纪头二十年，是我国发展的重要战略机遇期，也是改革开放以来积累的各种深层次问题和矛盾的凸显期。想一想，在中国特色社会主义事业的关键阶段，党中央为什么要提出科学发展观这一重大的发展理念？科学发展观与传统的发展观有哪些本质区别？如何理解科学发展观这一马克思主义中国化理论创新成果在中国特色社会主义建设事业中的重大意义？

一、科学发展观提出的时代背景

当前，我国的经济发展正处在一个关键阶段，即人均国内生产总值从1 000美元向3 000美元跨越的阶段。这是一个"发展机遇期"，也是一个"矛盾凸显期"。从世界其他国家的经验看，这个阶段在发展上采取不同的指导思想和政策，将会导致不同的结果。只有认真总结和吸取国际社会在发展问题上的经验教训，妥善解决我国经济社会发展中的各种问题和矛盾，我们才能在更高的水平上推进我国的现代化建设，实现更快更好的发展。

1. 科学发展观的提出，是对改革开放以来社会主义现代化建设伟大实践的科学总结

我国是在经济文化极为落后的条件下进入社会主义社会的，现在处于并将长期处于社会主义初级阶段。改革开放以来，经过全党和全国各族人民的共同努力，我国经济社会发展取得了历史性的伟大成就，胜利实现了现代化建设"三步走"战略的第一步、第二步目标。从1978年到2007年，我国进出口总额从206亿美元提高到21 737亿美元，跃居世界第三，外汇储备跃居世界第一，对外投资大幅增长，实际使用外资额累计近1万亿美元。广泛深入的国际合作加快了我国经济发展，也为世界经济发展作出了重大贡献。我国国内生产总值由3 645亿元增长到24.95万亿元，年均实际增长9.8%，是同期世界经济年均增长率的3倍多。我国经济总量上升为世界第四。我们依靠自己的力量妥善解决了

13亿人口的吃饭问题。我国主要农产品和工业品产量已居世界第一,具有世界先进水平的重大科技创新成果不断涌现,高新技术产业蓬勃发展,水利、能源、交通、通信等基础设施建设取得突破性进展,生态文明建设不断推进,城乡面貌焕然一新。这30年是我国城乡居民收入增长最快、得到实惠最多的时期。从1978年到2007年,全国城镇居民人均可支配收入从343元增加到13 786元,实际增长6.5倍;农民人均纯收入从134元增加到4 140元,实际增长6.3倍;农村贫困人口从2.5亿减少到1 400多万。城市人均住宅建筑面积和农村人均住房面积成倍增加。群众家庭财产普遍增多,吃穿住行用水平明显提高。改革开放前长期困扰我们的短缺经济状况已经从根本上得到改变,人民生活总体上达到小康水平。但是,现在达到的小康还是低水平的、不全面的、发展很不平衡的小康,人民日益增长的物质文化需要同落后的社会生产之间的矛盾仍然是我国社会的主要矛盾。我国现有13亿人口,决定了改善民生的任务特别繁重。我国虽然地域辽阔,但资源相对不足,人均水资源拥有量仅为世界平均水平的四分之一,人均耕地拥有量不到世界平均水平的40%,石油、天然气、铜和铝等重要矿产资源的人均储量也远低于世界平均水平。经济发展不平衡也是我国国情中客观存在的长期因素。目前,我国农业增加值占国内生产总值的比重已经下降到15%,城乡差距仍然很大,二元经济结构还没有根本改变。总之,人口多、底子薄、地区发展不平衡、资源环境与经济社会的矛盾突出等,决定了我国长期发展的艰巨性和复杂性,决定了我们必须走全面、协调、可持续的发展道路。

2. 科学发展观的提出,也是对建国以来特别是改革开放以来我国发展实践的总结与升华

新中国成立后,党领导全国人民艰苦奋斗,励精图治,逐步建立起了独立的比较完整的工业体系和国民经济体系,为发展奠定了坚实基础。但一段时期里,由于在经济建设的指导思想上出现了"左"的错误,片面追求高速度、高积累、高投资,导致国民经济比例关系失调,给经济发展造成了严重损失。党的十一届三中全会以来,经过30多年的改革开放和经济建设,我国的经济实力、综合国力和国际地位显著提高。

既要金山银山,也要绿水青山

但是,也应看到,在这个过程中也遇到了许多矛盾和问题,也有一些需要认真反思和吸取的教训。比如,在创造和积累巨大物质财富的同时,出现了资源消耗过多和生态环境受到严重破坏的问题;在克服平均主义的同时,出现了城乡差距、区域差距和部分社会成员收入差距过大的问题;在经济快速增长的同时,出现了社会发展相对滞后的问题;等等。特别是2003年"非典"疫情的突袭,暴露出我国公共事业建设和社会管理中存在的严重疏漏和薄弱环节,给全党以深刻启示,引发了全社会对深层次经济社会发展问题的思考,从而催生了科学发展观。

我国社会主义建设的实践历程,也是党对中国现代化建设规律的探索过程。回顾建国后半个多世纪的发展,成就来之不易,教训弥足珍贵。实践证明:解决中国所有问题的关键要靠自己的发展,发展是党执政兴国的第一要务;经济发展的指导方针不能脱离国情、超越阶段、急于求成,必须防止盲目追求高速度、高指标,建设规模要和国力相适应;要处理好农轻重、积累和消费等重大比例关系,在结构优化、效益提高的基础上实现较快增长;要实施科教兴国战略和可持续发展战略,走新型工业化道路,高度重视资源节约和环境保护;要在经济发展和劳动生产率提高的基础上,重视社会发展和改善人民生活,坚持物质文明和精神文明两手抓。这些宝贵经验的取得,集中反映了党对走什么发展道路、怎样发展得更好的认识在不断深化。科学发展观正是在吸取这些宝贵经验的基础上提出来的,它是全面总结长期以来我国发展实践的理论结晶,凝结着几代共产党人和广大人民群众建设中国特色社会主义的心血和智慧。

3. 科学发展观的提出,是适应经济社会发展阶段性特征的必然选择

经过新中国成立以来特别是改革开放以来的不懈努力,我国取得了举世瞩目的发展成就,但我国仍处于并将长期处于社会主义初级阶段的基本国情没有变,人民日益增长的物质文化需要同落后的社会生产之间的矛盾没有变。现阶段我国经济社会发展的主要特征是:经济实力显著增强,同时,生产力水平总体上还不高,自主创新能力还不强,长期形成的结构性矛盾和粗放型增长方式尚未根本改变;社会主义市场经济体制初步建立,同时,影响发展的体制机制障碍依然存在,改革攻坚面临深层次矛盾和问题;人民生活总体上达到小康水平,同时,收入分配差距拉大趋势还未根本扭转,城乡贫困人口和低收入人口还有相当数量,统筹兼顾各方面利益难度加大;协调发展取得显著成绩,同时,农业基础薄弱、农村发展滞后的局面尚未改变,缩小城乡、区域发展差距和促进经济社会协调发展任务艰巨;社会主义民主政治不断发展,依法治国基本方略扎实贯彻,同时,民主法制建设与扩大人民民主和经济社会发展的要求还不完全适应,政治体制改革需要继续深化;社会主义文化更加繁荣,同时,人民精神文化需求日趋旺盛,人们思想活动的独立性、选择性、多变性、差异性明显增强,对发展社会主义先进文化提出了更高要求;社会活力显著增强,同时,社会结构、社会组织形式、社会利益格局发生深刻变化,社会建设和管理面临诸多新课题;对外开放日益扩大,同时,面临的国际竞争日趋激烈,发达国家在经济科技上占优势的压力长期存在,可以预见和难以预见的风险增多,统筹国内发展和对外开放要求更高。

本世纪头20年,是必须紧紧抓住的重要战略机遇期,是我国迈向第三步战略目标的关键时期。在这个时期,党和国家必须准确把握工业化、城镇化、市场化、国际化进程加速推进的趋势,与时俱进,实现发展观上的新飞跃。科学发展观就是着眼长远和全局,为了适应经济社会发展的阶段性特征而提出并实施的,是党中央着眼于当前正在做的事情,着眼于解决我国经济社会发展中面临的实际困难和突出问题而进行的重大理论创新,是实现全面建设小康社会宏伟目标的必然选择,标志着我们党对社会主义现代化建设规律的认识更加深入。

 资料卡片

"可持续发展"概念的提出

国际社会对发展问题的普遍关注始于20世纪40年代。第二次世界大战后，全球经济受到严重破坏，战后重建、发展经济成为许多国家的首要任务，加快经济增长成为普遍共识，国内生产总值（GDP）成为衡量一个国家和地区经济发展的主要标尺。应该说，这种发展观对于促进战后的经济繁荣起到了重要作用，但由于片面追求经济增长，也带来了经济结构失衡、资源极大浪费、环境污染和生态恶化、社会财富分配不公等严重社会问题。20世纪70年代发生的石油危机，是对西方国家传统工业化道路提出的严峻挑战。1972年，罗马俱乐部发表《增长的极限》的报告，向人类敲响警钟：人类赖以生存的空间和资源是有限的，地球消化吸纳污染的能力也是有限的，经济增长必须与资源环境和社会发展相协调。这个警示对新的发展理论的形成产生了深刻影响。1987年，联合国环境与发展委员会发表长篇报告《我们共同的未来》，首次提出了"可持续发展"的概念。1992年，100多个国家的元首和政府首脑聚集巴西里约热内卢，通过《里约宣言》和《21世纪行动议程》，作出了关于推进可持续发展的庄严承诺。新发展观的特点是摒弃了传统的单纯追求经济增长、以大量能源和资源消耗以及环境破坏为代价的发展，而把充分就业，公平分配，消除贫困，节约资源，保护环境，促进人口、环境、经济、社会的可持续发展等作为发展的目标，也就是要实现经济社会的全面进步。

科学发展观的提出，是对当今世界经济社会发展趋势的自觉回应。人类的发展观念经历了漫长的历史演进，发展观的进步是20世纪人类文明进步的重要成果。以人为本、全面协调可持续的科学发展观的提出，吸收了国际社会发展实践的经验教训，借鉴了世界经济发展理论的有益成果，反映了当代中国共产党人对世界发展潮流总体趋势的敏锐把握和新的觉醒。

二、科学发展观的基本内涵

党的十七大报告指出："科学发展观，第一要义是发展，核心是以人为本，基本要求是全面协调可持续，根本方法是统筹兼顾。"这一精辟概括，深刻揭示了科学发展观的科学内涵和精神实质。深入贯彻落实科学发展观，必须认真学习和全面把握科学发展观的丰富内容，加深对科学发展观精神实质和根本要求的理解。

1. 科学发展观的第一要义是发展

发展是党执政兴国的第一要务,建设中国特色社会主义,首先要发展。发展,对于全面建设小康社会,加快推进社会主义现代化,具有决定性意义。抓住发展,就抓住了社会主义现代化建设的根本任务和主要内容,抓住了中国特色社会主义事业的关键。改革开放以来我们所取得的一切成果,都是建立在发展基础之上的。不发展,就没有中国特色社会主义;不发展,就不可能解决我们面临的这样那样的问题。发展始终是我们党执政兴国的第一要务。但我们在新的历史起点上所追求的发展,不应是孤立、片面的,不计代价、竭泽而渔、不能持续的发展,而是在科学发展道路上不断前进的发展,是以人为本、全面协调可持续的科学发展,是各方面事业有机统一、社会成员团结和睦的和谐发展,是既通过维护世界和平发展自己又通过自身发展维护世界和平的和平发展。紧紧抓住发展这一第一要义,就要时刻牢记发展是硬道理的战略思想,牢牢扭住经济建设这个中心,坚持聚精会神搞建设,一心一意谋发展,不断解放和发展社会生产力。为此,必须更好地实施科教兴国战略、人才强国战略、可持续发展战略,着力把握发展规律,创新发展理念,转变发展方式,破解发展难题,提高发展质量和效益,实现又好又快发展,为中国特色社会主义事业的科学发展、和谐发展、和平发展打下坚实基础。

2. 科学发展观的核心是以人为本

要坚持把以人为本作为衡量党的一切工作的根本出发点。人是社会发展的主体。人的解放和自由全面发展是社会进步的最高目标。以人为本是马克思主义历史唯物论的基本原理,是我们党全心全意为人民服务根本宗旨的集中体现。中国特色社会主义事业是全国各族人民实现自己利益、创造美好生活的共同事业,是亿万人民群众广泛参与的创造性事业。党的一切奋斗和工作都是为了造福人民。坚持以人为本,就要坚持人民在中国特色社会主义事业中的主体地位,尊重劳动,尊重知识,尊重人才,尊重创造,发挥人民首创精神,充分调动人民群众的积极性、主动性、创造性;就要按照立党为公、执政为民的要求,坚持权为民所用、情为民所系、利为民所谋,始终把实现好、维护好、发展好最广大人民的根本利益作为党和国家一切工作的出发点和落脚点;就要把解决民生问题放在重要位置,切实解决广大人民群众最关心、最直接、最现实的利益问题,保障人民的经济、政治、文化、社会权益,走共同富裕道路,促进人的全面发展。集中起来,就是要做到发展为了人民,发展依靠人民,发展成果由人民共享。

3. 科学发展观的基本要求是全面协调可持续发展

按照科学发展观推进科学发展,就必须总揽中国特色社会主义事业全局,推进全面协调可持续的发展。全面,就是以经济建设为中心,全面推进经济、政治、文化、社会建设,实现经济发展和社会全面进步。协调,就是坚持"五个统筹",促进现代化建设各个环节、各个方面相协调,促进生产关系与生产力、上层建筑与经济基础相协调。可持续,就是坚持走生产发展、生活富裕、生态良好的文明发展道路,建设资源节约型、环境友好型社会,促进人与自然的和谐,使人民在良好的生态环境中生产生活,实现经济社会永续发展。全面协调可持续发展,是经济、政治、文化、社会等各方面的发展与人的全面发展的辩证统一,是发展的速度和结构质量效益相统一,是经济发展与人口资源环境相协调。

4. 科学发展观的根本方法是统筹兼顾

统筹兼顾,是我们党长期执政中一条行之有效的重要经验,也是在新的历史条件下保证全面协调可持续发展的根本方法。统筹兼顾,就是要从我国发展全局和最广大人民的根本利益出发,正确反映和兼顾不同方面群众的利益,调动一切积极因素,调节并处理好各种具体的利益关系,促进整个社会协调发展,使全体人民朝着共同富裕的方向稳步前进。坚持统筹兼顾,关键是坚持科学的思想路线和思想方法,用发展的而不是静止的、联系的而不是孤立的、全面的而不是片面的观点看问题、抓发展。坚持统筹兼顾,就要正确认识和妥善处理中国特色社会主义事业中的重大关系,统筹城乡发展、区域发展、经济社会发展、人与自然和谐发展、国内发展和对外开放;就要统筹中央和地方关系,统筹个人利益和集体利益、局部利益和整体利益、当前利益和长远利益,充分调动各方面积极性;就要统筹国内国际两个大局,树立世界眼光,加强战略思维,善于从国际形势的发展变化中把握发展机遇,应对挑战风险,营造良好的国际环境;就要处理好政府与市场的关系,既要积极发挥政府作用,适当运用行政手段,又要尊重和遵循市场规律,更大程度地发挥市场在资源配置中的基础性作用,增强发展的活力和效率。在工作的部署和安排上,要始终站在战略的高度,处理好各种复杂的矛盾和问题,既要总揽全局,统筹规划,又要抓住牵动全局的主要工作、事关群众利益的突出问题,着力推进,重点突破。

资料卡片

警惕"拉美陷阱"

20世纪80年代,拉美地区GDP年均增长率仅为1.2%,人均GDP则是负增长0.9%,所以被称为"失去的10年",出现了世界经济的"拉美陷阱"。

大部分拉美国家工业化起步较早。从20世纪50年代中期起,拉美许多国家全面推进工业化和城市化进程,工业发展战略纷纷由初级产品出口为主转向进口替代工业化为主;各国政府集中资源和要素,重点和优先发展与工业化和城市化相关的基础设施,并且巨额投资制造业。这期间他们实施了牺牲"三农"利益、扶持"幼稚工业"的产业倾斜政策和一系列吸引外国资本向制造业投资的优惠政策。工业年均增长8%以上,国民经济年均增长6.5%。到20世纪60年代,拉美国家经济全面"起飞",除个别国家外,拉美主要国家人均GDP一举突破1 000美元大关,有的国家人均GDP达到1 500美元左右。在短短的十多年内,拉美国家依托工业化和城市化的强大动力,促进了经济的快速增长,使人均GDP从400多美元一下提升到1 000多美元,创造了被人们普遍赞誉的"拉美奇迹"。

然而,"拉美奇迹"的背后存在着严重问题。最突出的是经济与社会的畸形发展,城乡二元矛盾突出;分配不公,社会两极分化严重,大量的城市贫民和失去土地的农村移民陷入严峻的生存困境之中;从而导致社会动荡和政局动荡,以及严重的经济危机和外债危机,使拉美国家经济增长速度急速下滑,进入80年代后出现了持续的衰退。

从20世纪70年代中期到90年代,拉美各国政府先后进行了两轮经济改革。第一轮主要是改进进口替代工业化。其政策导向是从一般消费品进口替代为主转向耐用消费品和相关资本品进口替代为主,从吸纳外资直接投资为主转向吸纳外资信用贷款为主,从政府直接干预经济运行为主转向自由化市场调节为主,从本地区内部开放为主转向地区外世界性开放为主。第二轮改革的重点是以"后进口替代工业化"取代以往的进口替代工业化。所谓"后进口替代",就是以国外市场为导向的进口和出口相协调,外贸和内贸相协调,外向和内向相协调。其主要内容是以制成品加工为中心的对外贸易自由化、国民经济外向化和经济体制市场化。这些改革在一定程度上缓和了经济社会发展的矛盾,对经济增长和社会稳定起了积极的作用。然而,这些改革并没有从根本上改变或超越拉美国家经济增长型的传统发展观念、道路、模式和战略,使拉美国家经济发展与社会进步、人与资源和环境、城乡以及区域发展、国内发展与国外发展等影响经济社会持续发展的全局性矛盾,非但没有破解,反而不断扩大和激化。90年代后期,拉美地区经济严重恶化,无论是GDP,还是人均GDP的增速双双下跌。整个90年代,拉美国家GDP和人均GDP虽然略高于80年代,但远远低于50年代中期到60年代"奇迹"时期,以致使人们认为是"难以跳出的拉美陷阱"。

(摘自《光明网》,略有改动。)

三、科学发展观的历史地位和指导意义

科学发展观是马克思主义同当代中国实际和时代特征相结合的产物,是马克思主义关于发展的世界观和方法论的集中体现,对新形势下实现什么样的发展、怎样发展等重大问题作出了新的科学回答,把我们对中国特色社会主义规律的认识提高到新的水平,开辟了当代中国马克思主义发展的新境界。科学发展观是中国特色社会主义理论体系的最新成果,是中国共产党集体智慧的结晶,是指导党和国家全部工作的强大思想武器。科学发展观同马克思列宁主义、毛泽东思想、邓小平理论、"三个代表"重要思想一道,是党必须长期坚持的指导思想。

首先,科学发展观是对党的三代中央领导集体关于发展的重要思想的继承和发展,是马克思主义关于发展的世界观和方法论的集中体现,是同马克思列宁主义、毛泽东思想、邓小平理论和"三个代表"重要思想既一脉相承又与时俱进的科学理论,是我国经济社会发展的重要指导方针,是发展中国特色社会主义必须坚持和贯彻的重大战略思想。

其次,科学发展观是指导发展的世界观和方法论的集中体现,是运用马克思主义的立场、观点、方法认识和分析社会主义现代化建设的丰富实践,是深化对经济社会发展一般规律认识的成果,从而成为我们推进经济建设、政治建设、文化建设、社会建设必须长期坚持的根本指导方针。

最后,树立和落实全面发展、协调发展和可持续发展的科学发展观,对于我们更好地坚持发展才是硬道理的战略思想具有重大意义。树立和落实科学发展观,是30年改革开放实践的经验总结,是战胜"非典"疫情给我们的重要启示,也是推进全面建设小康社会的迫切要求。实现全面建设小康社会的宏伟目标,就是要使经济更加发展,民主更加健全,科教更加进步,文化更加繁荣,社会更加和谐,人民生活更加殷实。要全面实现这个目标,必须促进社会主义物质文明、政治文明和精神文明协调发展,坚持在经济发展的基础上促进社会全面进步和人的全面发展,坚持在开发利用自然中实现人与自然的和谐相处,实现经济社会的可持续发展。这样的发展观符合社会发展的客观规律。

科学发展观提出后,受到广大干部群众的高度评价,在实践中发挥了重要指导作用,取得了明显成效。但同时也要看到,一些干部的思想和工作还没有真正转到科学发展观上来,一些影响科学发展的矛盾和问题还没有得到根本解决,科学发展观的保障机制和体制还没有完全形成。因此,夺取全面建设小康社会新胜利,必须进一步深入贯彻落实科学发展观。

思考与练习

1. 如何正确理解"三个代表"重要思想的科学内涵?
2. 怎样理解"三个代表"重要思想是马克思主义发展的新境界?
3. 如何理解科学发展观的核心是"以人为本"?

探究与实践

课堂讨论:苏联解体和东欧剧变的历史事件给了我们什么启示?

第三章 习近平新时代中国特色社会主义思想

第一节 习近平新时代中国特色社会主义思想的形成

党的十九大将习近平新时代中国特色社会主义思想写入党章，确立为党必须长期坚持的指导思想，为新时代伟大实践提供了行动指南。2018年宪法修正案确立了科学发展观、习近平新时代中国特色社会主义思想在国家政治和社会生活中的指导地位。党的十八大以来，国内外形势变化和我国各项事业发展都给我们提出了一个重大时代课题，这就是必须从理论和实践的结合上系统回答新时代坚持和发展什么样的中国特色社会主义，怎样坚持和发展中国特色社会主义，包括新时代坚持和发展中国特色社会主义的总目标、总任务、战略布局和发展方向、发展方式和发展动力、外部条件和政治保证等基本问题，并且要根据新的实践对经济、政治、法治、科技、文化、教育、民生、民族、宗教、社会、生态文明、国家安全、国防和军队、"一国两制"和祖国统一、统一战线、外交、党的建设等各方面作出理论分析和政策指导，以利于更好地坚持和发展中国特色社会主义。

一、习近平新时代中国特色社会主义思想的时代背景

新思想来自新实践。习近平新时代中国特色社会主义思想是新的时代背景的产物，是新的实践结出的成果。一是中国特色社会主义进入新时代。新时代新在从"未发展起来"到"发展起来以后"时期，面临许多新的矛盾和问题；新在我国社会主要矛盾的转化，这是新时代的基本依据；新在中华民族迎来了从富起来到强起来的伟大飞跃，形成了马克思主义中国化最新成果。二是科学社会主义迈向新阶段。科学社会主义创立170年来，社会主义经历了从空想到科学、从理论到实践、从一国实践到多国实践的转变。中国特色社会主义不仅没有像西方某些人预言的如同"多米诺骨牌"那样倒下，反而呈现出蓬勃生机，使得世界范围内两种意识形态、两种社会制度的历史演进及其较量发生了有利于马克思主义、社会主义的深刻转变。三是当今世界经历新变局。如何处理好中国与世界的关系，把握准中国在世界的定位，利用好国际环境、资源、规则为中国发展服务，是新时代重大课题。以习近平同志为核心的党中央，既要搞好大国治理，下好"中国象棋"，又要搞好大国外交，下好"国际象棋"，并且把这两盘棋合成一盘大棋来下，亮点纷呈、有声有色。四是我们党面临执政新考验。我们党长期执政已近70年，可以说，党的执政时间越长，面临的执政考验越大；我们党已有8 900多万名党员、450多万个基层党组织，可以说，党员和党组织的数量越多，管党治党的难度越大。在党领导伟大社会革命的同时，必须勇于进行党的自我革命。

二、习近平新时代中国特色社会主义思想的形成过程

自建党以来,无论是中国革命、中国建设还是中国改革开放时代,中国共产党始终高度重视理论创新和思想建设,勇于而且善于在中国特色社会主义道路实践的每一个复杂阶段,进行开创性的理论探索和思想创新。这也是中国共产党作为马克思主义学习型政党、实践型政党锐意进取的鲜明品格。"新时代中国特色社会主义思想"出现在党的十九大报告中,绝非主观选择,而是客观必然。关键就在于,我国发展所处的历史方位已经发生了重大变化,需要新的重大理论创新和思想指导。这首先基于过去五年来社会主义中国取得了全方位的、开创性的成就,发生了深层次的、根本性的变革。对此,十九大报告从十个方面给予了高度概括。这些全方位、开创性成就,夯实了新时代中国特色社会主义的雄厚基础;这些深层次、根本性变革,塑造了新时代中国特色社会主义的崭新面貌,进而推动着中国特色社会主义进入了新时代。新的历史方位、新的使命担当、新的时代要求,必然要求新理论新思想的产生。

十八大以来,国内外形势变化和我国各项事业发展向全党提出了重大时代课题:如何从理论和实践结合上系统地回答新时代坚持和发展什么样的中国特色社会主义,怎样坚持和发展中国特色社会主义。这一重大课题现实地摆到了以习近平同志为核心的党中央面前。

十九大报告对此做了回答:中国特色社会主义进入新时代,我国社会主要矛盾已经转化为人民日益增长的美好生活需要和不平衡不充分的发展之间的矛盾。具体讲,我国社会生产力水平总体上显著提高,社会生产能力在很多方面进入世界前列,更加突出的问题是发展不平衡不充分,这已经成为满足人民日益增长的美好生活需要的主要制约因素。

同时,我国社会主要矛盾的变化,没有改变我们对我国社会主义所处历史阶段的判断,我国仍处于并将长期处于社会主义初级阶段的基本国情没有变,我国是世界最大发展中国家的国际地位没有变。

社会主要矛盾的变化,构成了我们进入新时代的基本依据和基本动力,也是习近平新时代中国特色社会主义思想建构的逻辑起点。以此为基础,我们党坚持以马克思列宁主义、毛泽东思想、邓小平理论、"三个代表"重要思想、科学发展观为指导,坚持解放思想、实事求是、与时俱进、求真务实,坚持辩证唯物主义和历史唯物主义,紧密结合新的时代条件和实践要求,以全新的视野深化对共产党执政规律、社会主义建设规律、人类社会发展规律的认识,进行艰辛理论探索,取得重大理论创新成果,形成了习近平新时代中国特色社会主义思想。

第二节 习近平新时代中国特色社会主义思想的基本内涵及重大意义

一、习近平新时代中国特色社会主义思想的基本内涵

习近平新时代中国特色社会主义思想的基本内涵包括:

——明确坚持和发展中国特色社会主义总任务是实现社会主义现代化和中华民族伟大复兴,在全面建成小康社会的基础上,分两步走,在本世纪中叶建成富强民主文明和谐美丽的社会主义现代化强国;

——明确新时代我国社会主要矛盾是人民日益增长的美好生活需要和不平衡不充分的发展之间的矛盾,必须坚持以人民为中心的发展思想,不断促进人的全面发展、全体人民共同富裕;

——明确中国特色社会主义事业总体布局是"五位一体",战略布局是"四个全面",强调坚定道路自信、理论自信、制度自信、文化自信;

——明确全面深化改革总目标是完善和发展中国特色社会主义制度,推进国家治理体系和治理能力现代化;

——明确全面推进依法治国总目标是建设中国特色社会主义法治体系、建设社会主义法治国家;

——明确党在新时代的强军目标是建设一支听党指挥、能打胜仗、作风优良的人民军队,把人民军队建设成为世界一流军队;

——明确中国特色大国外交要推动构建新型国际关系,推动构建人类命运共同体;

——明确中国特色社会主义最本质的特征是中国共产党领导,中国特色社会主义制度的最大优势是中国共产党领导,党是最高政治领导力量,提出新时代党的建设总要求,突出政治建设在党的建设中的重要地位。

新时代中国特色社会主义思想,是对马克思列宁主义、毛泽东思想、邓小平理论、"三个代表"重要思想、科学发展观的继承和发展,是马克思主义中国化最新成果,是党和人民实践经验和集体智慧的结晶,是中国特色社会主义理论体系的重要组成部分,是全党全国人民为实现中华民族伟大复兴而奋斗的行动指南,必须长期坚持并不断发展。

二、习近平新时代中国特色社会主义思想的重大意义

(一)政治意义

从政治意义看,新时代中国特色社会主义思想使全党在思想上精神上有了鲜明的时代标识,从而树立起党在新时代的思想旗帜。

在中国特色社会主义进入新时代这样的历史关键时期,中国共产党、中国人民、中华民族尤其需要有自己的核心。这样的核心,既要有马克思主义政治家的深刻洞察力和战略远见,又要有马克思主义理论家的非凡理论造诣和深厚文化底蕴;既要有职业革命家的强烈历史担当和大无畏献身精神,又要有战略实干家的丰厚实践经验和卓越领导才干。这样的核心,既要用治国理政成就证明实践领导力,又要用科学思想理论展示思想引领力;既要让全党全国人民在行动上坚决追随,又要让全党全国人民在思想上自觉看齐。

习近平总书记就是中国特色社会主义新时代产生的这样的核心。习近平总书记在全党和全国人民中的核心地位,来自党的十八大以来他带领全党励精图治、革故鼎新所取得的历史性成就、所发生的历史性变革,来自他长期以来在多个领域、多个领导层级积淀的深厚政治基础、思想基础、群众基础、实践基础,也来自主要由他创立的习近平新时代中国特色社会主义思想的强大创造力、凝聚力、战斗力、引领力。这一思想系统完备、内涵丰

富、思想深邃、逻辑严密,充分体现了习近平总书记马克思主义政治家、战略家的宽广视野和远见卓识,充分彰显了习近平总书记马克思主义理论家的高超理论素养和卓越理论建树。党的十九大用习近平总书记的名字冠名新时代中国特色社会主义思想并将其确立为全党必须长期坚持的指导思想写入党章,把坚定维护以习近平同志为核心的党中央权威和集中统一领导写入党章,这是对马克思主义权威观、领袖论的自觉坚持与科学遵循,是十九大最重大的政治成果。

中国革命、建设、改革的实践充分证明:对于我们这样的大党、长期执政的党来说,形成真正掌握了科学理论的坚强核心和英明领袖,创立揭示规律、指引道路、激励奋斗的科学理论和指导思想,是党成熟卓越的最高境界,是党坚强有力的最高水平,是全党全军全国人民大团结的最高体现,对于凝聚全党进而凝聚全国各族人民齐心协力为实现党的理论、纲领、路线和方针政策不懈奋斗具有根本保障作用。

(二) 理论意义

从理论意义看,新时代中国特色社会主义思想是马克思主义同中国实际相结合的又一次历史性飞跃的成果,提出了一系列具有原创性战略性的思想理论,是当代中国的马克思主义、21世纪的马克思主义。

习近平新时代中国特色社会主义思想是在世界发生百年未有之大变局的国际环境和中国特色社会主义进入新时代的国内条件下,在党的十八大以来决胜全面建成小康社会、向"两个一百年"奋斗目标迈进、实现中华民族伟大复兴的中国梦的实践中,在总结我国改革开放和社会主义现代化建设经验的基础上形成和发展起来的。这一思想把我们党90多年的不懈追求、新中国近70年的艰苦奋斗、中华民族5 000多年的文明发展贯通起来,把马克思主义基本原理、科学社会主义基本原则、中国特色社会主义理论体系贯通起来,具有深厚的历史背景、时代特征和理论渊源。

习近平新时代中国特色社会主义思想秉持"老祖宗不能丢"的坚定信仰信念,强调要正确认识改革开放前后"两个30年"的关系,指出新民主主义革命的胜利成果决不能丢,社会主义革命和建设的成就决不能否定,改革开放和社会主义现代化建设的方向决不能动摇;强调中国特色社会主义是社会主义而不是其他什么主义,科学社会主义基本原则不能丢,丢了就不是社会主义。这些思想观点,彰显着对马克思主义的执着追求,闪耀着马克思主义真理光芒。

习近平新时代中国特色社会主义思想既坚持马克思主义,又坚持解放思想、与时俱进,围绕坚持和发展中国特色社会主义这个主题,创造性地提出了一系列新理念新思想新战略,在理论上有重大突破、重大创新、重大发展。这一思想明确提出:新时代党的总任务是实现社会主义现代化和中华民族伟大复兴,在全面建成小康社会基础上分两步走,在本世纪中叶全面建成社会主义现代化强国;新时代我国社会主要矛盾是人民日益增长的美好生活需要和不平衡不充分的发展之间的矛盾;新时代中国特色社会主义事业的总体布局是"五位一体"、战略布局是"四个全面";新时代全面深化改革的总目标是完善和发展中国特色社会主义制度,推进国家治理体系和治理能力现代化;新时代全面推进依法治国总目标是建设中国特色社会主义法治体系、建设社会主义法治国家;新时代党的强军目标是建设一支听党指挥、能打胜仗、作风优良的人民军队,把人民军队建设成为世界一流军队;新时代中国特色大国外交要推动构建新型国际关系,推动构建人类命运共同体;中国特色社会主义最本质的特征是中国共产党的领导,中国特色社会主义制度的最大优势是中国共产党领导,党是最高政治领导力量;等等。这些新理念新思想新战略,充分展示了博大精深的思想理论逻辑,彰显了习近平新时代中国特色社会主义思想的核心要义。

习近平新时代中国特色社会主义思想是一个系统完备的科学体系,其思想内涵可以从三个维度来理解。第一个维度,主要包括新时代坚持和发展中国特色社会主义的总目标、总任务、总体布局、战略布局和发展方向、发展方式、发展动力、战略步骤、外部条件、政治保证等基本问题方面的思想内涵。党的十九大概括的"八个明确"和"十四个坚持",就属于这个范畴。第二个维度,主要包括哲学、政治经济学、科学社会主义,涵盖经济、政治、法治、科技、文化、教育、民生、民族、宗教、社会、生态文明、国家安全、军队和国防、"一国两制"和祖国统一、统一战线、外交、党的建设等方面的思想内涵。如习近平新时代中国特色社会主义经济思想,习近平新时代强军思想等。第三个维度,主要包括涉及各个领域、各条战线具体工作的思想内涵,如脱贫攻坚思想、文艺思想、党校工作思想等等。以上所有这些思想内涵,构成习近平新时代中国特色社会主义思想的系统完整体系。

无论从马克思主义发展史看,还是从中国共产党理论创新史看,习近平新时代中国特色社会主义思想鲜明勾勒出21世纪中国和21世纪社会主义的前途命运,以全新的视野深化对共产党执政规律、社会主义建设规律、人类社会发展规律的认识,从理论和实践的结合上创造性地回答了新时代坚持和发展什么样的中国特色社会主义、怎样坚持和发展中国特色社会主义这一重大时代问题,以新的思想观点继承和发展了马克思列宁主义、毛泽东思想、邓小平理论、"三个代表"重要思想、科学发展观,谱写了21世纪马克思主义、当代中国马克思主义新篇章。

(三) 实践意义

从实践上看,习近平新时代中国特色社会主义思想,作为中国精神的时代精华,为当代中国精神注入了新的内涵。这一思想的重大实践意义,根本在于它把中国特色社会主义带进一个新时代,为全面建成社会主义现代化强国、实现中华民族伟大复兴提供了理论指导和行动指南。

习近平新时代中国特色社会主义思想植根中国大地,反映人民意愿,适应新的时代特征和中国发展进步要求,是来自实践、经过实践检验又指导实践的马克思主义强大思想武器。

这一思想以坚持和发展中国特色社会主义为主题,以我们正在做的事情为中心,在应对重大挑战、抵御重大风险、克服重大阻力、解决重大矛盾过程中展开战略部署,指导生动实践,推动各项工作。通过崇尚创新、注重协调、倡导绿色、厚植开放、推进共享,让当代中国发展基础更加厚实;通过认识新常态、适应新常态、引领新常态,把握我国经济发展大逻辑,让我国经济向形态更高级、分工更优化、结构更合理的阶段演进;通过推进供给侧结构性改革,使我国供给能力更好满足广大人民日益增长、不断升级和个性化的物质文化生活需要,从而实现社会主义生产目的;通过涉深水区、趟地雷阵、啃硬骨头,搭建"四梁八柱",为全面深化改革杀出一条血路;通过刀刃向内、壮士断腕、刮骨疗伤,以大无畏的自我革命让伟大的中国共产党浴火重生,更加先进、更加优秀。凡此等等,都是十八大以来在习近平新时代中国特色社会主义思想指引下，在中国大地上演的一幕幕壮丽活剧、汇成的"四个伟大"壮阔洪流，由此开创了中国特色社会主义新时代，把中国的发展带到新的历史方位。

这一思想坚持目标导向和问题导向相统一，以深邃的战略思维、高度的责任担当、务实的政策统筹，审视当前和长远、局部和全局、理论和实践中遇到的问题，提出战略性思路和举措。在宏观层面，这一思想深刻回答了中国特色社会主义新时代中国共产党举什么旗、走什么路、以什么样的精神状态、担负什么样的历史使命、实现什么样的奋斗目标等一系列根本问题，向世界再次昭告中国既不走封闭僵化的老路，也不走改旗易帜的邪路，而是坚定不移走中国特色社会主义正路的鲜明立场，为新时代的中国指明了前进方向。在工作层面，这一思想聚焦实现战略目标，高屋建瓴地对改革发展稳定、内政外交国防、治党治国治军等各个方面提出明确的战略要求和政策指导，为实现"两个一百年"奋斗目标提供了行动纲领。在未来层面，这一思想全面规划了从全面建成小康社会到基本实现现代化再到全面建成社会主义现代化强国的战略安排和路线图、时间表，为决胜全面建成小康社会、夺取新时代中国特色社会主义伟大胜利凝聚起磅礴力量。在世界观和方法论层面，这一思想贯穿的坚定理想信念、鲜明人民立场、强烈历史担当、求真务实作风、勇于创新精神和科学方法论，体现了辩证唯物主义和历史唯物主义的精髓要义，体现了中华民族优秀传统文化的智慧结晶，体现了我们党90多年来的奋斗实践，体现了十八大以来我们党与时俱进的创新创造，为新时代中国共产党人正确认识客观世界、自觉改造主观世界提供了哲学武器。

总起来说，习近平新时代中国特色社会主义思想具有极强的创造性、实践性、指导性，是引领中国特色社会主义新时代的纲领、旗帜和灵魂。在这一思想的科学引领下，新时代中国特色社会主义伟大实践必将战胜一切困难和挑战，不断取得新胜利，十九大确定的本世纪中叶全面建成社会主义现代化强国的目标必将实现。

思考与练习

1. 简述习近平新时代中国特色社会主义思想的基本内涵。
2. 习近平新时代中国特色社会主义思想具有怎样的实践意义？

探究与实践

学习党的十九大的有关资料，讨论习近平新时代中国特色社会主义思想形成的时代背景。

第四章 解放思想 实事求是 与时俱进 求真务实

解放思想，实事求是，与时俱进，求真务实，是马列主义、毛泽东思想、邓小平理论和"三个代表"重要思想的精髓。这一精髓体现了马列主义、毛泽东思想、邓小平理论和"三个代表"重要思想作为一脉相承的科学理论体系所具有的历史联系。把握这个精髓，也就把握住了马克思主义最本质的东西。这个精髓贯穿于邓小平理论和"三个代表"重要思想的各个方面，贯穿于建设中国特色社会主义的全过程。

通过本章学习，深刻理解和把握党的解放思想、实事求是、与时俱进、求真务实思想路线的精髓，有利于深刻理解邓小平理论和"三个代表"重要思想的丰富内涵，有利于在实践中正确贯彻和不断发展邓小平理论和"三个代表"重要思想，从而使我们党永葆蓬勃的生机和活力，推动我们的事业不断取得新的胜利。

第一节 中国共产党思想路线的发展历程

一、实事求是思想路线的形成和确立

毛泽东是中国共产党内实事求是思想路线的最早倡导者。1929年6月14日，毛泽东在写给林彪的信中，首次使用了"思想路线"一词。在1930年5月的《反对本本主义》中，毛泽东明确提出了"思想路线"的概念。1937年7月，毛泽东的光辉哲学著作《实践论》和《矛盾论》为实事求是思想路线的形成奠定了坚实的理论基础。

1938年中共六届六中全会所作的《论新阶段》的政治报告中，毛泽东第一次使用了"实事求是"的概念，提倡"共产党员要做实事求是的模范"，并提出了要"使马克思主义在中国具体化"的命题。1941年5月，毛泽东在《改造我们的学习》中，第一次对"实事求是"的概念作了科学解释，把实事求是提高到对待马克思列宁主义的根本态度和党性原则的高度。这标志着实事求是思想路线的形成。中共七大把毛泽东倡导的实事求是确立为全党的思想路线。党的七大以后，党的实事求是的思想路线在中国革命和建设的实践中继续发展与丰富。

资料卡片

实 事 求 是

毛泽东在中国革命的实践中，反对主观主义，尤其是反对教条主义，把马克思主义的

普遍真理与中国革命具体实践相结合,确立了实事求是的思想路线。延安整风运动时期,毛泽东在著作《改造我们的学习》、《整顿党的作风》、《反对党八股》中都谈到实事求是,做出了完整的表述和科学的阐释。他在强调马克思列宁主义的理论和中国革命的实际运动结合起来时指出:"这种态度,就是实事求是的态度。'实事'就是客观存在着的一切事物,'是'就是客观事物的内部联系,即规律性,'求'就是我们去研究。"这一科学的阐释,给古老的实事求是赋予了马克思主义哲学内容,使其成为中国共产党的思想路线,可谓批判地继承优秀文化传统的光辉典范。在《反对党八股》中,毛泽东同志指出:"无产阶级的最尖锐最有效的武器只有一个,那就是严肃的战斗的科学态度。共产党不靠吓人吃饭,而是靠马克思列宁主义的真理吃饭,靠实事求是吃饭、靠科学吃饭。"(《毛泽东选集》第3卷,第836页)

二、党的思想路线的重新确立和发展

1978年关于真理标准的讨论,打破了"两个凡是"的新教条主义的束缚,为党的思想路线的恢复和发展提供了前提条件。党的十一届三中全会正式恢复了在"文化革命时期"一度中断的实事求是的思想路线。1980年邓小平对实事求是的思想路线重新作了概括。邓小平强调:实事求是,一切从实际出发,理论联系实际,坚持实践是检验真理的唯一标准,这就是我们党的思想路线。

针对当时思想僵化的现状,邓小平特别强调了解放思想,并阐明了解放思想的含义以及解放思想与实事求是的关系。他指出:一个党,一个国家,一个民族,如果一切从本本出发,思想僵化,迷信盛行,那它就不能前进,它的生机就停止了,就要亡党亡国。

我国三次思想大解放的历史回望

从1978年算起,我国改革开放与现代化建设事业已走过三十年的历程。经历过这段历史的人们都还记得,三十年来,我国曾有过三次思想大解放,这三次大解放都起到拨乱反正的作用,都成为我国改革开放中具有里程碑意义的事件。回望这三次思想大解放,对我们纪念这段历史,对正在进行的新一轮改革定有裨益。

1978年,一篇署名文章打破"两个凡是"神话,第一次思想大解放拉开序幕

1977年7月,在党内元老叶剑英、李先念等同志的多次提议下,73岁的邓小平同志第三次复出,担任中共中央副主席、中央军委副主席,国务院副总理等职务。当时,我国结束十年动乱不到一年,由于思想领域人们受极"左"思潮影响时间太长,所以尽管粉碎了"四人帮",但阴霾仍未散净。这年2月,人民日报、解放军报、红旗杂志还联合发表社论《学好文件抓住纲》,继续以教条主义的态度向社会宣扬个人迷信和极"左"思想。社论向全国明确发出号召:"凡是毛主席作出的决策,我们都坚决拥护;凡是毛主席的指示,我们都始终不逾地遵循。""两个凡是"的思想,立刻就成为全社会判断政治是非、行为对错的基本标准。1977年8月,中央党校内部理论刊物《理论动态》发表《理论工作必须恢复和发

扬实事求是的作风》一文,批评了有些人"对待是非不以客观实际为准",而是以"权威意见为准,以报纸刊物上的提法为准"。1978年1月,人民日报《文风和认识路线》一文提出:"检验工作好坏、水平高低的标准是看实践,还是去看别的东西?"同年3月,人民日报在《标准只有一个》的文章中进一步提出:"真理的标准只有一个,没有第二个,除了社会实践,不可能再有其他检验真理的标准。"1978年5月10日,有多名理论工作者参与写作修改,由胡耀邦同志亲自审定的文章《实践是检验真理的唯一标准》,在《理论动态》第60期全文发表;第二天,光明日报全文转发;第三天,人民日报、解放军报全文转载,新华社向全国发通稿,几天之内,该文迅速传遍神州。《实践是检验真理的唯一标准》批判了"两个凡是",高度评价了真理标准问题大讨论,号召全党解放思想、实事求是,"把马列主义、毛泽东思想的普遍原理同社会主义现代化建设的具体实践结合起来,并在新的历史条件下加以发展"。十一届三中全会后,我国社会空前活跃,改革开放稳步推进。

1992年,邓小平南方谈话触动姓"社"姓"资",第二次思想大解放深入人心

1989年下半年以后,受海内外政治形势的影响,国内再次出现思想纷争,以为改革开放要收、阶级斗争要抓的疑问不仅在社会,在党内也大有存在,这时候,蛰伏多年的"左"倾思想有了抬头空间,于是抓住机会又冒了出来。1990年2月,一篇《关于反对资产阶级自由化》的文章在北京某报发表,该文提出一个带根本性的质问:"是推行资本主义化的改革,还是推行社会主义改革?"也是这个年份,一家有影响的杂志在第一期发表的《用四项基本原则指导和规范改革开放》一文中指出,私营经济和个体经济"如果任其自由发展,就会冲击社会主义经济"。同年7月,北京某报发表《谁说社会主义"讲不清"》的文章,把矛头直接对准当时颇为流行的"摸着石头过河"和"黑猫白猫"理论。还有一篇署名"闻迪"的《社会主义能够救中国》的文章,居然洋洋洒洒在某大报连续转载。就这样,在姓"社"姓"资"的争论上,"左"倾势力一度甚嚣尘上。思想上的混乱必然带来生产上的停滞和经济上的下滑,在当时,我国国民经济发展速度一直在5%上下徘徊,出现较大的滑坡势头。在这种形势下,1992年1月,邓小平同志以88岁的高龄一路南下,到武昌、到深圳、到珠海,就改革开放中的问题沿途发表谈话。邓小平说:"改革开放迈不开步子,说来说去就是怕资本主义的东西多了,走了资本主义道路,要害是姓'资'还是姓'社'的问题。判断的标准,应该主要看是否有利于发展社会主义社会的生产力,是否有利于增强社会主义国家的综合国力,是否有利于提高人民的生活水平。""三个有利于"震动全国,它冲破禁锢人们多年的思想禁区,解决了困惑中国多年的改革难题,为思想再次大解放指明了路径。"东方风来满园春",当时,全国几乎所有党委机关报都转发了以此为标题,详细记述邓小平在深圳特区视察工作的长篇通讯。邓小平南方谈话后,我国市场经济开始建立,股票这个十分陌生的东西开始在深圳发行,沿海、沿江、沿边开放的经济格局逐步形成,内陆地区以省会城市为中心的多层次、全方位对外开放也逐步建立,整个中国经济呈现高速增长、浪潮迭起的生动局面。

1997年,江泽民为"公"、"私"定论,第三次思想大解放稳步推进

第二次思想大解放以后,我国经济进入高速发展的快车道。随着姓"社"姓"资"问题的解决,国家所有制结构发生巨大变动,私有制经济得到迅速发展,到1994年,我国已有私营企业主30多万户,在一些沿海省份,有的私企甚至雇工超千人。所有制问题无可回避地摆在了社会面前。据未曾公开的消息报道,在这个问题上,思想理论界1995—1997年初曾先后有过四份"万言书",分别从国家安全、反和平演变、坚持公有制的主体地位、反对资产阶级自由化等方面,对私有化及价值取向进行全面围攻。媒体舆论上,围绕"公""私"之争,理论交锋也没停止,连人民日报、经济日报等党内大报也先后加入其中。在这种纷争不断的情形下,1997年5月29日,时任党中央总书记江泽民在中央党校省部级干部进修班毕业典礼上,发表了他准备良久的讲话。江泽民说:"旗帜问题至关重要。旗帜就是方向,旗帜就是形象。我们说坚持十一届三中全会以来的路线不动摇,就是高举邓小平同志建设有中国特色社会主义理论旗帜不动摇。在邓小平同志逝世之后,我们全党,特别是高级领导干部,在这个问题上尤其要有高度的自觉性和坚定性。""5·29"讲话后,国内政治情势上在一段时间并没把该讲话直接与"第三次思想解放"相联系,直到8月12日,中国经济时报一篇《第三次思想解放:冲破姓"公"姓"私"的思想疑惑——访中宣部理论局副局长、研究员李君如》,以及十五大召开当天,还是中国经济时报在9月12日头版,以《当代中国三次思想解放》为题,对我国改革开放以来的几次思想碰撞进行总结概括,这样,江泽民的"5.29"讲话才正式同第三次思想大解放一起见诸于媒体表述之中。

(摘自《光明网》)

议一议:党的历史上的三次思想解放运动对于中国特色社会主义建设的重大贡献。

2000年,江泽民在广东考察时,提出"与时俱进"的思想,并把它与"解放思想、实事求是"联系在一起,使原本包含在实事求是中的创新思想更加明确。党的十六大报告对中国共产党的思想路线作了新的表述,使其内涵更为丰富:"坚持党的思想路线,解放思想、实事求是,与时俱进,是我们党坚持先进性和增强创造力的决定性因素。"

胡锦涛在中纪委第三次全体会议上的重要讲话,从全面贯彻"三个代表"重要思想和党的十六大精神、实现全面建设小康社会宏伟目标的战略高度,突出强调了在全党大力弘扬求真务实的精神、大兴求真务实之风的极端重要性。坚持求真务实,是坚持马克思主义科学世界观和方法论的本质要求。

三、党的思想路线的主要内容

党的思想路线是一切从实际出发,理论联系实际,实事求是,在实践中检验真理和发展真理。全党必须坚持这条思想路线,积极探索,大胆试验,开拓创新,创造性地开展工作,不断研究新情况,总结新经验,解决新问题,在实践中丰富和发展马克思主义,推进马克思主义中国化。

第一,一切从实际出发。这是贯彻实事求是思想路线的根本前提。

第二,理论联系实际。这是贯彻实事求是思想路线的根本途径。就是要有目的地去研究马克思主义理论,使理论切合中国的实际情况。

第三,在实践中检验真理和发展真理。这是贯彻实事求是思想路线的根本目的和验证条件。

实事求是的基本要求:尊重客观事实,对实际采取老老实实的科学态度;应用马列主义的理论方法作系统的、周密的调查研究,做到"有的放矢";反对教条主义,不唯书,不唯上,只唯实。

四、党的思想路线的重要意义

实事求是思想路线的重新确立和发展,有力地推动和保证了拨乱反正的进行;实事求是思想路线的重新确立和发展,有力地推动和保证了全面改革的进行;实事求是思想路线的重新确立和发展,解决了关系我们党和国家前途命运的重大政治课题;实事求是思想路线的重新确立和发展,使我们党成功地找到了在经济文化落后的中国建设社会主义的正确道路;实事求是思想路线的重新确立和发展,为我们党永葆蓬勃生机提供了科学的精神法宝。

第二节 建设中国特色社会主义的过程是不断解放思想、实事求是的过程

解放思想,实事求是,是邓小平理论的精髓,是党的思想路线的核心内容。改革开放以来,我们党和国家在理论和实践上的每一步前进,改革和建设的每一步发展,都是坚持解放思想、实事求是思想路线的结果。在走向新世纪的新形势下,面对许多从来没有遇到过的艰巨课题,我们只有立足于实际,对"解放思想、实事求是"进行不断的反思与创新,才能不断地开创建设有中国特色社会主义事业的新局面。

一、中国革命和建设的历史,就是在实践中不断解放思想、实事求是的历史

新民主主义革命时期,我们党把马克思主义同中国实际相结合,提出了"无产阶级领导的、人民大众的,反对帝国主义、封建主义和官僚资本主义的革命"的总路线。在这条总路线的指导下,我们取得了新民主主义革命的伟大胜利。新中国成立前夕,党的七届二中全会正确地分析了由新民主主义向社会主义过渡时期的具体情况,提出了过渡时期的总路线。在这条总路线指引下,我们取得了社会主义改造的成功,建立了社会主义基本制度。

资料卡片

1958年5月,党的八大二次会议提出"鼓足干劲,力争上游,多快好省地建设社会主义"的总路线,但由于违背了当时的客观经济规律,导致了"大跃进"的严重失误。1962年以后,由于对国际国内形势的不恰当估计,党的基本路线被改变为"以阶级斗争为纲",最终导致"文化大革命"的十年内乱。经实践证明,1958年和1962年提出的党的基本路线是错误的。这两条错误的路线,使我国社会主义建设事业遭受了重大挫折,严重地背离了党的实事求是的思想路线。

二、党在社会主义初级阶段的基本路线是在党的思想路线指导下制定出来的

党的思想路线就是一切从实际出发,理论联系实际,实事求是,在实践中检验和发展真理。实践是认识的来源和动力,人们对客观事物的认识所产生的思想,是从实践中来的,同时实践活动是在思想指导下进行的。只有不断解放思想,排除认识的障碍,冲破思想的禁锢,才有可能正确地研究、认识和把握事物内在的规律性,真正做到实事求是。正如党在社会主义初级阶段的基本路线不是从书本中得来的,也不是主观想象得来的,而是从我国处于社会主义初级阶段的实际出发,抓住发展生产力这个根本任务,总结历史经验而得来的。

实事求是,就是一切从实际出发,理论联系实际,具体问题具体分析。实事求是,是无产阶级世界观的基础,是马克思主义的思想基础。过去我们搞革命所取得的一切胜利,是靠实事求是;现在我们要实现四个现代化,同样要靠实事求是。只有解放思想,坚持实事求是,一切从实际出发,理论联系实际,我们的社会主义现代化建设才能顺利进行。

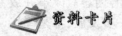 资料卡片

生 吞 活 剥

唐初,有个叫张怀庆的人,十分喜欢作诗填词,但又不肯下功夫,总是胡乱搬用别人的作品。当时,有个叫李久山的诗人,写了这样一首诗:

镂日成歌扇,裁云作舞衣。
自怜回雪影,好取洛川归。

张怀庆在这首诗的每句开头添写了两个字,就变成了他自己的大作:

生情镂日成歌扇,出性裁云作舞衣。
对镜自怜回雪影,来时好取洛川归。

还有一次,他把当时很有名气的诗人郭正一和王昌龄写的作品拿来,生拼硬凑,据为己有。人们从此讥笑他是"活剥王昌龄,生吞郭正一"。后来,这不仅成了一个笑话,而且演变为一句成语,一直沿用至今。

"生吞活剥"这个成语的由来,说明了一个道理,就是做任何事情,都不能生搬硬套,照抄照搬,而应该实事求是,依照自己的实际情况来解决问题。

邓小平同志1992年在武昌、上海等地谈话中说:"实事求是是马克思主义的精髓。要提倡这个,不要提倡本本。我们改革开放的成功,不是靠本本,而是靠实践,靠实事求是。"因此,只有坚持解放思想、实事求是的思想路线,才能自觉地坚持党的基本路线,搞好改革开放和社会主义现代化建设。

三、党在社会主义初级阶段的基本路线的本身就体现了实事求是的原则

党在社会主义初级阶段的基本路线的内容是:"领导和团结全国各族人民,以经济建

设为中心,坚持四项基本原则,坚持改革开放,自力更生,艰苦创业,为把我国建设成为富强、民主、文明的社会主义现代化国家而奋斗。"

在改革开放和现代化建设过程中,我们党在关键时刻作出的每一项重大决策,都是以解放思想、实事求是为前提的。从农村实行家庭联产承包责任制、发展乡镇企业到城市改革的全面实行,从创办经济特区、引进外资到全方位的改革开放,从提出社会主义初级阶段到形成社会主义市场经济理论,无一不是在解放思想、实事求是的思想路线指导下进行的,无一不是贯彻思想路线的成果,无一不是党的思想路线的伟大胜利。

阅读思考

在20世纪70年代末80年代初实行的家庭联产承包责任制,其显著特点是"集体所有,分户经营",将土地的所有权与经营权分离开来。为保障农民的土地经营权,1982年12月4日,第五届全国人民代表大会第五次会议通过的《中华人民共和国宪法》规定:"农村和城市郊区的土地,除由法律规定属于国家所有的以外,属于集体所有;宅基地和自留地、自留山,也属于集体所有。"1986年6月通过的《中华人民共和国土地管理法》,使这一制度更加明确,它规定:"集体所有的土地按照法律规定属于村民集体所有,由村农业生产合作社等农业集体经济组织或村民委员会经营、管理。已经属于乡(镇)农民集体经济组织的,可以属于乡(镇)农民集体经济组织所有。村农民集体所有的土地已经分别属于村内两个以上农业集体经济组织所有的,可以属于各该农

业集体经济组织的农民集体所有。"这种土地制度并没有从根本上改变土地的集体所有的性质,只是将土地的所有权、经营权分开了。但在当时,这对调动农民的积极性、解决农民的温饱问题来说,的确取得了很大的成就。

想一想:家庭联产承包责任制对于解放农民和发展农业有何历史意义?

四、社会主义理论创新的过程就是解放思想、实事求是的过程

1. 党在开拓马克思主义中国化的过程中体现了解放思想、实事求是精神

从党的十四大到十六大的10年间,我们党高举邓小平理论伟大旗帜,围绕中国特色社会主义这个主题,继续解放思想,以马克思主义的巨大理论勇气进行理论创新,开创了中国特色社会主义事业新局面。这期间,形成了"三个代表"重要思想,开拓了马克思主义理论发展的新境界,进一步回答了"什么是社会主义、怎样建设社会主义"的问题,创造性地回答了"建设一个什么样的党、怎样建设党"的问题。关于公有制为主体、多种所有制经济共同发展是我国社会主义初级阶段基本经济制度的思想,关于全方位对外开放的思想,关于社会主义物质文明、政治文明和精神文明协调发展的思想,关于正确处理改革

发展稳定的思想,关于建设社会主义法治国家的思想,关于依法治国和以德治国相结合的思想,关于走中国特色的精兵之路的思想,关于巩固党的阶级基础和扩大党的群众基础的思想,等等,都是在继承邓小平理论基础上不断突破不合时宜的观念、做法和体制的束缚,解放思想、与时俱进的结果,都是从实际出发,深刻总结我国改革开放伟大实践的产物。

2. 党在推进理论创新过程中贯穿着解放思想、实事求是的原则

党的十六大以来,以胡锦涛同志为总书记的党中央带领全党和全国各族人民,立足社会主义初级阶段基本国情和我国发展的阶段性特征,借鉴当代世界发展的经验,在实现什么样的发展、怎样发展的重大问题上,解放思想,摆脱了单纯追求GDP的片面发展观,提出以人为本、全面协调可持续的科学发展观,提出构建社会主义和谐社会等重大战略思想。这是对中国特色社会主义本质认识的新提升,对中国特色社会主义客观规律的新把握,进一步开拓了中国特色社会主义理论发展的新境界。

党的十一届三中全会以来,当代中国马克思主义不断创新,最根本的一条,就是坚持在马克思主义指导下不断解放思想,实事求是,与时俱进。在新的历史起点上,我们面临着经济全球化的机遇和挑战,面临着工业化、信息化、城镇化、市场化、国际化深入发展的新形势、新任务,面临着不断出现的新课题、新矛盾。这就要求我们必须进行新的实践和探索。只有继续坚持解放思想,才能抓住前所未有的新机遇和应对前所未有的新挑战,推进中国特色社会主义事业不断向前发展。

资料卡片

改革开放以来,我国城镇化步伐逐步加快,到2001年,我国城镇化率已达到37.7%。但与同等发展水平的国家相比,仍然要低10~20个百分点,同发达国家的差距就更大了。提高我国的现代化水平,解决农村富余劳动力的出路和农民增收问题,必须走工业化、城镇化的路子,把农民从农业和农村尽可能多

地转移出来。这是世界各国走向现代化的共同规律。当然,我国生产力发展水平还不高,农村人口数量庞大,要想把城镇化水平一下子就大幅度提高起来也不现实。要从国情出发,坚持大中小城市和小城镇协调发展,走中国特色的城镇化道路,随着经济社会的发展,不断提高城镇化水平。要重视发展小城镇,加快小城镇建设步伐。发展小城镇要以现有的县城和少数在建制的中心镇为重点,科学规划,合理布局,防止盲目铺摊子。要把发展乡镇企业和农村服务业同发展小城镇有机结合起来,引导和鼓励乡镇企业向小城镇集中,鼓励多渠道、多形式投资兴办小城镇基础设施和公用事业,完善小城镇的功能。

3. 解放思想伴随中国特色社会主义发展的全过程，没有止境

解放思想，始终是中国特色社会主义发展进步的先导，是我们党保持先进性和增强创造力的决定性因素。继续解放思想，就要从理论和实践的结合上不断研究新情况，解决新问题，自觉地把思想和认识从那些不合时宜的观念、做法和体制的束缚中解放出来，从对马克思主义错误的和教条式的理解中解放出来，从主观主义和形而上学的桎梏中解放出来。当前，要特别注重在发展问题、社会和谐、深化改革等方面解放思想，着力转变不适应、不符合科学发展观的思想观念，着力解决影响和制约科学发展的突出问题，做到既不落后于时代，又不超越阶段；既不妄自菲薄，又不急于求成。

坚持解放思想，就要立足于我国社会主义初级阶段的基本国情和阶段性特征，尊重实践，尊重千百万群众的首创精神。解放思想，就是要一切从实际出发，实事求是。这就要求我们观察和处理改革和发展的一切问题，理解和把握党的重大理论创新观点、重大战略思想和重大工作部署，要立足于社会主义初级阶段这个最大的实际，以社会主义初级阶段和我国经济社会的阶段性特征为客观根据。中国特色社会主义是一个在实践中不断开拓前进的过程。我们要坚持在实践、认识的多次反复中解放思想，在从实践中来、到实践中去的过程中，在从群众中来、到群众中去的过程中，解放思想，以最广大人民的实践为解放思想、理论创新的源泉。

第三节　与时俱进、求真务实是新时期党的思想路线的重要内容

解放思想，实事求是，与时俱进，是内涵一致、密不可分的统一体。首先，与时俱进以解放思想为先导。只有不断地解放思想，才能做到与时俱进，而解放思想又在与时俱进的过程中得到体现、拓展和升华。其次，与时俱进必须以实事求是为前提。真正的与时俱进、开拓创新绝不是脱离实际的主观臆想和标新立异，必须尊重实践，尊重事物发展的客观规律，把勇于探索的精神与科学求实的态度结合起来。创新是与时俱进的核心，这种创新是运用马克思主义的立场、观点和方法，根据变化的客观实际和事物发展的趋势，牢牢把握中国先进生产力的发展要求、先进文化的前进方向和最广大人民群众的根本利益，不断深化对共产党执政规律、社会主义建设规律以及人类社会发展规律的认识，使我们党的执政活动顺应时代发展的要求，提高执政水平和领导水平，始终保持我们党的先进性。

一、与时俱进是马克思主义的理论品质

在人类历史的长河中，曾经出现过许多思想家，他们以自己创造出来的理论体系和思想学说独树一帜，名噪一时。但随着时间的推移，他们的理论逐渐退出历史舞台，被别的体系和学派所取代，他们的理论像难得一现的昙花，来也匆匆，去也匆匆。然而，诞生于19世纪中期的马克思主义，作为人类科学思想发展中的最伟大的成果，迄今为止，经历了一个半世纪的严峻考验，却始终充满生机和活力，不断显示出新的生命力。人们不禁要问，马克思主义为什么会在150多年的发展中久盛不衰，充满生机呢？这其中的奥秘就在

于理论的真伪和理论的品质。马克思主义所具有的强大生命力,不是来自其创始人的自诩,也不是来自其信仰者的渲染,而是由其理论的真理性和理论品质所决定的。换言之,马克思主义的生命力来自它本身是科学的理论和具有与时俱进的理论品质。

首先,马克思主义是科学的理论,只有科学的理论才能与时俱进。马克思主义是科学,因为它严格以事实为依据。马克思、恩格斯广泛吸取前人的思想材料,深刻总结人类社会发展的客观规律,提出生产力和生产关系的矛盾运动推动人类社会不断前进、最终必然走向共产主义社会的科学结论,勇敢地批判和超越了亚当·斯密、李嘉图、黑格尔、费尔巴哈等

人的学说,为无产阶级和全人类的解放运动创建了科学的指导思想。以后,他们又根据资本主义发展的新情况和工人运动的新实践,不断作出新的判断和理论解释。列宁创造性地发展了马克思主义,分析了帝国主义的经济、政治特征及其基本矛盾,揭示了帝国主义经济政治发展不平衡的规律,提出了社会主义革命可以在一个国家或几个国家首先获得胜利的观点,并且领导十月革命取得了胜利。列宁还提出了"新经济政策",成功地利用商品货币关系来恢复和发展经济。毛泽东把马克思主义基本原理同中国革命的具体实践相结合,创立了新民主主义革命理论,提出了走不同于十月革命城市武装起义的由农村包围城市的武装斗争道路,指导中国革命取得了胜利。"文化大革命"结束后,邓小平以非凡的理论勇气,进行拨乱反正,提出了实行改革开放和现代化建设的新理论。江泽民围绕在新时期、新阶段应该怎样加深认识什么是社会主义、怎样建设社会主义,建设一个什么样的党、怎样建设党,提出了"三个代表"重要思想。这是对马克思主义执政党先进性理论的伟大创新,是中国化的马克思主义的最新成果。

资料卡片

1977年4月10日,邓小平在还没有恢复工作的时候,就在写给中共中央的信中提出:"我们必须世世代代地用准确的完整的毛泽东思想来指导我们全党、全军和全国人民,把党和社会主义的事业,把国际共产主义运动的事业,胜利地推向前进。"5月3日,中共中央向全党转发了邓小平的这封信,肯定了邓小平的正确意见。邓小平对"两个凡是"的批评,开了思想解放运动的先河。

5月24日,邓小平在同中央两位同志的谈话中再次指出,"两个凡是"不符合马克思主义。邓小平说:前些日子,中央办公厅两位负责同志来看我,我对他们讲,"两个凡是"不行。把毛泽东同志在这个问题上讲的移到另外的问题上,在这个地点讲的移到另外的地点,在这个时间讲的移到另外的时间,在这个条件下讲的移到另外的条件下,这样做,不行嘛!毛泽东同志说,他自己也犯过错误。一个人讲的每句话都对,一个人绝对正确,没

有这回事。马克思、恩格斯没有说过"凡是",列宁、斯大林没有说过"凡是",毛泽东同志自己也没有说过"凡是"。毛泽东思想是个思想体系。我和罗荣桓同志曾经同林彪作过斗争,批评他把毛泽东思想庸俗化,而不是把毛泽东思想当作体系来看待。我们要高举旗帜,就是要学习和运用这个思想体系。

马克思主义发展史的事实证明,马克思主义是在与时俱进中不断发展的科学。马克思主义的科学性历久弥真。对此,江泽民同志深刻指出:"一百多年来,没有哪一种理论、学说能像马克思主义那样保持勃勃生机,对推动社会进步起那样巨大的作用,造成那样深远的影响。尽管现在世界上的情况有很多新变化,但历史发展的总趋势并没有越出马克思主义经典作家所揭示的基本规律。"今天,我们面临复杂多变的国际环境,面临许多过去没有遇到的新情况和新问题,更需要借助马克思主义这个"望远镜"和"显微镜"来观察当代中国,观察当代世界,来解决我们前进道路中所遇到的各种问题。

其次,马克思主义能够与时俱进,还在于它具有实践性品格。马克思有一句名言:"哲学家们只是用不同方式解释世界,而问题在于改变世界。"这鲜明地表达了马克思主义是以改造世界为己任的科学理论。这一理论不是束之高阁、供人观赏的,而是为了指导社会实践,使之成为改造世界、推动历史前进的行动指南。马克思主义之所以能够与时俱进,就在于它能够顺应时代的要求,以实践作为自己的动力之源。实践的观点是马克思主义认识论的首要的和基本的观点。实践是理论产生的源泉,是检验理论真理性的唯一标准,也是推动理论创新的动力。马克思主义经典作家从不认为他们的理论是一成不变的,而总是根据实践的发展和时代的要求去推动理论创新。

资料卡片

1872年,当《共产党宣言》发表24周年之际,马克思、恩格斯一方面肯定《宣言》中"所发挥的一般基本原理整个说来直到现在还是完全正确的",同时又指出,这些原理的实际运用,"随时随地都要以当时的历史条件为转移"。马克思主义是科学,必须以科学的态度对待马克思主义。马克思主义问世后,就面临一个用什么态度对待马克思主义的问题。是解放思想、实事求是、与时俱进,还是因循守旧、墨守成规、照搬照抄?这并不是一个简单的方法问题,而是关系到马克思主义能不能不断发展,能不能永葆生机,能不能与时俱进的重大问题。

马克思主义是无产阶级政党的指导思想,是指引无产阶级和劳动人民认识世界和改造世界的思想武器。对于马克思主义基本原理一定不能丢,丢了就丧失根本。毛泽东曾经强调:马克思这些老祖宗的书必须读,马克思主义的基本原理必须遵守。改革开放后,面对一些人的"信仰危机",邓小平语重心长地指出,马克思主义是我们的老祖宗,老祖宗不能丢。江泽民同志从党和国家的理论基础、思想灵魂以及前途命运的高度来强调马克思主义的指导地位。他指出:马克思主义是我们立党立国的根本指导思想,是全国各族人民团结奋斗的共同理论基础。马克思主义的基本原理任何时候都要坚持,否则,我们的事业就会因为没有正确的理论基础和思想灵魂而迷失方向,就会归于失败。

我们党始终坚持在理论和实践的结合中来推进马克思主义理论创新,用不断发展的马克思主义来指导新的实践。中国共产党的历史说明,我们党是非常重视理论指导并用科学理论武装起来的党。我们党把马克思列宁主义、毛泽东思想、邓小平理论和"三个代表"重要思想相继写在了自己的旗帜上,这来自于中国革命、建设和改革的伟大实践,来自于我们党对中华民族历史命运的理论思考。江泽民同志在庆祝中国共产党成立80周年的讲话中指出:"必须始终坚持马克思主义基本原理同中国具体实际相结合,坚持科学理论的指导,坚定不移地走自己的路。这是总结我们党的历史得出的最基本的经验。"坚持用不断发展的马克思主义来指导新的实践,就必须坚持一切从实际出发,在实践中不断丰富和发展马克思主义,反对把马克思主义作为一成不变的教条。

二、与时俱进是党的思想路线的重要内容

江泽民同志在坚持解放思想、实事求是的基础上,特别强调与时俱进,并在党的十六大上将党的思想路线表述为"解放思想、实事求是、与时俱进"。这崭新的表述是对马克思主义精髓的新概括。我们之所以说与时俱进是党的思想路线的重要内容,是因为与时俱进赋予党的思想路线以新的内涵。

与时俱进,不仅抓住了新的历史条件下坚持党的思想路线迫切需要解决的时代课题,而且赋予党的思想路线以新的内涵。十六大报告把与时俱进作为党的思想路线的重要内容,是对党的思想路线的丰富和发展。

解放思想、实事求是、与时俱进,这三个范畴是相互贯通、密不可分的。解放思想、实事求是、与时俱进强调要一切从实际出发,从客观实际本身找出事物发展的内在规律,用以指导我们的行动;强调在马克思主义指导下打破习惯势力和主观偏见的束缚,研究新情况,解决新问题;强调我们既要坚持马克思主义,又要着眼新的形势和新的实践,不断发展马克思主义;强调要在继承中发展,在发展中继承,善于用发展着的马克思主义指导新的实践;强调党的全部理论和工作要体现时代性,把握规律性,富于创造性。解放思想、实事求是、与时俱进是我们党指导自身行动的总的思想原则和思想方法,反映了我们党对待自己的理论、事业和党自身的根本态度和根本要求,集中体现了我们党把握时代变化、紧跟时代步伐、始终站在时代前列的本质特征。

阅读思考

正是顺应全党的意志和人民的愿望,1978年,党的十一届三中全会打开了一条一心一意搞建设的新路。解放思想,改革开放,开辟了中国特色社会主义道路。

开辟新路,往往意味着艰辛。经历了"文革"的干扰,党内外对什么是社会主义、怎样建设社会主义等一系列重大理论问题存在着巨大分歧。"包产到户"、引进外资,是倒退还是进步?养几只鸡是社会主义?雇佣多少工人算是资本家?

1982年,党的十二大通过新的党章,把党的十一届三中全会确立的"以经济建设为中心"等重大成果正式确定下来,中国现代化建设的新局面开始出现。党的十二大制定的新党章,消除了党内外一些混乱思想,为中国特色社会主义道路的顺利推进打下了坚实基础。

坚持党的基本路线不动摇，搁置争议，埋头苦干，坚持实践是检验真理的唯一标准，中国特色社会主义建设事业焕发出勃勃生机。在总结中国社会主义现代化建设经验的基础上，党的十四大、十五大、十六大通过党章修正案，使党的指导思想不断丰富，中国特色社会主义理论不断发展——

十四大党章的修改，对建设有中国特色社会主义的理论作了新的概括。

十五大党章的修改，把邓小平理论确立为党的指导思想。

十六大党章的修改，把"三个代表"重要思想写入党章。

邓小平理论是基于社会主义初级阶段的基本国情，充分体现了"一个中心、两个基本点"的基本路线。

"三个代表"重要思想对什么是社会主义、怎样建设社会主义的重大理论问题进行了进一步探索和总结。

党的十六大以来，我们党立足于社会主义初级阶段的基本国情，总结我国发展实践，借鉴国外发展经验，适应新的发展要求，提出了科学发展观。科学发展观的形成，使中国特色社会主义理论体系的脉络进一步清晰。

中国特色社会主义理论体系，就是包括邓小平理论、"三个代表"重要思想以及科学发展观等重大战略思想在内的科学理论体系。

提交党的十七大审议的党章修正案，体现了党的理论创新成果，突出了中国特色社会主义理论体系。党章修正案顺应党心、民心，顺应时代发展的客观要求和我国经济社会文化发展的总体潮流，必将对促进国民经济又好又快发展，夺取全面建设小康社会新胜利，提供强有力的政治保障。

想一想：党章是集中一个政党政治主张的宣言书，是统一全党思想和行动的根本指南。中国共产党为什么要不断对党章进行修改？

从理性抽象到理性具体，是认识发展、创新的一种重要形式。党的思想路线的创新发展，主要体现在三个方面：

1. 与时俱进为解放思想、实事求是打上了鲜明的时代烙印

与时俱进从时代的高度，赋予解放思想、实事求是以新的内容，提出了新的要求。这就意味着，我们坚持实事求是所要把握的"实事"，应着重把握当今的时代特征、时代条件、时代发展趋势及其给我们的机遇；所要求的"是"，应该是既符合自身实际又顺应时代潮流的客观规律。坚持解放思想，就是要做到"三个解放出来"，在新的历史条件下毫不动摇地坚持党的思想路线。党的思想路线是历史的、具体的，在我国革命和建设的不同历史阶段，有着不同的具体内涵和具体要求。只有站在时代的高度，才能深刻把握党的思想路线的真谛，才能使党的思想路线与时代同步，与实践同行。

2. 与时俱进揭示了解放思想、实事求是的动态性和无限性

马克思主义认为，在时间的长河中，客观世界的一切无不处于永恒的运动和变化之中，不存在任何终极真理，人们的认识要准确地反映客观世界的发展变化，就必须不断地解放思想，探索真理。与时俱进深刻地表达了马克思主义的这些基本观点。把与时俱进纳入党的思想路线，实质上是把唯物辩证法和马克思主义认识论的灵魂和精髓深深地融入到党的思想路线之中，在思想路线中更加彻底地贯彻了马克思主义的批判性、革命性和

实践性。

3. 与时俱进强化了党的思想路线的创新要求

创新是通过破旧立新、除旧布新，有效地认识和改造世界的实践活动，是解放思想、实事求是、与时俱进的根本要求和集中体现。不论是毛泽东同志提出的实事求是，还是邓小平同志提出的解放思想、实事求是，其根本目的都是为了探索中国革命和建设的新道路，推动革命和建设事业的新发展。与时俱进进一步凸显了党的思想路线的创新要求。在与时俱进中，"时"是前提，是条件；"进"是归宿，是目的。"进"就是创新，就是发展。江泽民同志指出："创新是一个民族进步的灵魂，是一个国家兴旺发达的不竭动力，也是一个政党永葆生机的源泉。"同时，他总是把创新与解放思想、实事求是、与时俱进联系起来强调，指出我国20多年来改革发展的历程，就是坚持解放思想、实事求是、与时俱进，不断探索创新的进程；指出与时俱进的根本目的是为了开拓马克思主义理论发展的新境界，开创中国特色社会主义事业的新局面。这就告诉我们，坚持党的思想路线，必须着眼于开拓创新，努力做到"发展要有新思路，改革要有新突破，开放要有新局面，各项工作要有新举措"。这样，才抓住了坚持党的思想路线的关键。

解放思想，实事求是，使我们党带领全国人民取得了革命和建设的一个又一个胜利。把与时俱进纳入党的思想路线，必将为牢固确立"三个代表"重要思想的指导地位提供有力的理论支持，必将极大地促进全面建设小康社会的历史进程，使我们党更加富有生机和活力。

三、求真务实是新时期党的思想路线的丰富和发展

求真务实是马克思主义哲学认识论精神实质的精辟概括。它体现了马克思主义所要求的理论和实践、知和行的具体的历史的统一。所谓"求真"，就是"求是"，也就是依据解放思想、实事求是、与时俱进的思想路线，去不断地认识事物的本质，把握事物的规律。所谓"务实"，则是要在这种规律性认识的指导下，去做、去实践。求真与务实的统一，是马克思主义认识论的必然要求和本质体现。党的思想路线集中而鲜明地反映了马克思主义的这一基本特点和实质。求真务实是我们党的思想路线的固有特征，是每个共产党人的政治品格。

思考与练习

1. 解放思想、实事求是和与时俱进的内涵是什么？
2. 解放思想、实事求是和与时俱进的重要性是什么？
3. 我们党和国家在理论和实践上的每一步前进，改革和建设的每一步发展，都是坚持解放思想、实事求是思想路线的结果。这是为什么？
4. 为什么说与时俱进是马克思主义的理论品质，又是党的思想路线的重要内容？

第五章　社会主义的本质和根本任务

1956年底,随着社会主义三大改造的完成,社会主义制度在新中国正式确立,标志着我国进入社会主义社会,并开始进入社会主义建设的实践和探索时期。但是,由于缺乏对社会主义本质的正确认识,社会主义实践一度遇到了严重的挫折,人们思想上也出现了对社会主义认识的困惑以及对社会主义理想信念的动摇。在这种背景下,如何全面、科学地认识和理解社会主义的本质则成为当务之急。1992年邓小平同志的南方谈话中,继1980年首次使用"社会主义本质"的概念以来,实现了对社会主义本质的高度概括和科学总结,把社会主义本质归结为五句话,即"解放生产力,发展生产力,消灭剥削,消除两极分化,最终达到共同富裕"。这一科学概括成为解除人们思想认识困惑的一把钥匙,也成为人们团结奋进、共建社会主义美好生活的思想武器。

当前,我们党正在领导全国各族人民努力构建社会主义和谐社会,为全面建设更高水平的小康社会而奋斗。对广大青少年同学来说,只有弄清楚"什么是社会主义",才能在此基础上为"如何建设社会主义"贡献自己的力量,才能实现自己的人生价值和意义。

第一节　社会主义的本质

邓小平的社会主义本质论,是邓小平理论的重要组成部分。这一理论,是邓小平在围绕社会主义的本质特征、什么是社会主义、怎样建设社会主义等问题进行深入探索的基础上逐步形成的。

一、建设中国特色社会主义首要和基本的理论问题

社会主义本质的提出经历了一个长期曲折的过程。它是伴随着我国社会主义建设实践的艰苦探索,是在总结经验教训的基础上,在改革开放和社会主义现代化建设的实践中产生、发展和最终确立的。

(一)社会主义本质的提出

实践是认识的唯一来源。对社会主义本质的认识也是在人民群众的实践中一步一步总结出来的。1978年党的十一届三中全会胜利召开以后,我国社会主义建设进入新阶段。1980年5月,邓小平在会见外宾时就指出:"社会主义是一个很好的名词,但是如果搞不好,不能正确理解,不能采取正确的政策,那就体现不出社会主义的本质。""讲社会主义,首先就要使生产力发展,这是主要的。只有这样,才能表明社会主义的优越性。社会主义经济政策对不对,归根到底要看生产力是否发展,人民收入是否增加。这是压倒一切的标准。空讲社会主义不行,人民不相信。"在这里,邓小平不仅首次提出"社会主义本

质"的概念,而且从社会主义本质的视角提出了发展生产力和增加人民收入这两条根本标准。

20世纪80年代中期,我国的改革从农村到城市、从经济体制到政治体制全面展开。邓小平通过进一步思考,提出了社会主义根本原则的思想。1986年,他指出:"社会主义的原则,第一是发展生产,第二是共同致富。"可以说,这两大原则的概括,是社会主义本质论的雏形。他在进一步阐述这两大原则时还说,我们发展生产力,允许一部分人先富起来,是为了最终达到共同富裕,要防止两极分化,这就叫社会主义。在这里,邓小平已经提出了发展生产力与共同富裕是社会主义本质的内容。

20世纪90年代初,随着改革开放的深入,社会上出现了一场姓"资"和姓"社"的争论,严重干扰了现代化事业的步伐。从实质上来说,这其实是对社会主义的本质与特征的关系认识不清。1990年12月,邓小平与中央几位负责同志谈话时说:"社会主义最大的优越性就是共同富裕,这是体现社会主义本质的一个东西。"1992年春,他在南方谈话中对社会主义本质作了总结性的理论概括,指出:"社会主义的本质,是解放生产力,发展生产力,消灭剥削,消除两极分化,最终达到共同富裕。"①这样,一个伟大的科学社会主义命题终于诞生了。

 资料卡片

小岗村——中国农村改革第一村

小岗村,是中国农村改革的发源地,有"中国十大名村"、"安徽省历史文化名村"等美誉,但以前却是一个出了名的穷村。1978年,十八位农民以"托孤"的方式,冒着极大的风险,立下生死状,在土地承包责任书上按下了红手印,创造了"小岗精神",拉开了中国改革开放的序幕。2004年、时代先锋,优秀共产党员、模范基层干部沈浩同志到小岗村任党支部第一书记,带领全体党员、民众进行新的创业,小岗村又获得了飞跃式的发展。自强不息的小岗人创造出了"敢想敢干,敢为天下先"的小岗精神②。小岗村也由普普通通的小村庄一跃而为中国农村改革第一村。

(二)社会主义本质的科学内涵及其特征

1. 社会主义本质的科学内涵

1992年初,邓小平在南方谈话中对社会主义的本质作出了科学的概括:"社会主义的本质,是解放生产力,发展生产力,消灭剥削,消除两极分化,最终达到共同富裕。"邓小平

---

① 《邓小平文选》第三卷,第373页。
② 《邓小平文选》第二卷,第313、314页。

关于社会主义本质的科学概括,言简意赅,具有十分丰富而深刻的内涵。

第一,解放生产力,发展生产力。把解放生产力和发展生产力作为社会主义的本质规定性,一方面充分肯定了社会主义制度对于促进生产力发展的巨大作用,这是其优于资本主义制度的根本原因,也是社会主义得以存在和发展的根据;另一方面则说明,社会主义只有不断进行改革,才能达到解放生产力和发展生产力的本质要求。根据我国社会主义建设的历史经验,社会主义制度的建立,并不意味着生产力就会自然而然地得到促进和发展。革命是解放生产力,改革也是解放生产力。推翻帝国主义、封建主义、官僚资本主义的反动统治,使中国的社会生产力获得解放,这是革命,所以革命是解放生产力。社会主义基本制度确立以后,还要从根本上改变束缚生产力发展的经济体制,建立起充满生机和活力的社会主义经济体制,促进生产力的发展,这是改革,所以改革也是解放生产力。把解放生产力和发展生产力联系在一起,同时明确把改革也是解放生产力的观点纳入社会主义本质,这不仅是邓小平的一大理论创见,而且是在社会主义发展动力上的一大突破,对于充分发挥社会主义自我调节和自我完善的能动性,发挥社会主义制度的优越性,都具有重要意义。解放生产力和发展生产力,只有两者的统一,才能充分体现社会主义的本质。

第二,消灭剥削,消除两极分化。消灭剥削,消除两极分化,是社会主义发展的根本方向和要求。邓小平把消灭剥削、消除两极分化规定为社会主义本质的基本内容,是从生产关系的角度对社会主义本质的科学界定,指明了社会主义发展的根本方向、根本要求,体现了社会主义与资本主义以及一切剥削阶级社会质的区别。邓小平既坚持社会主义应把消灭剥削、消除两极分化、实现共同富裕作为一个奋斗目标,又把实现这一目标作为一个历史过程。这就既坚持了马克思主义的普遍真理,又突出了中国社会主义初级阶段的实际。他指出,我们的政策是不使社会导致两极分化,就是说,不会导致富者越富,贫者越贫。

第三,最终达到共同富裕。作为社会主义的本质,共同富裕包含以下几个方面的涵义:贫穷不是社会主义,社会主义要消灭贫穷,实现富裕;社会主义的富裕不是少数人的富裕,不是两极分化;共同富裕是社会主义的奋斗目标,需要一个过程,要通过一部分人、一部分地区先富裕起来,才能最终达到共同富裕,但不是搞平均主义;实现共同富裕的基础是生产力的持续发展,其途径是壮大和发展社会主义公有制,消灭剥削,消除两极分化。共同富裕是社会主义本质的核心内容,是社会主义社会最终要达到的目标。邓小平把共同富裕作为社会主义的本质,表明了社会主义在经济制度方面的本质特征,体现了把发展生产力与提高人民生活水平紧密结合起来的坚定的先进思想。

2. 社会主义本质的特征

(1)把对社会主义的认识深入到本质的层面。由于社会主义在社会的发展史上还是一个新生事物,从第一个社会主义国家诞生到现在也不到100年,所以,马克思主义的"老祖宗"们对社会主义的认识,主要偏重于其特征的层面上,这是可以理解的。邓小平总结我国和国际社会主义历史的经验教训,把对社会主义的认识,从特征的层面深入到本质的层面,毫无疑问就把对什么是社会主义的认识提高到了新的境界。

(2)突出了解放和发展生产力这一社会主义的最基本的本质属性。在社会主义本质论断的五句话中,有两句话讲生产力,可见邓小平是多么重视生产力在社会主义本质中的基础性地位。

首先,突出了解放生产力。对于这一点,1992年春,邓小平在提出社会主义本质论断时,有专门的说明。他指出:"革命是解放生产力,改革也是解放生产力。推翻帝国主义、封建主义、官僚资本主义的反动统治,使中国人民的生产力获得解放,这是革命,所以革命是解放生产力。社会主义基本制度确立以后,还要从根本上改变束缚生产力发展的经济体制,建立起充满生机和活力的社会主义经济体制,促进生产力的发展,这是改革,所以改革也是解放生产力。过去,只讲在社会主义条件下发展生产力,没有讲还要通过改革解放生产力,不完全。应该把解放生产力和发展生产力两个讲全了。"①

其次,强调了发展生产力。斯大林和毛泽东在对社会主义的认识上,都忽视了生产力的发展,片面强调了阶级斗争,这显然是很大的失误。邓小平根据历史唯物主义的基本原理指出,讲社会主义,首先就要发展生产力。需要进一步明确的是,强调这一点,对于我们这样经济文化比较落后的国家建设社会主义,具有特殊的重要意义。

第三,体现了生产力与生产关系的辩证统一。初中思想政治原理曾指出,生产力决定生产关系,生产关系反作用于生产力。所以,突出生产力是对的,但生产力的发展离不开生产关系。因此,邓小平是从生产力与生产关系这一社会基本矛盾的最高层次上揭示社会主义本质的。其中,"解放生产力,发展生产力"是从生产力角度规定社会主义本质,而"消灭剥削,消除两极分化"是从生产关系角度规定社会主义本质。这就从根本上划清了社会主义与资本主义的本质区别。

第四,突出了社会主义本质的归宿和最终落脚点是人民的利益。人民群众既是社会主义运动实践的主体,又是社会主义运动的利益主体和价值主体,这同样是社会主义区别于资本主义的本质规定。邓小平把"共同富裕"视为社会主义本质的内容,就是这个道理。他多次反复地指出,社会主义的根本目标是实现广大人民群众的共同富裕,既不能搞平均主义,也不能搞两极分化。他还曾经指出,贫穷不是社会主义,如果两极分化了,那么也不是合格的社会主义。这也就是说,只有全体人民群众的生活水平都提高了,都富裕了,才是社会主义本质的要求。

第五,动态地描述社会主义的本质。邓小平社会主义本质论的五句话里面都包含了一个动词,即"解放"、"发展"、"消灭"、"消除"和"达到",从而避免了把社会主义本质看成一成不变的局限。

二、社会主义本质理论的重大意义

邓小平关于社会主义本质的新概括及其所揭示的社会主义本质与发展道路统一的逻辑关系,继承了科学社会主义的基本原则及其所体现的方法论,又对科学社会主义有重大发展,是探索有中国特色社会主义道路的最重大的理论成果之一。它反映了人民的利益和时代的要求,澄清了不合乎时代进步和社会发展规律的模糊观念,摆脱了长期以来拘泥于具体模式而忽视社会主义本质的错误倾向。这对于我们在坚持社会主义基本制度的基

---

① 《邓小平文选》第三卷,第370页。

础上推进改革,指导改革沿着合乎社会主义本质要求的方向发展,建设有中国特色的社会主义,具有重大理论意义和实践意义。

1. 社会主义本质论是邓小平建设有中国特色社会主义理论的首要的和基本的理论问题,是我国社会主义现代化建设的最主要的理论指南。它不仅是邓小平理论的一个重要组成部分,而且是其全部理论观点的基石,在邓小平理论体系中居于核心地位、支柱地位,是邓小平理论体系的逻辑前提。因为邓小平理论的主要内容就是要回答什么是社会主义、怎样建设社会主义这一困惑了几代共产党人的科学社会主义重大理论课题,而要回答好这一课题,首先必须科学地揭示社会主义本质,弄清什么是社会主义。我们以前所以在理论上有很多误区,对马克思主义有很多教条主义的理解,以致于产生了很多错误观念,主要原因就在于没有彻底搞清楚社会主义的本质是什么。党的十一届三中全会以后,我们提出要建设有中国特色的社会主义,探索中国社会主义现代化建设的发展规律,为此,就必须总结社会主义建设的经验教训,对社会主义的本质进行再认识,更新观念,解放思想,树立符合时代要求和中国社会主义发展特点的社会主义本质观。关于社会主义本质的理论,实际上是科学社会主义理论的一个根本性问题。

2. 邓小平关于社会主义本质和发展道路的理论,揭示了通过改革开放,解放和发展生产力、坚持和发展社会主义这个建设有中国特色社会主义的主题,为党的"一个中心,两个基本点"的基本路线的制定和执行提供了科学依据。党的基本路线是我们党基于邓小平关于什么是社会主义、怎样建设社会主义的正确论述与我国社会现阶段的主要矛盾和主要任务而提出来的,指明了我国社会主义现代化建设道路的基本点,集中体现了社会主义本质理论与中国特色社会主义发展道路的统一。只有深入理解、准确掌握邓小平关于社会主义本质与发展道路相统一的理论,才能准确把握党的基本路线的实质,真正做到坚定不移地贯彻执行党的"一个中心,两个基本点"的基本路线毫不动摇,沿着有中国特色社会主义道路走下去。

三、理解社会主义本质要注意的几个问题

1. 把社会主义本质与特征区别开来

邓小平的社会主义本质理论是内涵丰富、博大精深的体系,它不仅包含了社会主义制度本质,还包含了解放和发展生产力的本质。而且,解放和发展生产力、实现共同富裕等本质比社会主义制度本质更深刻、更为根本。只有当社会主义制度本质符合解放和发展生产力、实现共同富裕要求时,它才有意义。针对过去那种"宁要社会主义的草,不要资本主义的苗"的错误,在五句话的规定中,邓小平着重从社会主义的根本任务和历史使命的层次上,揭示社会主义的本质,在科学社会主义发展史上,第一次将社会主义本质与社会主义制度区别开来。

2. 把社会主义本质与社会主义制度区别开来

社会主义制度与社会主义本质也存在深刻的辩证关系。社会主义本质包含着、规定着社会主义制度,社会主义制度体现着、实现着社会主义本质。社会主义本质必须坚持社会主义根本制度。离开社会主义制度,就不能解放和发展生产力,就不能消灭剥削、消除两极分化,就不能实现共同富裕。从改革开放一开始,邓小平就强调要坚持

四项基本原则,其实质就是坚持社会主义制度,即坚持以社会主义公有制为基础的、实现按劳分配的社会主义基本经济制度,坚持共产党领导的、实行人民民主专政的社会主义基本政治制度,坚持以马克思主义、列宁主义、毛泽东思想为指导的社会主义意识形态。

3. 为全面实现社会主义的本质,不仅要坚持社会主义制度,还要不断改革和完善社会主义制度

邓小平指出:"改革开放胆子要大一些,敢于试验,不能像小脚女人一样……没有一点闯的精神,没有一点'冒'的精神,没有一股气呀、劲呀,就走不出一条好路,走不出一条新路,就干不出新的事业……恐怕再有30年的时间,我们才会在各方面形成一整套更加成熟、更加定型的制度。在这个制度下的方针、政策,也将更加定型化。"邓小平领导的改革事业,其目的在于完成社会主义的根本任务,解放和发展生产力,其实质则是通过建立一整套更加成熟、更加定型的"制度",促进社会主义制度的自我完善和自我发展。这样,就将社会主义制度建设、体制改革与社会主义本质紧密联系了起来。实践证明,深化改革,加强社会主义制度建设,应为解放和发展生产力这一社会主义根本任务服务。忽视根本任务,单纯强调制度建设,为制度而制度,会使制度建设和改革流于形式,最终损害社会主义事业;仅仅强调解放和发展生产力的根本任务,否定社会主义制度,背离社会主义原则和道路,将会使改革迷失方向,同样会损害社会主义事业。

第二节 社会主义的根本任务

邓小平指出:"社会主义的第一个任务是要发展社会生产力……哪有什么贫困的社会主义、贫困的共产主义!""在社会主义国家,一个真正的马克思主义政党在执政之后,一定要致力于发展生产力,并在这个基础上逐步提高人民的生活水平。"江泽民同志更是直截了当地指出:"社会主义的根本任务是大力发展生产力,增强社会主义国家的综合国力,使人民的生活日益改善,不断体现社会主义优越于资本主义的特点。"

一、发展生产力是社会主义的本质要求

大力发展社会生产力是整个社会主义初级阶段的根本任务。总的说来,原因主要有以下几个方面:

第一,这是由生产力在社会发展中的地位和作用所决定的。人类社会发展是多种力量共同作用的结果,在推动历史发展的动力系统中,生产力尤其是先进生产力的发展是社会发展的最终动力。人类社会各方面的发展,都能从生产力的发展中寻找到根源。因此,大力发展生产力,就为社会发展提供了最深厚的根基。

第二,这是由社会主义的性质和历史使命决定的。社会主义制度的建立、巩固和发展,离不开生产力的高度发展;社会主义本质的全面实现,尤其是实现共同富裕这一社会主义的根本目的,离不开先进生产力的高度发展;社会主义将来向共产主义过渡,更需要强大的物质基础,也离不开先进生产力的高度发展。发展先进生产力是社会主义社会发

展全过程的历史使命,是社会主义本质的根本要求和主要内容。

第三,这是由我国的具体国情特别是我国现阶段的社会主要矛盾所决定的。我国是在一个半殖民地半封建社会的过渡中完成新民主主义革命,继而完成社会主义革命的,并且是在经济文化都相对落后的基础上建立起社会主义制度的。现在,我国仍然处于社会主义初级阶段。邓小平说:"我们的生产力发展水平很低,远远不能满足人民和国家的需要,这就是我们目前时期的主要矛盾,解决这主要矛盾就是我们的中心任务。"至今,我国生产力不发达的情况总体上没有改变,生产力在不同地区呈现出不同的发展水平,具有不同的发展特点。我们必须坚持不懈地发展先进生产力。对于仍然存在的不适应先进生产力和时代发展要求的一些落后的生产方式,既不能脱离实际,简单化地加以排斥,也不能采取安于现状、保持落后的态度,而要立足实际,创造条件,加以改造和改进,通过长期努力,逐步向先进适用的生产方式转变。

大力发展生产力在社会主义初级阶段具有重要的现实意义。

一是发展才是解决中国目前所有问题的关键。邓小平认为,既然我们已从社会主义社会众多的矛盾中找到了主要矛盾,既然我们找到了解决这一主要矛盾的积极方法和途径,就应该坚定不移地沿着我们确定的解决社会主要矛盾的基本路线走下去,一心一意搞经济建设。只要不发生大的战争,都应把发展生产力放在头等重要的地位,抓住不放。邓小平从全球和整体的角度,站在世纪之交的历史高度,深刻地指出:发展才是硬道理。他认为,只有发展经济,大幅度提高生产力水平,才是解决中国目前所有问题的关键。江泽民进一步发展了邓小平的这一理论观点,指出:"发展是硬道理,这是我们必须始终坚持的一个战略思想。对这个问题,不仅要从经济上看,而且要从政治上看。二十多年来,我们党的路线方针政策得到全体人民的拥护,我们经得起国际国内各种风浪的考验,我国的国际声望和影响不断提高,都与我国社会生产力的迅速发展、综合国力的显著增强和人民生活的不断改善密切相关。继续解决我国经济和社会生活中存在的矛盾,提高我们抵御各种风险的能力,实现第三步战略目标,要靠发展;解决台湾问题,完成祖国统一大业,要靠发展;反对霸权主义、强权政治,履行我们维护世界和平与促进各国共同发展的国际责任,不断增强我国在国际事务中的作用,也要靠发展。"

二是抓住时机,发展自己。为推进经济全面发展,邓小平特别要求人们增强时代感、机遇感。他指出:"抓住时机,发展自己,关键是发展经济。"邓小平认为,我国正处于一个大发展的良好时机,机不可失,时不我待。他提醒我们:"要抓住机会,现在就是好机会。我就担心丧失机会。不抓呀,看到的机会就丢掉了,时间一晃就过去了。"当前,无论国际形势还是国内形势,对我国发展经济都非常有利。我们一定要学会利用有利条件,克服不利因素,加快改革开放和社会主义现代化建设步伐。面对困难和压力,我们应牢记邓小平"发展才是硬道理"的教导,大力发展经济,发展自己。发展与困难是辩证的:大发展,小困难;小发展,大困难;不发展,最困难。只要冷静地、客观地分析我国发展道路上的有利条件和不利因素,以高度的历史责任感和只争朝夕的精神,充分发挥自身的优势,充分利用机遇,顶住压力,克服困难,全心全意抓经济建设,我们在新的世纪一定能实现国家的腾飞,实现中华民族的伟大复兴。

二、发展是党执政兴国的第一要务

"三个代表"重要思想的主题是建设中国特色社会主义,发展才能坚持党的先进性和发挥社会主义制度的优越性。江泽民同志在党的十六大报告中指出:"党要承担起推动中国社会进步的历史责任,必须始终紧紧抓住发展这个执政兴国的第一要务,把坚持党的先进性和发挥社会主义制度的优越性,落实到发展先进生产力、发展先进文化、实现最广大人民的根本利益上来,推动社会全面进步,促进人的全面发展。紧紧把握住这一点,就从根本上把握了人民的愿望,把握了社会主义现代化建设的本质。"

1. 发展是硬道理

高度重视发展问题,体现了中国共产党对于人类社会发展规律、社会主义建设规律以及共产党执政规律的新认识。

中国特色社会主义靠发展来不断巩固和推进。社会主义要强大,要体现优越性,关键在发展。20世纪80年代末90年代初,国际风云变幻,苏联解体,东欧剧变,尽管原因很多,但其根本原因是这些国家的执政党没有解决好发展问题,动摇乃至丧失了执政的社会物质条件和群众基础。邓小平同志深刻总结了社会主义建设的经验教训,提出了"发展才是硬道理"的著名论断。党的先进性和社会主义制度的优越性要体现在促进经济、政治、文化的不断发展上,民富国强的实现建立在经济、政治、文化的快速发展上。离开发展,坚持党的先进性、发挥社会主义制度的优越性、实现民富国强,都无从谈起。我们党在中国这么一个经济文化落后的发展中大国领导人民进行社会主义现代化建设,能不能解决好发展问题,实现经济社会的快速发展,直接关系到人心向背、事业兴衰、社会治乱。

中国特色社会主义必须靠发展来应对挑战。我国的改革和建设是在激烈的国际竞争中进行的。发展是人类进步的永恒的主题,也是当今世界的时代主题。20世纪90年代以来,世界经济和科技发展的速度前所未有,国力竞争空前激烈。在这场任何国家、任何民族都无法回避的全球范围内的大竞争中,无论是哪一个国家,要想跟上时代潮流,在激烈的国际竞争中立于不败之地,都必须高度重视发展问题,切实解决好发展问题。我们党把发展经济作为国家的第一战略目标,就是为了加快发展,增强经济实力,提高综合国力,争取在风云变幻的国际局势中处于主动地位,并借助于当今世界科学和信息技术发展的有利时机,抓住机遇,开拓进取,奋力在这场大竞争中取得主动,发展壮大自己。历史和现实都证明,无论国际形势如何变化,无论遇到什么样的困难,只要正确坚持和贯彻发展的思想,拥有实力,我们就能够从容应对挑战,克服任何困难,不断前进。

中国特色社会主义靠发展解决前进中的问题。改革开放以来,我们党的路线、方针、政策之所以得到全体人民的拥护,我们之所以能够战胜各种困难和风险,解决了前进中的一个又一个问题,都与紧紧抓住发展这个主题密切相关。发展,使我国的综合国力大幅度跃升,人民得到的实惠最多,我国社会长期保持安定

团结，政通人和，我国的国际影响显著扩大，民族内聚力极大增强。在未来的道路上，我们还会遇到形形色色的问题和困难。历史经验充分证明，只要坚持以发展为主题，用发展的眼光、发展的思路和发展的办法去应对挑战，解决问题，就能把中国特色社会主义事业不断推向前进。

我们党肩负的历史使命靠不断发展去完成。我们党历经革命、建设和改革各个历史时期，已经成为领导人民掌握全国政权并长期执政的党，成为对外开放和发展社会主义市场经济条件下领导国家建设的党，责任重大，使命崇高。我们党必须着眼于中国和世界的历史、现状和未来，准确把握时代特点和党的任务，科学制定并正确执行党的路线、方针、政策，认真研究和解决保持党的先进性、推进中国社会发展问题。党的先进性是具体的、历史的，必须放到推动当代中国先进生产力和先进文化的发展中去考察，放到维护和实现最广大人民根本利益的奋斗中去考察。只有紧紧抓住发展这个执政兴国的第一要务，党才能实现新世纪的历史使命。

总之，实现全面建设小康社会的宏伟目标，进一步提高人民的物质文化生活水平，要靠发展；增强我国的综合国力，实现中华民族的伟大复兴，要靠发展；解决人们的思想认识问题，说服那些不相信社会主义的人，坚定人们对社会主义和祖国未来前途的信念和信心，最终也要靠发展。发展是硬道理，硬就硬在这里。

2. 党执政兴国第一要务的基本内容

发展是我们党执政兴国的第一要务。第一要务，就是摆在第一位的、最重要的任务，其中包含着丰富的内容：

（1）发展必须集中力量把经济搞上去。高度重视解放和发展生产力，以经济建设为中心，不断开拓生产力发展的新途径，不断增强综合国力，提高国际竞争力，努力实现中国的现代化。

（2）发展是社会主义物质文明、政治文明和精神文明的协调发展。建设中国特色社会主义的进程，是经济、政治、文化全面发展的进程，是物质文明、政治文明和精神文明全面建设、协调发展的进程。我们要在大力发展生产力、建设社会主义物质文明的同时，大力推进社会主义政治文明和精神文明建设，发展社会主义民主，健全社会主义法制，不断提高全民族的思想道德素质和科学文化素质。

（3）发展必须促进人的全面发展。努力促进人的全面发展，是马克思主义关于建设社会主义新社会的本质要求。我们要在发展社会主义社会物质文明和精神文明的基础上，不断推进人的全面发展。以人的全面发展为价值目标，才能体现社会主义制度是以人为本的制度。所以，建设中国特色社会主义，既要着眼于人民现实的物质文化生活需要，又要着眼于促进人民素质的提高。

（4）发展必须正确认识和处理改革、发展、稳定的关系。改革、发展和稳定相互联系，相辅相成。江泽民指出："改革是动力，发展是目标，稳定是前提。没有改革，我们就不可能走出一条建设有中国特色社会主义的正确道路，我们的事业就不可能顺利前进；没有发展，我们就不可能实现现代化，也就不可能保持党和国家的长治久安；没有稳定，改革和发展都无从进行。各级领导干部在工作中一定要把握好这几个方面的关系。"正确处理三者的关系，把改革的力度、发展的速度和社会可以承受的程度协调统一起来，在社会政治稳定中推进改革、发展,在改革、发展中实现国家的长治久安,是把改革开放和社会主义现代化事业不断推向前进的重要保证。

三、科学技术是第一生产力

我们党历来重视科学技术在生产力发展中的作用。从马克思到列宁到毛泽东,都十分重视科学技术对于推动生产力发展的重要性,马克思主义强调科学技术是社会生产和经济发展的强大动力。共产党也非常重视科学技术在国民经济中和社会发展中的地位和作用,并在科学技术和社会发展的实践中丰富和发展了科学技术是生产力的理论。十一届三中全会以后,邓小平、江泽民、胡锦涛先后提出"科学技术是第一生产力"、"科学技术是先进生产力的集中体现和主要标志"、科学技术"是推动人类文明进步的革命力量"等重要论断,成为中国特色社会主义理论的重要内容。

1. 科学技术是第一生产力的重要内涵

首先,科学技术是推动现代生产力发展的重要因素和重要力量。生产力的基本要素是生产资料、劳动对象和劳动者。其中,生产资料是同一定的科学技术相结合的。在生产力系统中,科学技术已经成为推动生产力发展的关键性要素和主导性的要素。

其次,科学技术是现代生产力发展和经济增长的第一要素。过去,生产力发展和经济增长主要靠劳动力、资本和自然资源的投入。现代社会,随着知识经济时代的到来,科学技术、智力资源日益成为生产力发展和经济增长的决定性要素,生产力发展和经济增长主要靠的是科学的力量、技术的力量。

再次,现代化科学技术的超前性对生产力发展具有先导作用。19世纪末发生的第二次技术革命,是科学、技术、生产三者关系发生变化的一个转折点。在此之前,生产、科学、技术三者的关系主要表现为生产的发展推动技术进步,进而推动科学的发展。例如,蒸汽机技术革命主要是从工匠传统发展而来的,在生产经验积累的基础上探索出技术发明,然后才总结出热力学理论。以电力技术革命为标志的第二次技术革命以来,这种生产带动科学技术发展的情况发生改变,现在是科学推动技术进步,再推动生产的发展。科学技术越来越走在社会生产的前面,开辟着生产发展的新领域。

2. 科学技术不仅是第一生产力,而且是先进生产力的主要标志和集中体现

科学技术的突飞猛进,给世界人类经济社会的发展带来了极大的推动。当前,以微电子技术为基础,以计算机、网络和通信技术为主体的信息技术,已渗透到经济的各个领域。科学技术是第一生产力,代表先进生产力的发展要求,这就要求我们重视科学创新,重视科技人才的培养,重视科技事业的发展。

当今世界各国综合国力的竞争,其核心和关键在于知识创新和技术创新,以及高新技术产业化。科技创新越来越成为当今社会生产力解放和发展的重要基础与标志,越来越决定一个国家、一个民族的发展进程。

思考与练习

1. 什么是社会主义的本质?
2. 如何理解发展是党执政兴国的第一要务?
3. 科学技术是第一生产力的重要内涵是什么?

 探究与实践

1. 观看教学录像:1992 年《邓小平南方谈话》。
2. 课堂讨论:1992 年邓小平南方谈话与社会主义本质理论的产生。

第六章 社会主义初级阶段理论

建设中国特色社会主义,必须始终坚持从中国的国情出发,准确把握当代中国的基本国情。坚持中国正处于并将长期处于社会主义初级阶段这一基本国情,是我们党制定一切路线、方针、政策的根本出发点和落脚点。邓小平同志从正确分析我国基本国情出发,坚持马克思主义实事求是的思想路线,作出了我国正处于并将长期处于社会主义初级阶段的科学论断,提出和确立了社会主义初级阶段的一系列基本路线和基本纲领。

通过本章学习,要了解社会主义初级阶段的含义和基本特征,深刻理解我国将长期处于社会主义初级阶段及其意义,掌握党在社会主义初级阶段的基本路线和基本纲领的主要内容及其重要的理论意义和实践意义。

第一节 社会主义初级阶段理论的形成和发展

一、中国共产党对社会主义初级阶段的认识和艰苦探索

我国正处于并将长期处于社会主义初级阶段,这是邓小平和我们党对当代中国国情的科学判断。这一科学判断有其理论和现实背景。

我们党对我国社会主义发展阶段的认识经历了曲折的过程。在1956年我国的社会主义改造基本完成之后,毛泽东认为我国的社会主义制度还刚刚建立,还没有完全建成,需要一个继续巩固的过程,对当时的社会主义阶段作了符合实际的估计。但1957年下半年之后,我们对社会主义发展阶段作出了错误的判断,使社会主义实践付出了沉重的代价。

在这样的理论和实践的背景下,中国共产党沿着党的十一届三中全会确立的解放思想、实事求是正确思想路线的指引,经过正反两方面的经验和教训的比较,终于得出了当今中国社会正处于社会主义初级阶段这一科学论断。1981年邓小平主持起草制定的《中国共产党中央委员会关于建国以来党的若干历史问题的决议》指出:"我们的社会主义制度由比较不完善到比较完善,必须经历一个长久的过程。"《决议》第一次明确作出"我们的社会主义制度还是处于初级阶段"的论断。1982年党的十二大再次指出:"我们的社会主义还处在初级的发展阶段。"1987年党的十三大召开前夕,邓小平指出:"我们党的十三大要阐述中国社会主义是处在一个什么阶段,就是处在初级阶段,是初级阶段的社会主义。社会主义本身是共产主义的初级阶段,而我们中国又处在社会主义的初级阶段,就是不发达的阶段。一切都要从这个实际出发,根据这个实际来制定规划。"党的十三大系统

地阐述了社会主义初级阶段理论,明确界定了社会主义初级阶段的含义,阐明了初级阶段的主要矛盾及其解决的途径,并完整地提出了党在社会主义初级阶段的基本路线。这标志着社会主义初级阶段理论的形成。党的十五大进一步系统地概括了社会主义初级阶段的九大特征,并第一次阐述了社会主义初级阶段的基本纲领,表明我们党对社会主义初级阶段理论的认识达到了新的高度。党的十六大在提出全面建设小康社会的奋斗目标时,强调我国正处于并将长期处于社会主义初级阶段,现在达到的小康还是低水平的、不全面的、发展很不平衡的小康,要巩固和提高目前达到的小康水平,还需要进行长期的艰苦奋斗。社会主义初级阶段理论已经成为我党制定正确的路线、方针、政策的出发点和基本依据。

 资料卡片

社会主义发展阶段的历史坐标

在民主革命时期,毛泽东曾讲过:"认清中国国情,乃是认清一切革命问题的基本的根据。"在社会主义时期,搞清我国社会主义所处的发展阶段,确定我国社会主义发展阶段的历史坐标,是进行符合我国国情的社会主义建设的前提。以党的十一届三中全会为界,中国共产党对社会主义发展阶段的探索分为两个时期:第一个时期集中地体现了毛泽东对社会主义发展阶段的探索上;第二个时期则体现在社会主义初级阶段理论的形成和发展上。

二、社会主义初级阶段理论的形成和发展

以党的十一届三中全会为起点,中国共产党对社会主义发展阶段的探索又进入了一个新的阶段。其探索的成果——社会主义初级阶段理论是在"解放思想,实事求是"的思想指导下,在吸取和借鉴以往成果的基础上,在改革开放的实践过程中形成和发展起来的,代表着中国共产党对中国社会主义历史发展阶段以及在此阶段上如何建设社会主义的认识趋于成熟。其形成和发展的历程大致如下:

1979年9月29日,叶剑英在庆祝中华人民共和国成立30周年的讲话中指出:"社会主义制度还处在幼年时期。它还不成熟,不完善。""在我国实现现代化,必然要有一个由初级到高级的过程。"这是社会主义初级阶段论酝酿的开始。

1980年4月21日,邓小平在与阿尔及利亚代表团的谈话中总结了中华人民共和国成立30年的历史经验,并且指出,我们过去吃了"左"的亏。不能离开现实和超阶段采取一些"左"的办法,这样是搞不成社会主义的。邓小平虽然没有直接提出"社会主义初级阶段"这个概念,但已具有"初级阶段"的内涵。

1981年6月27日,党的十一届六中全会通过了《关于建国以来党的若干历史问题的决议》。《决议》指出:"我国已经建立了社会主义制度,进入了社会主义,任何否认这个基本事实的观点都是错误的。"同时指出:"我们的社会主义制度由比较不完善到比较完善,必然要经历一个长久的过程。"《决议》明确指出:"我们的社会主义制度还是处于初级阶

段。"至此,社会主义初级阶段理论的雏形已很明朗。

1982年9月,党的十二大报告提出:"我国的社会主义现在还处于初级发展阶段,物质文明还不发达。"报告既确认我国社会主义所处的发展阶段,又把"物质文明不发达"作为这一阶段的一个特征。

1986年9月,党的十二届六中全会通过的《关于社会主义精神文明建设指导方针的决议》指出:"我国还处在社会主义初级阶段,不但必须实行按劳分配,发展社会主义商品经济和竞争,而且在相当长的时间内,还要在社会主义公有制为主体的前提下发展多种经济成分,在共同富裕的目标下鼓励一部分人先富裕起来。"这一论断不但再次确认了我国社会主义的发展阶段,而且还据此阐发了该阶段的经济政策,表明我党在社会主义发展阶段上的认识在随着实践而不断深入,同时在实践中形成的理论又作用到改革开放的实践中,指导和推动着改革开放的深化。

在党的十三大之前,邓小平曾说,社会主义本身是共产主义的初级阶段,而我们中国又处在社会主义的初级阶段,就是不发达的阶段。到党的十三大,全面系统地论述社会主义初级阶段理论已经成了水到渠成的事了。党的十三大给社会主义初级阶段下的经典性定义是:"我国正处在社会主义初级阶段。这个论断包括两层含义。第一,我国已经是社会主义社会,我们必须坚持而不能离开社会主义。第二,我国的社会主义还处在初级阶段。我们必须从这个实际出发,而不能超越这个阶段。"在党的文献中,十三大报告第一次对社会主义初级阶段论作出了明确的理论界定。报告明确提出了我国社会主义初级阶段的起止时间,即"我国从五十年代生产资料私有制的社会主义改造基本完成到社会主义现代化的实现,至少需要上百年的时间,都属于社会主义初级阶段"。报告指出了社会主义初级阶段的主要矛盾是人民日益增长的物质文化需要与落后的社会生产力之间的矛盾,并从动态方面把社会主义初级阶段概括为五个特征,以此为依据,全面阐述社会主义初级阶段的指导方针和基本路线。至此,社会主义初级阶段理论宣告形成。之后,进入了丰富和发展阶段。

1992年10月,党的十四大报告以邓小平的南方谈话为指针,概括了建设中国特色社会主义理论的主要内容,形成了中国特色社会主义理论体系,再次强调了社会主义初级阶段是个至少上百年的历史阶段,指出制定一切方针政策都必须以这个基本国情为依据,不能脱离实际,超越阶段。报告把正确认识社会主义发展阶段和正确认识国情统一起来,使社会主义初级阶段理论成为我党制定方针政策的基本依据,从而在我国初步找到了如何建设社会主义的答案。

1997年9月,党的十五大报告重提社会主义初级阶段理论,从九个方面把它的基本特征进行了全面系统的阐述,指出"社会主义初级阶段是逐步摆脱不发达状态,基本实现社会主义现代化的历史阶段","是逐步缩小同世界先进水平的差距,在社会主义基础上实现中华民族伟大复兴的历史阶段"。在党的文献上,十五大报告第一次提出了社会主义初级阶段的基本纲领,这在马克思主义历史上是第一次。这个纲领围绕建设富强、民主、文明的社会主义现代化强国的目标,进一步明确了什么是社会主义初级阶段的有中国特色社会主义政治、经济和文化,以及怎样建设这样的政治、经济和文化,使社会主义初级阶段理论更加丰富。

三、社会主义初级阶段理论的内涵和依据

1. 社会主义初级阶段的内涵和特征

社会主义初级阶段这个论断包括两层含义：一是我国进入了社会主义，必须坚持而不能离开社会主义；二是我国的社会主义还处在初级阶段，还没有从根本上摆脱贫穷落后的不发达状态，必须从初级阶段的实际出发，而不能超越这个阶段。

分析我国的基本国情，首先必须肯定我国社会主义建设已经取得的基本成果，生产资料社会主义公有制的主体地位和整个社会主义的基本制度已经确立，人民民主专政的国家政权已经确立，马克思主义的指导地位已经确立。同时又必须看到，我国的生产力水平还远远落后于发达资本主义国家，建设成熟的社会主义所必需的物质技术基础还必须经历较长的历史时期。要全面、正确地理解社会主义初级阶段理论，必须全面把握这两方面的内涵。只有把"社会主义"和"初级阶段"这两个方面统一起来认识和把握，才能避免片面性，才能和右的、"左"的错误倾向划清界限。

阅读思考

悬殊的差距

1949年的中国与西方国家的差距大体为100~200年。当时我国的人均原煤为59公斤，落后于法国119年、德国109年、英国250年左右、美国160年以上。人均生铁0.46公斤，落后于美国190年、法国160年、英国210年。人均钢产量落后于美国89年、德国94年、法国106年、英国120年以上。人均水泥产量1.22公斤，也落后于这些国家70~120年。

思考：根据上述资料，你认为当时的中国是一个什么样的国家？

社会主义的基本特征，概括地讲，就是不发达的社会主义。我国的基本国情决定了社会主义初级阶段是一个长期的历史过程。从发展过程来看，社会主义初级阶段有以下特征：

第一，社会主义初级阶段是逐步摆脱不发达状态，基本实现社会主义现代化的历史阶段，这是总的特征。这种不发达不仅表现在生产力发展水平上，而且表现在生产关系和上层建筑的成熟程度上。由于生产关系和上层建筑从不成熟、不完备到成熟和完备的发展，归根到底取决于生产力的发展，因此，生产力落后是最基本的特征。

第二，社会主义初级阶段是由农业人口占很大比重、主要依靠手工劳动的农业国，逐步转变为非农业人口占多数，包含现代农业和现代服务业的工业化国家的历史阶段。过去曾把工业化作为奋斗的目标，但对工业化的认识却不全面，认为工业生产值占工农业生产总值的70%就实现了工业化，既没有把改组劳动力从业结构和提高农业劳动生产率的要求考虑在内，也没有把现代化水平和集约型增长考虑在内。社会主义初级阶段理论的有关概括包含了工业化的基本经验和产业结构的优化升级的内容。

第三，社会主义初级阶段是由自然经济和半自然经济占很大比重，逐步转变为经济市

场化程度较高的历史阶段。过去曾经以为可以在自然经济和半自然经济的基础上,越过商品经济的充分发展和市场化程度的提高去建设社会主义,结果极大地妨碍了社会主义建设的顺利进行。现在已经认识到:改变这种状况,实现生产的商品化、市场化、现代化是社会主义初级阶段的历史任务。

第四,社会主义初级阶段是由文盲半文盲占很大比重、科技教育文化落后,逐步转变为科技教育文化比较发达的历史阶段。科学技术是经济社会发展的首要推动力量,现代化进程是以人的现代化为基础的。因此,有必要从人的素质全面提高的过程和科技进步的过程来概括社会主义初级阶段的特征。

新中国的家底

1949年,我国的农业人口占全国总人口的82.6%,农业生产值占工农业生产总产值的70%,农业生产资料购买额仅占社会商品零售额的4.8%。全国人均占有粮食209公斤,棉花0.8公斤,油料4.8公斤,生猪0.11头。钢产量15.8万吨,是美国的0.2%、日本的5%,不到世界的1‰,按人均算不过0.25公斤多。1952年,我国的工业水平实际低于1800年的英国、1890年的法国,接近1910年的俄国,如果按人口平均计算,只及英国18世纪后期的水平。现代工业在国民经济中的比重只占10%。

第五,社会主义初级阶段是由贫困人口占很大比重、人民生活水平比较低,逐渐转变为全体人民生活比较富裕的历史阶段。这里说的人民生活水平从贫困经过温饱、小康逐步走向共同富裕的过程,是社会主义本质逐步充分体现的过程。

第六,社会主义初级阶段是由地区经济文化很不平衡,通过有先有后的发展,逐步缩小差别的历史阶段。中国经济文化不仅总体落后,而且发展极不平衡,一部分比较发达的地区同广大的不发达地区同时并存。社会主义初级阶段是在不平衡的基础上,由发展较快的地区带动发展较慢的地区,逐步实现地区相对平衡,最终实现各地区协调发展的过程。

第七,社会主义初级阶段是改革和探索、建立和完善比较成熟的充满活力的社会主义市场经济体制、社会主义民主政治体制和其他方面体制的历史阶段。我国在社会主义改造完成以后,曾经历了20年的动荡、停滞和缓慢发展,其根本原因就是体制上存在弊端。党的十一届三中全会以来的巨大发展,其根本原因是体制改革推动的,社会主义初级阶段将是社会主义在改革中不断前进的过程。

第八,社会主义初级阶段是广大人民牢固树立建设中国特色社会主义的共同理想,自强不息,锐意进取,艰苦奋斗,勤俭建国,在建设物质文明的同时努力建设精神文明,实现两个文明的协调发展的历史阶段。

第九,社会主义初级阶段是逐步缩小同世界先进水平的差距,在社会主义基础上实现中华民族伟大复兴的历史阶段。这是从世界历史比较中和从中国历史发展中来看我国社会主义初级阶段担当的历史任务。曾经对古代文明作出伟大贡献的中华民族,一切从中国实际出发,建设中国特色社会主义,定将对世界现代文明的发展作出更大的贡献。

阅读思考

50年的辉煌成就与差距

经过新中国50年的建设,我国的经济和社会得到了长足的发展。尤其是改革开放30年来,国民生产总值平均年增长超过7%,位于世界前列。我国工农业主要产品产量在世界上所居位次有了显著变化:钢产量1949年列世界第26位,1998年世界第一;煤产量1949年列世界第九位,1998年世界第一;我国1998年粮食产量4.9亿吨,也是世界第一。其他重要的工农业产品中,排在世界第一的还有水泥、化肥、电视机、棉花、水果、肉类等;居于世界第二位的有发电量、棉布、化纤等;排在世界前五位之内的有茶叶、大豆、甘蔗、糖、原油等。我国已经是世界上重要的工农业产品大国。

世界银行在《2002年的中国——新世纪的发展挑战研究报告》中指出:"中国只用了一代人的时间,在一个人口超过非洲和拉丁美洲人口总和的国家,取得了其他国家用了几个世纪才取得的成就,这是我们这个时代最引人注目的发展。"

我国与发达国家相比,在劳动生产率上的差距比较大。我国只有少量的世界先进技术,如能够制造原子弹、氢弹、人造卫星、航天飞船等,普遍的则是技术水平不高。例如,在汽车制造上,中国众多的汽车制造厂人均年生产汽车1.16辆,日本汽车制造厂人均年生产汽车31.84辆。又如农业,一个农业劳动力生产的粮食可以供养的人口,美国大约是70人,法国是36人,西德和日本是18人,而我国大约是5人。我国人均国民生产总值仍然位居世界的后列。1998年,我国城镇人均年可支配收入是5 425元,农村是2 162元,这与发达国家的2万至3万美元的人均收入相比存在巨大的差距,与中等收入水平国家相比也依然存在较大差距,即使在发展中国家中也是位列靠后的。从居民的消费结构看,我国的恩格尔系数为0.596,其中城镇为0.53,农村为0.62。根据联合国粮农组织按恩格尔定律划分的贫富档次,中国还处于贫穷的水平。从三大营养物质看,我国居民的生活状况,目前仍处于热量补偿阶段。目前,我国营养水平与亚洲中上等国家20世纪70年代水平相近,接近日本20世纪60年代中期水平。居民居住条件较差,人均居住面积处于中等偏下水平。

思考:我国经过50年的建设,已经取得了很大的成就,是不是已经摆脱了不发达的状态?

2. 社会主义初级阶段的必然性、长期性和艰巨性

我国正处在社会主义初级阶段,这不是从一般原则出发,而是从中国的实际出发得出的科学结论。党的十三大指出,我国社会主义初级阶段"不是泛指任何国家进入社会主义都会经历的起始阶段,而是特指我国在生产力落后、商品经济不发达条件下建设社会主义必然要经历的特定阶段"。

生产力是社会发展的最终决定力量,它是衡量一个社会发展程度的最重要内容。判断我国现在处在社会主义的怎样阶段,最主要的客观依据是生产力发展状况和生产关系

及上层建筑的状况。新中国建立后，我国社会经济有了旧社会不可比拟的发展，但总的来说，生产力的发展还比较落后，由此决定的社会主义生产关系和上层建筑还不完善、不成熟。

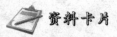 资料卡片

我国所处的工业化阶段

许多已经实现了工业化的发达国家，他们尽管情况不同，但大体都经历了这样几个阶段：第一阶段，从传统农业经济过渡到落后农业与刚刚发展起来的工业同时并存的经济，或称农业—工业国；第二阶段，工业占优势，或称工业—农业国；第三阶段，现代经济或称工业国。我国现在基本处在工业化道路的中间阶段。

发达国家的工业化都经历了很长的历史时期，英国用了200多年，美国用了80年，日本用了50多年的时间。中国的人口比现今所有发达国家的人口之和还要多。中国工业化所需要的资源、财力和物力，在人类历史上都是空前的。因此，中国工业化没有一个世纪左右的时间是难以完成的。

我国社会主义必然要经历一个长期的初级阶段，这首先是由于我国进入社会主义的历史条件所决定的。我国进入社会主义的历史条件是经济文化落后的半殖民地半封建社会。近代世界和中国的具体历史条件，决定了中国资产阶级无力领导民主革命取得胜利，中国不可能在资本主义条件下去实现工业化和经济的社会化、市场化、现代化。资本主义道路在中国走不通，唯一的出路是在中国共产党的领导下，通过新民主主义走向社会主义。这就使中国没有经过资本主义充分发展的阶段而建立起社会主义制度。但是，资本主义充分发展的阶段在我国可以逾越，并不意味着生产力的巨大发展和商品经济的充分发展阶段可以逾越。社会主义只有建立在高度发达的生产力的基础上，建立在伴随着商品市场经济充分发展而形成的生产高度社会化的基础之上，才能充分显示相对于资本主义的优越性。我国进入社会主义时，就生产力水平来说，就经济的社会化、市场化、现代化的发展程度来说，还远远落后于资本主义国家。这就决定了我国在社会主义条件下，必须经历一个较长的历史阶段，去实现别的许多国家在资本主义条件下实现的工业化和经济的社会化、市场化、现代化的任务，去建立和发展社会主义应有的发达的生产力基础。

其次，就中国国情来看，中国还处在社会主义初级阶段。尽管经过50多年的社会主义建设，特别是党的十一届三中全会以来的迅速发展，我国发生了深刻的变化，生产力有了巨大的发展，各项事业有了很大的进步，国民生产总值、国家外汇储备和若干工农业主要产品的生产能力、生产总量进入了世界前列，综合国力达到了可观程度，到20世纪末达到小康的目标总体上已如期实现。然而，总的来说，人口多，底子薄，地区发展不平衡，科技教育文化落后，人民生活水平较低，生产力不发达的状况没有根本改变；社会主义制度还不完善，社会主义经济体制还不成熟，社会主义民主法制还不够健全，封建主义、资本主义腐朽思想和小生产的习惯势力在社会上还有广泛的影响。

最后，我国社会主义现代化建设所处的时代特点和国际环境，也决定了必须经历一个

比较长的初级阶段。成熟的社会主义所要求的物质技术基础,是随着科学技术的进步而不断发展和提高的,中国到20世纪中叶才开始具备实现现代化的前提条件;而这时要实现现代化,其水平和标准既不同于18世纪英国的产业革命,也不同于19世纪日本的明治维新,当今世界的发达国家已经有了生产力的高度发展,世界范围的科技革命正在迅猛发展,知识经济已见端倪,这就决定了我国必须经过很长的初级阶段才能进入成熟的社会主义。

总之,我国仍然处于并将长期处于社会主义初级阶段。要实现现代化,把我国建设成为富强、民主、文明的社会主义国家,还要走很长的路。

阅读思考

实现工业化的资源和人口制约

资源总是经济发展中经常起作用的因素。我国虽然地大物博,但资源的具体情况却是:人均占有量很低,而且分布极不均衡。以我国最丰富的煤炭资源为例,我国的煤炭储量居世界第三位,而人均只接近世界平均水平。且在已探明的储量中有70%~80%是低级的D级储量,可供建井设计的精查储量不过30%。我国的煤炭资源分布也极不均衡,北煤南运、西煤东运的格局将会长期存在。至于其他资源,大多数处于世界后列,人均资源严重不足。中国的土地面积和美国差不多,但人口是美国的4.5倍,中国大地上的有效生存空间只是美国的1/2或1/3,因而人均有效生存空间只有美国的1/10或1/15左右。例如,中国人均耕地只有0.08公顷,仅为美国的1/10。

中国人口众多,并且科学文化素质比较低,也制约着现代化的实现速度。据1990年第四次全国人口普查统计,全国有3 373.9万学龄儿童不在校,亦即约有3%的人口或15%的儿童未能入校学习。此外,1992年,小学升初中率为79.9%,初中升高中率为43.4%,高中共招生478.1万人,由高中毕业进入大学的升学率约为15%。与此形成对比的是,日本1948年初中普及率为99.27%,1973年高中入学率为90%,1976年的大学(含大专)入学率为38.4%。中国人口的科学文化素质远比20年前的日本落后。另外,我国农村人口众多,使得城市化的任务极为艰巨。西方发达国家现在的农业人口在总人口中只占很小的比例,最多的不超过15%,最少的只有微不足道的3%。将农业人口从70%下降到50%,日本花了80年的时间,美国花了50年的时间。中国要使农业人口降到总人口的1/4,就要将5至6亿的农业人口转移到非农业领域,这几乎是欧洲的人口之和。这是一个历史难题。

思考:
(1) 中国现在仍处在初级阶段的依据是什么?
(2) 如何理解中国将长期处于社会主义初级阶段?

第二节 社会主义初级阶段的基本路线

一、社会主义初级阶段的主要矛盾

社会主义初级阶段理论的一个核心问题,是对主要矛盾的正确判断和由此而来的对中心任务的正确把握。党的十一届三中全会以来,拨乱反正的第一条,就是抛弃"以阶级斗争为纲",决定把全党工作的重点转移到社会主义现代化建设上来。1979年3月,邓小平指出:"至于什么是目前时期的主要矛盾,也就是目前时期全党和全国人民所必须解决的主要问题或中心任务,由于三中全会决定把工作重点转移到社会主义现代化建设方面来……这就是我们目前时期的主要矛盾,解决这个主要矛盾就是我们的中心任务。"[①]这是党的十一届三中全会以来第一次对我国现阶段主要矛盾的科学分析。到党的十三大,随着社会主义初级阶段理论的全面阐述,中国共产党对我国社会主义初级阶段主要矛盾作了如下规范的表述:我国社会主义初级阶段的主要矛盾是人民日益增长的物质文化需要同落后的社会生产之间的矛盾。

正确判断和掌握我国社会主义初级阶段主要矛盾的关键,是如何认识和处理现阶段的阶级斗争问题。党的十一届三中全会纠正了把阶级矛盾作为主要矛盾的错误判断。1979年3月,邓小平在《坚持四项基本原则》的讲话中说:"社会主义社会中的阶级斗争是一个客观存在,不应该缩小,也不应该夸大。实践证明,无论缩小或者夸大,两者都要犯严重的错误。"按照邓小平的意见,1981年6月作出的《中国共产党中央委员会关于建国以来党的若干历史问题的决议》对现阶段的阶级斗争问题作出了全面的分析:"在剥削阶级作为阶级消灭以后,阶级斗争已经不是主要矛盾。由于国内的因素和国际的影响,阶级斗争还将在一定范围内长期存在,在某种条件下还可能激化。"这一论断深刻地说明:首先,我国现阶段社会存在的矛盾很多很复杂,但大多数属于人民内部矛盾,具有阶级斗争性质的只有一小部分,如民族矛盾、区域间矛盾等,都不属于阶级斗争性质的矛盾。既要坚持用阶级分析的观点处理带有阶级斗争性质的社会矛盾,又要十分警惕重犯阶级斗争扩大化的错误,对我国社会内部大量存在的不属于阶级斗争范围的各种社会矛盾,应采取不同于阶级斗争的方法来正确地加以解决。其次,阶级斗争已经不是支配和影响其他矛盾的主要矛盾。不仅不应把一切矛盾都简单地归结为阶级矛盾,即使是处理带有阶级斗争性质的矛盾时,也必须服从于经济建设这个中心,决不能因此而干扰一心一意搞现代化的决心。

社会主义初级阶段的主要矛盾贯穿于这个阶段的整个过程和社会生活的各个方面,这就决定了必须把经济建设作为全党和全国工作的中心,各项工作都要服从和服务于这个中心。当前,我国正处于从农业国向工业国、从计划经济向社会主义市场经济这两大历史性转轨的过程中,其中任何一个转轨都是极为复杂和十分艰难的。因此,我国现阶段存

[①]《邓小平文选》第二卷,第182页。

在着诸多的问题和矛盾并不足为怪。既要注意和研究经济、政治、文化和社会生活各方面存在的各种矛盾,又要注意把握住社会矛盾的全局。只有牢牢抓住社会主义初级阶段的主要矛盾和中心工作,才能清醒地观察和把握社会矛盾的全局,有效地促进各种社会矛盾的解决。发展是硬道理,中国解决所有问题的关键在于依靠自己的发展,在于社会主义经济建设的成效。

二、社会主义初级阶段的基本路线的形成和主要内容

历史经验告诉我们,党的基本路线正确与否,具有决定性的意义。基本路线又叫总路线,是中国共产党对一定历史阶段的奋斗目标和任务以及为实现这一目标所确定的途径和道路的总概括。党在一定历史阶段基本路线的确定,是以对社会主要矛盾的认识和把握为基础的。社会主义的改造完成之后,中国共产党在制定新的历史阶段的基本路线方面曾走过一段不小的弯路。

1956年党的第八次全国代表大会指出:我国国内的主要矛盾,已经是人民对于经济文化迅速发展的需要同当前经济文化不能满足人民需要的状况之间的矛盾,党和全国人民当前的主要任务,就是要集中力量来解决这个矛盾,把我国尽快从落后的农业国变为先进的工业国。党的八大对现阶段主要矛盾的判断和对主要任务的规定,尽管在表述上不完全准确,但总的精神是正确的、符合中国国情的。可惜,这些正确的认识并未得到坚持。

1957年反右斗争的扩大化反映在理论上,就是否定了党的八大对主要矛盾的正确分析,重提阶级矛盾是主要矛盾,导致"左"倾错误的抬头。1958年提出的以"大跃进"为标志的社会主义建设总路线,虽然反映了广大群众迫切要求改变我国贫穷落后状况的普遍愿望,但更带有夸大主观意志作用的空想色彩,违背了客观经济规律。1962年又提出了"以阶级斗争为纲"的基本路线,终于导致"文化大革命"的发生。这两条错误的基本路线都背离了我国社会主义初级阶段的基本国情,对社会主要矛盾作出了错误判断,从而给党和人民带来了严重的挫折和灾难。

1978年,党的十一届三中全会后,中国共产党明确指出,在生产资料的社会主义改造完成以后,阶级矛盾已不再是我国的主要矛盾,抛弃了"以阶级斗争为纲"这个不适用于社会主义社会的错误方针,提出必须把党和国家的工作中心转移到经济建设上来。在确定工作中心转移的同时,中国共产党还作出了实行改革开放的伟大决策,并针对拨乱反正过程中出现的错误思潮,旗帜鲜明地强调必须坚持社会主义道路,坚持人民民主专政,坚持中国共产党的领导,坚持马克思列宁主义、毛泽东思想。"一个中心、两个基本点"的思想开始形成,奠定了新时期党的基本路线的基础。党的十三大前夕,邓小平提出:"搞社会主义现代化建设是基本路线。要搞现代化建设使中国兴旺发达起来,第一,必须实行改革、开放政策;第二,必须坚持四项基本原则。"根据这个思想,党的十三大对党的基本路线作了如下概括:"在社会主义初级阶段,我们党建设有中国特色社会主义的基本路线是:领导和团结全国各族人民,以经济建设为中心,坚持四项基本原则,坚持改革开放,自力更生,艰苦创业,为把我国建设成为富强、民主、文明的社会主义现代化国家而奋斗。"这个完整的概括,标志着党在社会主义初级阶段基本路线的最终形成。

总的来说,党在社会主义初级阶段基本路线的内容有以下几个方面:

第一，奋斗目标。"把我国建设成为富强、民主、文明的社会主义现代化强国"，这是党在社会主义初级阶段的奋斗目标。"富强"即国家实现现代化，人民走上共同富裕的道路；"民主"即发展社会主义民主政治，促进社会主义政治体制的改革和发展；"文明"即建设社会主义物质文明、政治文明和精神文明。富强、民主、文明三位一体，体现了我国社会主义社会的全面发展要求，反映了全国人民的根本利益和愿望。

第二，"一个中心，两个基本点"。"以经济建设为中心，坚持四项基本原则，坚持改革开放"，简称"一个中心，两个基本点"，这是基本路线的核心和实质内容，是实现奋斗目标的基本途径和根本保证。"以经济建设为中心"，就是要集中精力把经济建设搞上去，其他一切工作都要服从和服务于经济建设这个中心。"坚持四项基本原则"，即坚持社会主义道路，坚持无产阶级专政，坚持共产党的领导，坚持马列主义、毛泽东思想。"坚持改革开放"，就是改革束缚生产力发展的一切旧体制，积极吸收当代人类创造的一切文明和科技成果，以积极的姿态走向世界。

第三，领导力量和依靠力量。党的基本路线规定了实现社会主义现代化的领导力量和依靠力量。这就是在党的领导下，团结全国各族人民，为实现社会主义现代化而奋斗。

第四，根本立足点。"自力更生，艰苦奋斗"是社会主义事业的必然要求。这不仅是因为我国经济落后，底子薄，实现现代化要靠全国人民艰苦奋斗，而且因为改造自然和改造社会都是一个艰苦奋斗的过程。

党的基本路线是一个紧密结合的完整统一体。党的基本路线的核心内容是"一个中心，两个基本点"。"一个中心"与"两个基本点"是相互贯通、相互依存、不可分割的统一整体。我国的经济建设，是以四项基本原则为政治保证、以改革开放为强大动力的；改革开放，是以进一步解放和发展生产力、巩固和发展社会主义制度为目的的；四项基本原则，是保证改革开放和经济建设沿着正确的方向前进，同时又从新的实践中不断吸取新经验来丰富和发展的。离开经济建设这个中心任务，社会主义社会的一切发展和进步就会失去物质基础；离开四项基本原则和改革开放，经济建设就会迷失方向和丧失动力。坚持党的基本路线，最重要的是要全面理解和正确处理"一个中心、两个基本点"的关系。

三、坚持党的基本路线不动摇

中国共产党在社会主义初级阶段的基本路线，是指引我国社会主义现代化建设的总纲。实践证明，坚定不移地坚持、执行和贯彻这条基本路线，就一定能达到社会主义初级阶段所要实现的宏伟目标。

我国社会主义初级阶段至少需要上百年。社会主义初级阶段的长期性，决定了必须坚持党的基本路线一百年不动摇。这是由社会主义初级阶段的历史任务所决定的，也是建设中国特色社会主义的政治保证的必然要求。

党的十一届三中全会以来的经验，集中到一点，就是坚持基本路线不动摇。以"一个中心、两个基本点"为主要内容的基本路线，体现了社会主义本质的要求，反映了中国社会主义发展的根本规律，指明了中国特色社会主义的发展道路。这条路线是建设中国特色社会主义伟大事业能够经受风险考验，顺利达到目标的可靠保证，因此，必须坚持党的基本路线不动摇。

坚持基本路线不动摇,关键是要坚持以经济建设为中心不动摇。要做到以经济建设为中心不动摇,关键在于正确处理经济建设与阶级斗争的关系。在这方面有过深刻的教训。1956年中国共产党第八次全国人民代表大会制定的路线是正确的,但由于没有正确认识和处理当时发生的国际国内政治风波,导致了反右派斗争的扩大化并改变了党的八大对主要矛盾的正确分析,重提阶级斗争是主要矛盾,偏离了八大的正确路线,逐步形成了"以阶级斗争为纲"的错误路线,使社会主义建设遭受了严重挫折。20世纪80年代末90年代初,国际国内发生的政治风波,其剧烈程度远远超过1956年,但正是由于仍然坚持了基本路线不动摇,坚持了以经济建设为中心不动摇,在经受严峻考验的过程中仍然不断取得了现代化建设的巨大成就。正是在深刻总结历史和现实经验的基础上,邓小平于1992年进一步强调:"要坚持党的十一届三中全会以来的路线、方针、政策,关键是坚持'一个中心、两个基本点'。不坚持社会主义,不改革开放,不发展经济,不改善人民生活,只能是死路一条。基本路线要管一百年,动摇不得。"①

坚持党的基本路线不动摇,必须把改革开放和坚持四项基本原则统一起来。坚持四项基本原则是立国之本,对改革开放和现代化建设起着政治保证作用,而改革开放是强国之路,为经济建设提供动力。两者是相互贯通、相互依存的。离开改革开放来谈坚持四项基本原则,就可能变成坚持僵化的旧体制和旧观念,就不能使社会主义优越性充分发挥出来,四项基本原则也坚持不好。坚持四项基本原则和坚持改革开放这两个基本点都必须服从和服务于经济建设这个中心。毫不动摇地坚持党在社会主义初级阶段的基本路线,把以经济建设为中心同四项基本原则、改革开放这两个基本点统一于建设中国特色社会主义的伟大实践,是20多年来中国共产党最宝贵的经验。

坚持基本路线不动摇,必须正确处理改革、发展同稳定的关系,保持稳定的政治环境和社会秩序。抓住机遇、深化改革、扩大开放、促进发展、保持稳定是我国社会主义现代化建设必须长期坚持的方针。经济建设是一切工作的中心,改革是推动发展的动力,发展和改革是稳定的基础,而稳定是发展和改革不可缺少的条件。三者紧密联系,相辅相成,缺一不可。必须把改革的力度、发展的速度和社会可以承受的程度统一起来,在社会政治稳定中推进改革、发展,在改革、发展中实现和巩固政治稳定。

阅读思考

一天等于20年(节选)

"茂盛无比的小麦亩产12万斤","花团锦簇的山药亩产达120万斤","一棵硕大无比的白菜重达500公斤","棉花的产量也如卫星般地震动湖海山川","一天等于20年","跑步进入共产主义社会"……

"大跃进"是特定历史环境和社会心理条件下的产物。当时的人们,对那种超乎寻常的浮夸数字是深信不疑的,广大群众满腔热情的冲天干劲也是空前绝后的。在国家投资

---

① 《邓小平文选》第三卷,第370~371页。

严重不足的情况下，他们响应政府的号召，为早日改变城市、农村的落后面貌，为实现工业化、机械化，为提前迈入共产主义社会，过上美好的生活，夜以继日地奋斗在田间地头，甚至十天半月地连续作战，让高山低头，逼河水让路，形成工农业生产迅速发展的大好形势，的确创造了许许多多前所未有的奇迹。

然而，"大跃进"给国家和人民带来的损失却是不可估量的。之所以会出现如此严重的错误，是由于1958年提出了以"大跃进"为标志的社会主义建设总路线。这虽然反映了广大群众迫切要求改变我国贫穷落后状况的普遍愿望，但它带来夸大主观意志作用的空想色彩，违背了客观经济规律。历史上我们党在不同的历史时期先后有过五条基本路线或总路线，由于其反映客观规律的基本程度不同，带来的结果也不同。

在民主革命时期，提出了新民主主义革命总路线，即无产阶级领导的，人民大众的，反对帝国主义、封建主义和官僚资本主义的革命。事实证明，这是一条正确的基本路线，在这条总路线的指引下，我们取得了民主革命的全国胜利，建立了中华人民共和国。

新中国成立后，在1953年提出了从新民主主义到社会主义过渡时期的总路线，即要在一个相当长的时期内，逐步实现国家的社会主义工业化，并逐步实现国家对农业、手工业和资本主义工商业的社会主义改造。在这条总路线的指引下，我国走出了一条独特的社会主义改造道路，建立了以生产资料公有制为基础的社会主义制度，促进了生产力的发展。

在1958年党的八大二次会议上，提出了"鼓足干劲，力争上游，多快好省地建设社会主义"的总路线。这条总路线一方面反映了党和人民要求改变我国经济文化落后面貌的强烈愿望，另一方面是忽视了客观经济规律，导致了"大跃进"的错误。这种盲目追求经济发展速度、不切实际地贪多求快的结果，不但没有做到好、省，相反却造成了物质财富的极大浪费，国民经济比例严重失调。随之而来的是三年困难时期，我国社会主义建设事业遭受了严重损失和挫折。

1962年开始提出、1969年党的九大完整表述和正式通过的党的整个社会主义历史阶段的基本路线，是在无产阶级专政下继续革命的错误理论指导下形成的，其核心是"以阶级斗争为纲"。其主要内容是：在社会主义整个历史阶段中，还存在着阶级、阶级矛盾和阶级斗争，存在着社会主义同资本主义两条道路的斗争，存在着资本主义复辟的危险性。所以，阶级斗争要"年年讲，月月讲，天天讲"。由于这条路线严重脱离了我国实际，在完成生产资料社会主义改造、社会的主要矛盾已经发生根本变化的情况下，用阶级斗争掩盖和代替社会主义建设，结果造成了十年大动乱，给党和人民的事业造成了空前的大灾难。它使生产力遭到严重破坏，整个国民经济濒于崩溃的边缘。

历史证明，党的基本路线正确与否，具有决定性的意义，与党的伟大事业息息相关。基本路线正确，党的事业就发展；反之，基本路线有偏差，党和国家、人民就遭受挫折。

党的十一届三中全会以来的伟大实践证明，党在社会主义初级阶段"一个中心、两个基本点"的基本路线，是一条符合我国现阶段基本国情的正确的基本路线，因此，我们要坚持党的基本路线不动摇。

思考：

(1) 我国社会主义初级阶段的基本路线的主要内容是什么？你是怎样理解的？

(2) 为什么说"党的基本路线的正确与否，具有决定性的意义"？

第三节　社会主义初级阶段的基本纲领

一、社会主义初级阶段基本纲领的提出和主要内容

中国共产党在社会主义初级阶段的基本纲领是党的基本路线的具体化。解放思想、实事求是思想路线的重新确立，为中国特色社会主义道路的开辟提供了必要的思想前提；社会主义初级阶段理论的创立、"一个中心、两个基本点"的基本路线的制定，为基本纲领的形成提供了理论基础和政治实践的依据。1991年，江泽民同志在庆祝中国共产党成立70周年大会上的讲话，总结改革开放十多年的经验，从当代中国共产党人的历史使命和基本路线的角度，对中国特色社会主义的经济、政治、文化的基本内容，以及这些方面的建设所应遵循的基本原则、基本方针作出了深刻的分析和论述。这些论述与党的十五大提出的基本纲领和基本精神是一致的，因而可以说是社会主义初级阶段的基本纲领的雏形。

邓小平视察南方的重要谈话和在这个谈话指导下的党的十四大报告，为党的基本纲领的形成提供了直接的理论依据。党的十四大之后，党中央先后召开的三中、四中、五中、六中全会所作出的决议，特别是江泽民同志对关系我国社会主义现代化建设全局的十二个重大关系的深刻论述，进一步明确了我国现阶段的经济体制改革、经济和社会发展战略、精神文明建设和党的建设等方面的基本目标、基本政策，为基本纲领的形成奠定了基础。

1992年以前，中国共产党在经济、政治、文化等方面已经有了一套方针政策。党的十五大又在理论观点上实现了一些新突破，在基本目标、基本政策上作出了一些新概括，从而明确了党在社会主义初级阶段的基本纲领。

第一，建设中国特色社会主义经济的基本目标和基本政策。建设中国特色社会主义的经济，就是在社会主义条件下发展市场经济，不断解放和发展生产力。这就要坚持和完善社会主义公有制为主体、多种所有制经济共同发展的基本经济制度；坚持和完善社会主义市场经济体制，使市场在国家宏观调控下对资源配置起基础性作用；坚持和完善按劳分配为主体的多种分配方式，允许一部分地区、一部分人先富起来，带动和帮助后富者，逐步走向共同富裕；坚持和完善对外开放，积极参与国际经济合作和竞争；保证国民经济持续快速健康发展，人民共享经济繁荣成果。

第二，建设中国特色社会主义政治的基本目标和基本政策。建设中国特色社会主义政治，就是在中国共产党领导下，在人民当家作主的基础上，依法治国，发展社会主义民主政治。这就是坚持和完善工人阶级领导的、以工农联盟为基础的人民民主专政；坚持和完善人民代表大会制度和共产党领导的多党合作、政治协商制度以及民族区域自治制度；发展民主，健全法制，建设社会主义法治国家；实现社会和谐安定，政府高效廉洁，人民团结和睦、生动活泼的政治局面。

第三，建设中国特色社会主义文化的基本目标和基本政策。建设中国特色社会主

的文化,就是以马克思主义为指导,以培养有理想、有道德、有文化、有纪律的公民为目标,发展面向现代化、面向世界、面向未来的,民族的科学的大众的社会主义文化。这就要坚持用邓小平理论武装全党,教育人民;努力提高全民族的思想道德素质和教育科学文化水平;坚持为人民服务、为社会主义服务的方向和百花齐放、百家争鸣的方针,重在建设、繁荣学术和文艺;建设立足中国现实、继承历史文化优秀传统、吸取外国文化有益成果的社会主义精神文明。

建设中国特色社会主义的经济、政治、文化是相互联系、相互作用、有机统一、不可分割的。它们共同构成了党在社会主义初级阶段基本路线的具体化和展开,对于我们准确把握社会主义初级阶段的历史任务,全面贯彻执行党的基本路线,具有重大而深远的意义。党的十六大坚持并进一步丰富了纲领的基本内容。这个纲领是全党、全国人民共同奋斗的经验总结,是我们对社会主义初级阶段认识的深化,是从现在开始一直到本世纪中叶,党领导全国人民把建设中国特色社会主义事业不断推向前进的行动纲领。

二、社会主义初级阶段基本纲领的意义

正确的基本纲领的制定是中国共产党在理论上和政治上成熟的标志。在民主革命时期,毛泽东在《新民主主义论》中系统论述了新民主主义的政治、经济、文化的基本内涵,又在党的七大政治报告《论联合政府》中把它概括为新民主主义阶段的一般纲领,即基本纲领。他说:"实行这个纲领,可以把中国从现在的国家状况,推进到新民主主义的国家和社会。"正是这个纲领指导了中国新民主主义革命的胜利,并使中国走上了社会主义道路。现在,我国又有了成熟的社会主义初级阶段的基本纲领,在它的指导下,必将能团结全党和全国人民取得建设富强、民主、文明的现代化国家的伟大胜利。

这个纲领是党的基本路线的展开,是对建设富强、民主、文明的社会主义现代化国家奋斗目标的具体化。基本纲领进一步从经济、政治、文化三个领域系统、具体地规定了所要达到的目标和所要坚持的基本政策,更加清晰地描绘了建设中国特色社会主义的蓝图。基本纲领的提出,使得我国经济、政治、文化建设的基本目标、基本政策更加系统、更加明确,而且可操作性很强,便于广大干部群众全面掌握和贯彻执行。有了基本纲领,就更加有利于正确认识中国特色社会主义的经济、政治、文化的关系,有利于从中国特色社会主义的全局中把握这些基本目标、基本政策。

这个纲领的制定,有助于进一步统一全党和全国人民的思想,妥善解决前进中遇到的各种问题,更好地坚持邓小平理论和党的基本路线,把建设中国特色社会主义的伟大事业全面推向前进。

三、坚持党的最低纲领和最高纲领的统一

中国共产党的纲领包括最低纲领和最高纲领两部分。我们党从诞生之日起,就确定以实现共产主义为最高纲领。同时,在中国革命和建设的不同发展阶段,根据客观事实的不同,党也制定了不同的最低纲领。党的十六大报告明确指出,全党要牢固树立共产主义远大理想和中国特色社会主义坚定信念,脚踏实地地为实现党在现阶段的基本纲领而奋斗。

正确把握和全面贯彻党在社会主义初级阶段的基本纲领，要同坚持党的最高纲领紧密结合起来。我们现在的努力是朝着最终实现共产主义的最高纲领前进的，忘记了远大目标，不是合格的共产党员；不为实现党在社会主义初级阶段的纲领而奋斗，同样不是合格的共产党员。这是把实现党的最高纲领和社会主义初级阶段的基本纲领有机地统一起来，贯彻党在社会主义初级阶段基本纲领的基本要求。社会主义初级阶段的基本纲领，也可以称为党在现阶段的最低纲领。这个最低纲领与共产主义的最高纲领是一脉相承的、不可分割的，也是不能相互代替的。因此，我们既不能因为要坚持党的最高纲领，而忽视了党的最高纲领与建设中国特色社会主义的辩证关系，在牢固树立共产主义信念的同时，也要树立建设中国特色社会主义的信念。江泽民同志在《庆祝中国共产党成立八十周年大会上的讲话》中指出：全党同志要树立共产主义的远大理想，坚定信念，以高尚的思想道德要求鞭策自己，更要脚踏实地地为实现党在现阶段的基本纲领而不懈努力，扎扎实实地做好现阶段的每一项工作。忘记远大理想而只顾眼前，就会失去前进方向；离开现实工作而空谈远大理想，就会脱离实际。中国共产党在现阶段的奋斗目标是在21世纪中叶基本实现现代化，党未来的奋斗目标是实现共产主义。

党在社会主义初级阶段的基本纲领，是共产主义运动在现阶段的行动纲领，是共产主义远大目标在现阶段的具体实践目标。我们为建设中国特色社会主义所进行的每一项工作，都是共产主义运动的组成部分。在现阶段，为实现共产主义理想而奋斗，就是要脚踏实地地为实现党的基本纲领而奋斗，就是要坚定不移地贯彻党在社会主义初级阶段的基本路线不动摇，按照党的基本纲领提出的建设中国特色的社会主义经济、政治、文化的要求，全面建设小康社会，加快推进社会主义现代化。

1. 党在社会主义初级阶段的基本纲领的内容是什么？
2. 党在现阶段的基本纲领和最高纲领之间的关系怎样？

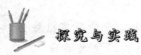

苏联的探索

20世纪初，资本主义发展到帝国主义阶段。列宁从帝国主义时代的历史条件出发，论证了落后国家一国实现社会主义革命的可能性，领导俄国劳动人民取得了十月革命的胜利。列宁在《国家与革命》中，论述马克思关于共产主义社会的思想时，第一次明确地把马克思关于"共产主义社会第一阶段或低级阶段"称为"社会主义社会"，把"共产主义社会高级阶段"称为"共产主义社会"。列宁在领导社会主义建设的实践中,对社会主义发展阶段提出了许多创造性的见解。

首先,他从资本主义到共产主义(实际上是社会主义)的过渡时期的认识更加具体和深刻。他认为过渡时期不能不兼有两种社会经济结构的特点和特征,是衰亡的资本主义和生长的共产主义彼此斗争的时期;社会经济结构的基本形式是资本主义、小商品生产和社会主义,相应的基本力量是资产阶级、小资产阶级和无产阶级;主要是资本主义和社会主义、资产阶级和无产阶级的斗争,阶级斗争必然导致无产阶级专政,这是阶级斗争新形势的继续;资本主义愈不发达的社会,过渡时间就愈长,任务愈艰巨,斗争愈尖锐;过渡时期要经过若干阶段,在政策上要照顾到许多更小的过渡,估计到每一种过渡的特殊任务。因此,他深感马克思强调新社会诞生时的那种"长久阵痛"不是没有缘故的。

其次,他虽然没有明确社会主义有哪些发展阶段,但已经觉察到了社会主义会存在不同的发展阶段。他说,苏维埃俄国只能"过渡到新的、还没有长出来的、还没有稳固基础的社会主义",将来达到"发达的社会主义社会"。显然,在他的思想里有"发达的社会主义"和"不发达的社会主义"之分。而且,他还有一个提法,即从资本主义"跃进到共产主义的低级阶段,跃进到中级阶段","跃进到共产主义的最高阶段"。列宁的这些思想,反映了他对落后国家建设社会主义的长期性的新认识,并觉察到了社会主义是要划分阶段的。列宁对过渡时期的新认识、觉察到社会主义有不同发展阶段的新提法,对于不发达国家建设社会主义务必从实际出发,不要超越阶段很有指导意义。

过去的几十年里,从斯大林开始的历届领导人以及东欧诸国领导人都没有搞清楚本国究竟处于社会主义的哪个发展阶段上。斯大林实际上没有接受列宁提出的由资本主义过渡到社会主义要经过一个较长的时间,要经历若干阶段的思想。1936年,他宣布"我们已经基本上实现了共产主义的第一阶段,即社会主义"。1938年,苏联制定了第三个五年计划,就明确提出要在五年内完成无产阶级的社会主义建设,并从社会主义逐渐过渡到共产主义。显然,斯大林错误地把社会主义也视为一个短暂的历史阶段,超阶段地急于向共产主义过渡。

赫鲁晓夫执政时期也没有弄清楚苏联的基本国情,基本上继承了斯大林把社会主义看做短暂的阶段的思想,认为20世纪30年代苏联已经建成了社会主义,现在的任务是准备向共产主义过渡。他急于求成,在改革上实施了一套"左"的办法。1961年10月,赫鲁晓夫在苏共二十二大上宣布"20年基本上建成共产主义社会",还制定了一个时间表。因此,人们称赫鲁晓夫的主张是"共产主义建成论"。

勃列日涅夫时期,纠正了赫鲁晓夫的主观主义唯意志论,调整过"左"的改革措施,对社会主义的认识也有了一些改变。勃列日涅夫停止使用"全面开展共产主义建设"的口号,提出了"发达社会主义理论",认为社会主义社会是一个很长的历史阶段,苏联已经"建成发达的社会主义社会",但认为已经"为顺利建成共产主义创造了条件"。

以后,苏联领导人的认识更加接近苏联的实际。1982年,勃列日涅夫去世,安德罗波夫及其继任者契尔年科都认为苏联当时的社会性质是处于社会主义历史阶段的"起点"上,这被人们称为"社会主义起点论"。在这之前,苏联对社会主义的认识在理论上和实践上都不够准确。

1985年3月,戈尔巴乔夫执政,竭力改变过去的看法,用"完善社会主义"取代了"完善发达社会主义"的提法,这就是"完善社会主义论"。由于苏联领导人多年来一直存在着一个对马克思主义、社会主义的理解问题,对如何认识和发展马克思主义没有搞清楚,因此,马克思主义的政治方向、政治立场、政治观点不坚定,在改革中左右摇摆。最后,戈尔巴乔夫完全抛弃了马克思主义,用人道的、民主的社会主义代替了科学社会主义,并最终葬送了社会主义。

思考:
1. 社会主义初级阶段的理论是怎样形成的?
2. 社会主义初级阶段理论对我国社会主义现代化建设有何重大意义?

第七章 社会主义初级阶段的发展战略

中国共产党依据当今时代的总体特征和我国社会主义初级阶段的基本国情,制定了中国社会主义建设的发展战略,从总体上规划了21世纪中叶以前我国社会主义建设的战略目标和战略步骤,描绘了中华民族多少代人孜孜以求的实现现代化的宏伟蓝图。

学习社会主义建设发展战略的有关内容,应了解"三步走"的战略构想及全面建设小康社会的奋斗目标,掌握社会主义初级阶段发展战略的具体内涵,深刻领会科教兴国战略和可持续发展战略,自觉投身到社会主义现代化建设事业中去贡献智慧和力量。

第一节 "三步走"发展战略

一、"三步走"战略构想与"新三步走"战略目标

1. "三步走"战略构想的内涵

从20世纪50年代中期中国社会主义制度建立,到21世纪中叶新中国成立100周年这段时期,中国都将处于社会主义初级阶段。初级阶段的路该怎么走?邓小平高瞻远瞩,为未来中国的发展提出了"三步走"的整体战略构想,制定了到21世纪中叶中国基本实现社会主义现代化的发展战略。

"三步走"发展战略:第一步,从1981年到1990年,国民生产总值翻一番,实现温饱;第二步,从1991年到20世纪末,再翻一番,达到小康;第三步,到21世纪中叶,再翻两番,达到中等发达国家水平。

资料卡片

三峡工程:从设想到实施

孙中山首倡三峡建坝

1918年第一次世界大战刚结束,孙中山便希望利用西方战时的工业设备和科学技术发展中国实业。

国民政府:中美合做三峡工程梦

1944年4月,任中国战时生产局顾问的美国专

家潘绥向国民党政府建议,由美国贷款9亿美元并提供设备,在三峡修建一座装机容量为1 000万千瓦的水电厂和年产500万吨化肥的化肥厂。

新中国领导关怀三峡工程

从20世纪50年代起,毛泽东、周恩来、刘少奇、朱德、邓小平等老一辈革命家,无一不专程深入三峡视察。

民主决策兴建三峡工程

1992年4月3日,全国人民代表大会七届五次会议通过了《关于兴建长江三峡工程的决议》。

到20世纪末,我们已胜利地实现了"三步走"战略的第一、第二步目标,全国人民生活总体上达到了小康水平,人均GDP达到848美元,实现了从温饱到小康的历史性跨越。这是中华民族发展史上的一个里程碑。下一步将开始全面建设小康社会,即达到中等发达国家程度的现代化发展战略第三步阶段。

按照这一战略部署,我们首先在1987年提前三年实现了第一步翻一番的战略目标。1995年又提前五年实现了翻两番的战略目标。到2000年底,我国国内生产总值达89 404亿元,按当时的汇率折算超过1万亿美元,实现了人均国民生产总值翻两番的目标,全国人民生活总体上实现了由温饱向小康的跨跃。

1997年,江泽民在党的十五大报告中宣布:"现在完全可以有把握地说,我们党在改革开放初期提出的本世纪达到小康的目标,能够如期实现。"跨入新世纪,全面建设小康社会是中华民族历史上具有划时代意义的宏伟事业,这将为国家长治久安打下新的基础,为更加有力地推进社会主义现代化建设创造新的起点。

 **资料卡片**

2000年10月,党的十五届五中全会指出:以完成"九五"计划为标志,经过20多年改革开放和快速发展,我国的生产力水平迈上了一个大台阶;商品短缺状况基本结束,市场供求关系发生了重大变化;社会主义市场经济体制初步建立,市场机制在配置资源中日益明显地发挥基础性作用,经济发展的体制环境发生了重大变化;全方位对外开放格局基本形成,开放型经济迅速发展,对外经济关系发生了重大变化。我们已经实现了现代化建设的前两步战略目标,经济和社会全面发展,人民生活总体上达到了小康水平。这些都是带有阶段性、根本性的变化。从新世纪开始,我国将进入全面建设小康社会,加快推进现代化的新的发展阶段,开始实施第三步战略部署。这是中华民族发展史上的一个新的里程碑。

2. "新三步走"战略目标

在当时的历史条件下,邓小平设计的"三步走"战略,对第三步只作了一个大致的构想。现在,在胜利实现了前两步战略目标的基础上,如何将第三步战略目标进一步具体化,作出新的战略规划,是历史的必然和现实的要求。

进入新世纪,党中央对"三步走"战略目标中的第三步,即基本实现现代化的发展战略进行了深入的探索,形成了比较成熟的发展思路和理念。

早在1989年6月,邓小平就在《第三代领导集体的当务之急》这篇讲话中高瞻远瞩地提出,"组织一个班子,研究下一个世纪前五十年的发展战略和规划",从而拉开了社会主义现代化建设的序幕。

1995年召开的党的十四届五中全会,面向新世纪,通过了《关于制定国民经济和社会发展"九五"计划和2010年远景目标的建议》,提出了全面实现第二步战略目标,进而向第三步战略目标迈进的跨世纪发展战略,具体规划了到2010年国民经济和社会发展的主要奋斗目标。

在此基础上,1997年党的十五大第一次明确提出:"展望新的世纪,我们的目标是,第一个十年实现国民生产总值比2000年翻一番,使全国人民的小康生活更加宽裕,形成完善的社会主义市场经济体制;再经过十年的努力,到建党一百年时,使国民经济更加发展,各项制度更加完善;到21世纪中叶建国一百年时,基本实现现代化,建成富强民主文明的社会主义国家。"这就实际上提出了到21世纪中叶,跨度达50年的新的"三步走"发展战略。

党的十六大进一步提出,中国的国内生产总值到2020年力争比2000年翻两番,综合国力和国际竞争力明显增强。

 资料卡片

"一、二、三,开步走"

新的"三步走"发展战略是对大"三步走"发展战略的进一步展开,是原第三步发展战略的具体化。按照新的"三步走"战略规划,以江泽民"三个代表"重要思想为指导,全面建设小康社会,加快推进社会主义现代化进程的历史任务,可以叫做"一、二、三,开步走":

"一"是新世纪的第一个十年,是未来50年的第一步。由于进入小康社会时,广大的农村和一部分居民还不能达到既定的小康生活水平,广大居民在奔小康的进程中还面临一系列遗留问题,而且,这时的小康水平还是比较低的,所以,到2010年,是小康社会的初期阶段。这一时期我国经济和社会发展的总体战略目标是,继续保持国民经济持续、适度快速和健康发展,实现国民生产总值比2000年翻一番,使全国人民的小康生活更加宽裕;尤其是农村小康社会建设将取得更加明显的成效,广大农村全面进入小康社会,这是整个中国全面进入小康社会的重要标志。

"二"是新世纪的第二个十年,这是小康社会的中期阶段,也是未来50年的第二步。党的十五大提出的总体发展目标是,到建党一百年时,使国民经济更加发展,各项制度更加完善。根据这一战略思想,这一时期国民经济和社会发展的总体战略目标是,随着农村工业化和城市化的发展,农村居民生活在整体上全面进入宽裕阶段,城镇居民进一步走向比较富裕,这时,中国将完全建成宽裕型小康社会。

"三"是未来50年的第三步,时间大体从2020年到2050年,这是小康社会的后期阶

段。党的十五大提出的总目标是,到 21 世纪中叶建国一百年时,基本实现现代化,建成具有中等发达水平的富强、民主、文明的社会主义现代化国家。

"新三步走"战略是在新的历史起点上对邓小平提出的"三步走"战略的进一步展开。这对于全面继承和实现邓小平"三步走"战略任务,全面规划党和国家未来 50 年发展的蓝图,是非常必要的;对全面落实"三个代表"要求,凝聚全国人民的力量,向富强民主文明的社会主义现代化国家的目标迈进,实现中华民族的伟大复兴,也是非常有利的;是新世纪率领全党全国人民努力奋斗的方向和旗帜。"新三步走"战略是在新的历史阶段和时代条件下,中国人民全面加速实现现代化的努力与追求。

二、全面建设小康社会

1. 小康社会的提出

首先,中国人实现了从贫困到温饱的历史性跨越。发轫于 20 世纪 70 年代末的改革开放,极大地解放了社会生产力,使我国国民经济实现了快速增长,人民生活得到迅速提高。到 20 世纪 80 年代末期,中国城镇消费结构和质量发生了明显变化,居民用于吃饭穿衣的支出所占比重大幅度缩小,用于住、用的支出以及文化服务方面的支出所占比重相应扩大,标志着城镇居民在实现温饱的基础上开始走向小康;农村贫困人口大幅度减少,全国农民也基本上解决了温饱问题。

其次,从温饱到小康的跨越。在实现温饱的基础上,经过 20 世纪 90 年代改革开放的进一步深化和经济建设的快速发展,中国居民生活水平又上了一个大台阶。根据联合国粮农组织采用恩格尔系数(居民食品支出占生活消费支出的比重)制定生活发展阶段的一般标准,1998 年中国的恩格尔系数,城镇居民为 44.5%,农村居民为 53.4%,分别达到和接近联合国粮农组织提出的小康标准。党的十六大报告指出,中国现在达到的小康还是低水平的、不全面的、发展很不平衡的小康。巩固和提高目前达到的小康水平,还需要进行长期的艰苦奋斗。

资料卡片

小康的由来:"小康"一词最早出现在我国最古老的诗歌经典《诗经》中:"民亦劳止,汔可小康。"这是"小康"一词在中国文化中第一次出现。《辞海》中,小康是指"家庭生活比较宽裕,可以安然度日"。

1979 年,邓小平会见当时的日本首相大平正芳时第一次提出了"小康"这一概念,用来描述现代化发展战略。他认为:"所谓小康社会,就是虽不富裕,但日子好过。"

2. 党的十六大与全面建设小康社会

在党的十六大上,江泽民同志深刻阐述了全面建设小康社会的奋斗目标:

——在优化结构和提高效益的基础上,国内生产总值到2020年力争比2000年翻两番,综合国力和国际竞争力明显增强。基本实现工业化,建成完善的社会主义市场经济体制和更具活力、更加开放的经济体系。城镇人口的比重较大幅度提高,工农差别、城乡差别和地区差别扩大的趋势逐步扭转。社会保障体系比较健全,社会就业比较充分,家庭财产普遍增加,人民过上更加富足的生活。

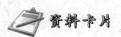 资料卡片

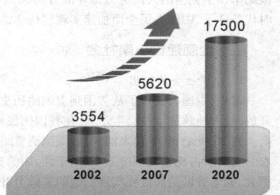

安徽省正在为全面建设小康社会而努力奋斗。其总体目标是:2003—2020年,全省生产总值年均增长9.2%,2020年达到17 500亿元,人均生产总值3 000美元以上;城镇化率达到50%以上;基本普及高中阶段教育,高等教育毛入学率达30%。

2003—2007年是安徽省全面建设小康社会的起步阶段。其主要目标是:全省生产总值年均增长9.5%左右,到2007年达到5 620亿元,人均生产总值达到1 000美元以上,为全面建设小康社会奠定坚实的基础。

——社会主义民主更加完善,社会主义法制更加完备,依法治国基本方略得到全面落实,人民的政治、经济和文化权益得到切实尊重和保障。基层民主更加健全,社会秩序良好,人民安居乐业。

——全民族的思想道德素质、科学文化素质和健康素质明显提高,形成比较完善的现代国民教育体系、科技和文化创新体系、全民健身和医疗卫生体系。人民享有接受良好教育的机会,基本普及高中阶段教育,消除文盲。形成全民学习、终身学习的学习型社会,促进人的全面发展。

 资料卡片

绵阳市图书馆(所)充分发挥职能作用,努力为构建"学习型社会"服务,先后与武警绵阳支队、驻绵部队、市巡警支队等签订了共建协议,把优秀的书刊送到了警营、军营,为构建"学习型社会"和丰富部队官兵、公安干警的业余生活作出了努力。

——可持续发展能力不断增强,生态环境得到改善,资源利用效率显著提高,促进人与自然的和谐,推动整个社会走上生产发展、生活富裕、生态良好的文明发展道路。

全面建设小康社会,是实现现代化建设第三步战略目标必经的承上启下的发展阶段,也是完善社会主义市场经济体制和扩大对外开放的关键阶段。经过这个阶段的建设,再继续奋斗几十年,到本世纪中叶基本实现现代化,把我国建成富强民主文明的社会主义国家。

3. 党的十七大与全面建设小康社会

2007年10月,胡锦涛同志在十七大报告中谈到实现全面建设小康社会奋斗目标的新要求时指出,我们必须适应国内外形势的新变化,顺应各族人民过上更好生活的新期待,把握经济社会发展趋势和规律,坚持中国特色社会主义经济建设、政治建设、文化建设、社会建设的基本目标和基本政策构成的基本纲领,在党的十六大确立的全面建设小康社会目标的基础上对我国发展提出新的更高要求。

——增强发展协调性,努力实现经济又好又快发展。转变发展方式取得重大进展,在优化结构、提高效益、降低消耗、保护环境的基础上,实现人均国内生产总值到2020年比2000年翻两番。社会主义市场经济体制更加完善。自主创新能力显著提高,科技进步对经济增长的贡献率大幅上升,进入创新型国家行列。居民消费率稳步提高,形成消费、投资、出口协调拉动的增长格局。城乡、区域协调互动发展机制和主体功能区布局基本形成。社会主义新农村建设取得重大进展。城镇人口比重明显增加。

华西村构建和谐发展的社会主义新农村

车行华西,工厂林立,别墅成群,花香鸟语,宛若一座"乡村里的都市"。华西村"老当家"吴仁宝告诉记者:华西村"一分五统"后已是总面积达30平方公里,人口突破3万人,人均收入近1万美元的"大华西"。抓住农村建设和谐社会的"关节点",培育新型农民家庭,加强生态环境建设,打造人才开发系统工程,今日的大华西形成了人与人和睦团结、人与自然和谐发展的新局面。

1988年,时任华西村党委书记的吴仁宝创造性地建立了"华西精神文明开发公司",形成了思想教育的"产供销"一条龙。对传统文化和道德加以改造、加工,赋以新的涵义,华西村先后建造了二十四孝亭、三国故事彩绘雕塑、建业窑、长寿亭等景点,成为其文化典范村的标志。1999年底成立的"华西特色艺术团",围绕宣传改革开放、社会主义思想,以及华西人走共同富裕道路、艰苦创业的经验,共创作节目300多个,演出近3 000场。如今,华西基本"三无"(无上访、无告状、无暗斗),尊老爱幼、敬业爱岗蔚然成风。

近年来,华西村先后投入环保资金近亿元,全面加强生态环境建设。2004年5月,华西村专门成立了环保公司,确立了专人、专线、专管的环保机制;引进雪松、香樟、云杉等

1 000多个花木品种,全村100%林网化,绿化覆盖面积达50%以上,村内四季常青,植物园内数万只候鸟翩跹起舞。与此同时,华西关掉了利润达1 000多万元的三个化工厂,投资1 000多万元建立了万吨级污水处理厂。"排污大户"华西钢铁厂通过废料、废渣循环再利用,既能生产水泥,又能发电,而且降本增效。2001年,华西成为全国唯一通过ISO14001国际环保质量认证体系的村级单位。青山绿水和独特的华西文化,红火了华西的旅游产业。

华西的孩子从小学到中学实行全免费教育,考上大学、出国留学有"重奖";花800万元建成的双语特色幼儿园,是江阴市一类幼儿园,39名教师从全国各地择优招聘。华西更注重引进人才,并让人才在"沃土"上成长。"教授村民"程先敏18年前抛弃铁饭碗来到华西,充分发挥其专业特长,先后主持并成功研发了08AL、H08等优质品种钢,达到国际先进水平。华西旅行社引进了40多名导游专业毕业的大专生,管理水平大幅度提升,连续三年获得全国"百强旅行社"称号。如今,华西集团有各类中高级工程技术人员2 000人,全村中层干部60%达到了大专以上学历,还掌握了英、德、俄等10多种语言。强有力的人才支撑,使华西走上了科技创新的工业化道路,增强了企业的核心竞争力。

现任华西村党委书记、集团公司董事长兼总经理吴协恩告诉记者,三年内通过"拆老建新"可增加土地2 500亩,华西村已基本实现经济、资源、环境、人口协调发展。

——扩大社会主义民主,更好保障人民权益和社会公平正义。公民政治参与有序扩大。依法治国基本方略深入落实,全社会法制观念进一步增强,法治政府建设取得新成效。基层民主制度更加完善。政府提供基本公共服务能力显著增强。

——加强文化建设,明显提高全民族文明素质。社会主义核心价值体系深入人心,良好思想道德风尚进一步弘扬。覆盖全社会的公共文化服务体系基本建立,文化产业占国民经济比重明显提高、国际竞争力显著增强,适应人民需要的文化产品更加丰富。

——加快发展社会事业,全面改善人民生活。现代国民教育体系更加完善,终身教育体系基本形成,全民受教育程度和创新人才培养水平明显提高。社会就业更加充分。覆盖城乡居民的社会保障体系基本建立,人人享有基本生活保障。合理有序的收入分配格局基本形成,中等收入者占多数,绝对贫困现象基本消除。人人享有基本医疗卫生服务。社会管理体系更加健全。

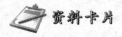 资料卡片

"联动医疗"方便百姓就诊

家住武汉市滨江社区的王大妈患有心脏病,她现在生活中一件必不可少的事情就是每天到社区医疗服务站进行心电图的测试。王大妈告诉记者,多亏了亚心医院的社区心电监护管理系统,让自己每天只要去社区医疗服务站就能享受到大医院的医疗服务。心电、心功能室主任刘鸣告诉记者,针对江汉区近60个社区的普通病人,亚心医院组织建立了"社区心电监护管理系统",它的作用在于用这个系统掌握这些所覆盖社区的普通病人

的病情。当患者在自己所在的社区医疗服务站进行心电图测试的时候,服务站就可以把心电图通过这个系统传给亚心医院的专家采取诊断,而专家们也会在第一时间把诊断结果传回社区服务站,方便对患者采取及时快捷的相应医疗措施。

据了解,这种社区联动医疗的模式在武汉市已经有几家大医院开始尝试建立实施,老百姓的反响也很好。大家都觉得,看病难就是指不管多远的路程,在不了解病情的情况下只能奔赴大医院,既浪费时间,又浪费精力和金钱。对于本不富裕的农村患者来说,跑到城市的大医院看一次病是需要不少花费的,而这个"联动医疗"体制的建立,大大方便了百姓的就诊,解决了大家的"看病难"问题。

——建设生态文明,基本形成节约能源资源和保护生态环境的产业结构、增长方式、消费模式。循环经济形成较大规模,可再生能源比重显著上升。主要污染物排放得到有效控制,生态环境质量明显改善。生态文明观念在全社会牢固树立。

只要按照党的十七大部署,发展要有新思路,改革要有新突破,开放要有新局面,各项工作要有新举措,经过全国各族人民的共同努力,实现建设全面小康社会的目标并不遥远。

4. 党的十八大提出了全面建成小康社会战略目标

2012年11月,胡锦涛同志在十八大报告中提出,根据我国经济社会发展实际,要在十六大、十七大确立的全面建设小康社会目标的基础上努力实现新的要求:经济持续健康发展,转变经济发展方式取得重大进展,在发展平衡性、协调性、可持续性明显增强的基础上,实现国内生产总值和城乡居民人均收入比2010年翻一番;人民民主不断扩大;文化软实力显著增强;人民生活水平全面提高;资源节约型、环境友好型社会建设取得重大进展。全面建成小康社会,必须以更大的政治勇气和智慧,不失时机地深化重要领域改革,坚决破除一切妨碍科学发展的思想观念和体制机制弊端,构建系统完备、科学规范、运行有效的制度体系,使各方面制度更加成熟、更加定型。

第二节 转变经济发展方式 加快产业结构战略性调整

一、经济增长方式的根本性转变

全面建设小康社会,顺利实现社会主义现代化的战略目标,必须实现经济增长方式的根本性转变,即由粗放型增长方式向集约型增长方式的转变,走新型工业化道路。

经济增长方式有粗放型和集约型两种。粗放型经济增长方式是指单纯依靠生产要素的大量投入和扩张,即通过扩大生产场所、添加机器设备、增加劳动力等来实现经济增长。这种经济增长方式的实质是以数量的增长速度为中心的。

集约型经济增长方式是指依靠生产要素质量和使用效率的提高,以及生产要素的优化组合,即通过技术进步,提高劳动生产率,提高劳动者素质,增加资金、设备、原材料的使用效率等来实现经济增长。这一经济增长方式的实质是以提高国民经济整体素质和经济效益为中心的。

实现经济增长方式从粗放型向集约型转变的基本要求是：从片面追求社会生产总量增长、突出产值增长速度，转变到注重提高经济效益和国民经济的整体素质；从主要依靠增加物质生产要素投入，转变到主要依靠科技进步和提高劳动者的素质；从主要依靠铺新摊子、上新项目、扩大投资规模，转变到着重依靠利用现有基础，着重于更新、改造和挖潜；从注重产品数量增加，转变到着力提高产品质量和档次；从经济周期性波动增长，转变到经济持续、快速、健康地发展。

实现经济增长方式的根本性转变，对实现现代化具有重要意义。

新的发展阶段，要求实现以集约型经济增长方式为主。"三步走"的发展战略，我们已经走完第二步，无论是全面建设小康社会还是基本实现现代化，作为经济社会发展的新阶段，其特征应该是更注重质量和效益的提高以及结构的升级。

实现可持续发展，要求转变经济增长方式。可持续发展要求经济和人口、资源、环境协调发展。我国人口众多，人口增长压力大，人均资源量少，生态环境破坏严重，不通过经济增长方式的根本转变是不可能根本解决这些问题的。

迎接国际经济技术的挑战，要求转变经济增长方式。当今世界各国的竞争不仅表现在数量上，更是科技和质量、效率和效益的竞争。数量型的经济增长方式难以提高竞争水平，扩大竞争范围，长期获胜的难度大。

此外，转变经济增长方式，也是加强农业基础地位，加强国有企业技术改造和设备更新，提高产品质量和竞争力，避免经济结构失调和经济增长大幅度波动的需要。

二、经济结构的战略性调整

经济结构是指国民经济各组成部分以及各部分内部的相互联系和比例关系。经济结构包括产业结构、区域结构、产品结构、城乡结构等诸多方面。经济发展不仅表现为经济总量的扩张，而且还表现为经济结构的优化和升级。经济结构的优化和升级更能反映经济发展水平，并且反过来会促进经济发展。

我国的经济结构不合理，主要表现为产业结构、布局结构、所有制结构不合理，地区发展不协调，城镇化水平低，工农业技术水平落后，国民经济整体素质不高。

资料卡片

经济生活中的突出问题几乎都与经济结构不合理有关。例如，我们在国内生产总值人均水平较低的情况下就出现了产品过剩现象，这是供给结构不适应需求结构及地区经济结构，也是城乡经济结构不合理的反映；长期困扰我们的"三农"问题，在很大程度上是城镇化水平低、城乡二元经济结构和农村经济结构不合理造成的；经济效益差，市场竞争力低，直接与产业结构层次低、企业结构不合理有关；就业矛盾突出，其重要的原因就是城镇化和第三产业发展滞后；西部地区经济发展滞后，资源浪费严重，环境生态恶化，与地区经济结构有很大关系。

1. 调整和优化产业结构

产业结构是指国民经济中各个产业部门之间和同一产业内部各个组成部分之间的联系和比例。调整和优化产业结构有利于实现社会总供给和社会总需求的平衡,促进经济效益的提高,从而保持国民经济的持续、快速、健康发展。

目前,我国产业结构中存在的主要问题是:农业基础薄弱,工业素质不高,第三产业发展滞后,第一、第二、第三产业之间的关系还不协调。

根据产业结构发展变化的客观规律和我国经济发展的实际状况,调整和优化产业结构的方向是:加强农业基础地位,全面繁荣农村经济;积极调整工业结构,加快发展基础工业和基础设施建设,振兴支柱产业,积极发展新兴产业和高新技术产业;大力发展第三产业。

2. 大力解决"三农"问题

"三农"问题,是改革开放以来第一产业出现的几个重要问题,即农业、农村、农民问题。这三个问题统称为"三农"问题。"三农"问题最早由经济管理学博士温铁军于1996年正式提出。2003年,中国共产党的十六大将"三农"问题正式写入工作报告,并随之迅速成为政府需要解决的头号问题。

21世纪的中国,在长期历史形成的二元社会中,城市现代化,二、三产业发展,城市居民生活水平的提高,受制于农村的进步、农业的发展、农民生活水平相对滞后。"三农"问题并不是中国特有的,它是农业文明向工业文明过渡的必然产物。任何工业化国家都有过类似的经历。

农业是国民经济的基础,这是由农业自身的特点决定的。农业是人类的衣食之源、生存之本,是一切生产和生活的历史起点和社会条件;农业资源是轻工业发展的重要原料;农村是工业品的重要市场;农业的发展为工业和其他部门的发展提供大量劳动力。我国人口众多,又是农业大国,这样的国情决定了农业始终是我国经济发展、社会稳定和国家独立的基础。只有农民生活达到了小康,我国农业现代化才算真正实现。同时,我国农业生产力比较落后,已经成为国民经济发展薄弱环节,如果得不到加强,它将难以支撑国民经济其他部门的发展。

江泽民在党的十六大上明确提出,建立现代农业,发展农村经济,增加农民收入,是全面建设小康社会的重大任务。

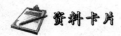

安徽省合肥市大圩乡进行种植结构调整,建立5 000亩优质葡萄种植基地,鼓励农民种植优质葡萄,并扶持农民成立葡萄种植协会,开展技术交流活动。目前,已进行品牌注册的"大圩牌"优质葡萄已成为深受

当地市场欢迎的紧俏产品。

新时期,加强农业的基础地位,必须推进农业和农村经济结构的战略性调整,保护和提高粮食综合生产能力,建立健全农产品质量安全保障体系,增强农业的市场竞争力;积极推进农业产业化经营,提高农民进入市场的组织化程度和农业综合效益;开拓农村市场,搞活农产品流通,健全农产品市场体系;加快农村富余劳动力向非农产业和城镇转移。

要坚持党在农村的基本政策,长期稳定并不断完善以家庭承包为基础、统分结合的双层经营体制。有条件的地方可以按照依法、自愿、有偿的原则进行土地承包经营权流转,逐步发展规模经营。尊重农户的市场主体地位,推动农村经营体制创新,增强集体经济实力。

要建立、健全农业社会化服务体系。加大对农业的投入和支持,加快农业科技进步和农村基础设施建设。改善农村金融服务。继续推进农村税费改革,减轻农民负担,保护农民利益。

三、促进区域经济协调发展

区域经济结构,是指国民经济中各地区之间的发展的关系和状况。优化区域经济结构,就是要求生产要素在各个地区之间合理配置,使各个地区在国民经济发展中,能充分发挥各自的特点和优势,相互补充,协调一致地发展。

我国地域辽阔,人口众多,各地自然条件、地理环境、历史文化背景差异极大,再加上经济总体发展水平低,交通运输条件差,地区经济发展不平衡问题十分突出。东部沿海属于经济发达地区,中部属于次发达地区,西部属于不发达地区,而且这种经济发展不平衡还在继续扩大。我国经济不发达地区又主要是在老革命根据地、少数民族聚居区和边疆地区。

优化区域经济结构,促进区域经济协调发展具有重要的经济意义和政治意义,其主要表现在:

(1)区域经济协调发展是整个国民经济发展的重要条件。

(2)区域经济协调发展可以促进各地区更好地发挥优势,互相补充,互相协作,发挥国民经济整体优势。

(3)区域经济协调发展也是我国消灭贫困、消除两极分化,使全国各族人民生活达到小康水平,最终实现共同富裕的必不可少的条件。

(4)加快不发达地区发展,对于保持社会稳定、加强民族团结、巩固国防具有特别重要的意义。

四、西部大开发战略

 资料卡片

西部大开发的范围包括重庆市、四川省、贵州省、云南省、西藏自治区、陕西省、甘肃省、青海省、宁夏回族自治区、新疆维吾尔自治区、内蒙古自治区、广西壮族自治区等12个省、自治区、直辖市,面积685万平方公里,占全国的71.4%。2002年末人口3.67亿,占

全国的28.8%。2003年国内生产总值22 660亿元,占全国的16.8%。西部地区资源丰富,市场潜力大,战略位置重要。但由于自然、历史、社会等原因,西部地区经济发展相对落后,人均国内生产总值仅相当于全国平均水平的三分之二,不到东部地区平均水平的40%,迫切需要加快改革开放和现代化建设步伐。

　　实施西部大开发是一项长期艰巨的历史任务,也是一项规模宏大的系统工程。总的战略目标是:经过几代人的努力,到21世纪中叶,全国基本实现现代化时,从根本上改变西部地区相对落后的面貌,努力建成一个山川秀美、经济繁荣、社会进步、民族团结、人民富裕的新西部。21世纪头10年,力争使西部地区基础设施和生态环境建设取得突破性进展,特色经济和优势产业有较大发展,重点地带开发步伐明显加快,科技教育和卫生、文化等社会事业明显加强,改革开放出现新局面,人民生活进一步改善,为实施西部大开发战略奠定坚实的基础。

　　新中国成立半个多世纪,特别是改革开放近30年来,我国综合国力显著增强,人民生活接近小康水平,国家有能力加大对中西部地区的支持力度。特别是当前正在实施扩大内需的积极财政政策,可以用更多的财力直接支持西部开发。现在,我国已基本解决全国人民的吃饭问题,粮食出现了阶段性的供过于求,这是在生态脆弱地区,有计划、分步骤退耕还林(草),改善生态环境的大好时机。随着我国成功加入世界贸易组织,对外开放进入了一个新的阶段,中西部地区也将像东部沿海地区一样更加开放。加快中西部地区发展的条件已经基本具备,时机已经成熟。

资料卡片

　　2002年10月24日,家住贵州省榕江县摆拉村月亮山原始森林中的苗族妇女潘小最代表家人高兴地同政府签订了退耕还林还草合同。月亮山原始森林位于黔东南与黔南两个少数民族自治州交界处。为保护原始森林生态,让林区农民脱贫致富,当地政府除移民搬迁外,还结合退耕还林,将发展绿色畜牧养殖、开展生态旅游等  作为主要替代产业,引导群众逐步走出靠山吃林的现状。2002年,月亮山林区将退耕还林还草2 000亩。

　　当前和今后一个时期,要集中力量抓好关系西部地区开发的重点工作:

　　第一,加快基础设施建设。要以公路建设为重点,加强铁路、机场、天然气管道干线建设;加强电网、通信和广播电视等基础设施建设;加强水利基础设施建设,特别是要坚持把水资源的合理开发和节约利用放在突出位置。

　　第二,切实加强生态环境保护和建设。要加大天然林保护工程实施力度,同时采取"退耕还林(草)、封山绿化、以粮代赈、个体承包"的政策措施,由国家无偿向农民提供粮食和苗木,对陡坡耕地有计划、分步骤地退耕还林还草。

第三,积极调整产业结构。要抓住我国产业结构进行战略性调整的时机,根据国内外市场的变化,从各地资源特点和自身优势出发,依靠科技进步,发展有市场前景的特色经济和优势产业,培育和形成新的经济增长点。要加强农业基础,调整和优化农业结构,增加农民收入;合理开发和保护资源,促进资源优势转化为经济优势;加快工业调整、改组和改造步伐;大力发展旅游等第三产业。

第四,发展科技和教育,加快人才培养。要充分发挥老工业基地、军工企业、科研机构和高等院校现有科技力量的作用,加快科技成果的转化和推广应用,积极引进国内外先进技术。要确保教育优先发展,在办好高等教育的同时,特别要加快少数民族地区和贫困地区教育的发展,提高劳动者素质。

实施西部大开发战略,是深入贯彻"三个代表"重要思想的伟大实践,是全面建设小康社会、确保现代化建设第三步战略目标胜利实现的重大部署,是促进各民族共同发展和富裕的重要举措,是保障边疆巩固和国家安全的必要措施,关系全国经济社会发展的大局。实施西部大开发战略,有利于推动经济结构的战略性调整,促进地区经济协调发展;有利于改善全国的生态状况,为中华民族的生存和发展创造更好的环境;有利于培育全国统一市场,完善社会主义市场经济体制;有利于进一步扩大对外开放,对用好国内外两个市场、两种资源,具有重要的现实意义和深远的历史影响。

五、发展经济的根本目的

经济建设的根本目的,就是提高全国人民的生活水平和质量。要随着经济发展,不断增加城乡居民的收入,拓宽消费领域,优化消费结构,满足人们多样化的物质文化需求。要把人民群众的身体健康和生命安全放在第一位,建立健全适应新形势要求的卫生服务体系、医疗保健体系和防疫体系,着力改善农村医疗卫生状况,提高城乡人民的医疗保健水平,提高城乡社会事业的发展水平。要继续大力推进扶贫开发,巩固扶贫成果,尽快使尚未脱贫的农村人口解决温饱问题,并逐步过上小康生活。

阅读思考

三张工资单令我感慨万千

偶翻旧物,找出三张工资单,令我感慨万千。

摆在面前的工资单,一张是1979年12月的,工资数是25元。记得那时我刚到农业银行当记账员不久,从一个知青成了拿工资的国家干部,25元的工资虽然不多,但比起一天几分钱的工分,已经是不少了。

第二张是1993年11月的,工资数是278元。那时我已经是一名副科级国家公务员。当时实行的是结构工资,包括基础工资、工龄工资、交通费、洗理费、副食补贴等。

第三张是2002年1月的,工资数是1 189元,包括职务工资、级别工资、基础工资、工龄工资、职务津贴等。这是1999年国务院承诺本届政府任期之内给公务员加薪一倍,4年内实现工资翻番的政策实施后,作为公务员的我,和其他同事一样,充分享受到国家给的好处。

看着眼前的几张工资单,我心绪难平。从1979年到2002年,我的工资从25元增到了1 000多元。想当初,1981年我结婚时,200元是我的嫁妆,到现在我已经成了个人所得税的纳税人,也有了个人购买的住房,从当初的职工单身宿舍到现在的带有中央空调的三室两厅,这是多么大的变化啊!没有改革开放的20年,没有我国经济的飞速发展,我的生活哪有这样天翻地覆的变化。想到此,我不由得暗暗祈祷:但愿党的好政策永远不变,但愿党的十六大以后人民群众的日子像芝麻开花节节高。

(据新华论坛)

想一想:上述材料说明了什么问题?为什么?

第三节 科教兴国战略和可持续发展战略

一、实施科教兴国战略

(一)科教兴国战略的提出

"科教兴国"的基本含义是:全面落实科学技术是第一生产力的思想,坚持教育为本,把科技和教育摆在经济、社会发展的重要位置,增强国家的科技实力及向现实生产力转化的能力,提高全民族的科技文化素质,把经济建设转移到依靠科技进步和提高劳动者素质的轨道上来,加速实现国家的繁荣强盛。

"科教兴国"战略思想的理论基础是邓小平同志关于科学技术是第一生产力的思想。1977年,邓小平在科学和教育工作座谈会上提出:"我们国家要赶上世界先进水平,从何着手呢?我想,要从科学和教育着手。""不抓科学、教育,四个现代化就没有希望,就成为一句空话。"邓小平明确把科教发展作为发展经济、建设现代化强国的先导,摆在我国发展战略的首位。

从20世纪70年代后期到90年代初期,邓小平同志坚持"实现四个现代化,科学技术是关键,基础是教育"的核心思想,为"科教兴国"发展战略的形成奠定了坚实的理论和实践基础。

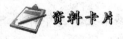

为邓小平爷爷演示电脑

1983年初,中、小学开始有了计算机的课外活动。那时我是小学五年级的学生,有幸被选送到区少年宫学习BASIC程序设计语言并参加了市里组织的比赛。我得了第一名,也由此得以进入中福会少年宫计算机活动中心,在王颂赞等老师的指导下开始了青少年时期的计算机编程学习活动。四年的课余生涯夯实了我成长的基石。

"计算机要从娃娃抓起。"

记得那时,我已进入华东师范大学第二附属中学住校读初一,周六下午和周日都会背着书包去少年宫机房,有滋有味地钻研程序,经常尝试编写一些程序来解决数学、物理中的问题,也不断地学一些大学课程中的图论、博弈等知识来提高编程的能力和技巧。

1984年2月,我在王颂赞老师的带领下,代表少年宫计算机活动中心的所有同学参加了"上海市微电子技术及其应用"展览会,向邓小平爷爷表演了自己设计编制的"机器人唱歌"、"机器人下棋"等程序。邓爷爷看了很高兴,还摸着我的头说:"计算机普及要从娃娃抓起。"

在少年宫的四年中,老师给了我们一个又一个的问题、任务和项目,大胆放手地让我们参加课题研究,让我们在不断的摸索、尝试中学习,让我们从小就按科学研究的方法去创造,在克服困难中得到磨练。记得还是14岁时,在兼职辅导老师的帮助下,我接受了"上海无线电十四厂高频头生产流水线质量检测"的课题研究。大热天,在工厂的高温烘箱旁调试程序,一干就是十几个小时。试验中出现许多问题,老师帮我找资料,与我一起分析。半年中,我克服了一个又一个的困难,终于完成了"VHF电视调谐器自动检测系统"在上海无线电十四厂高频头生产流水线上的使用,不仅保证了高频头生产的质量,也使我学到了科学研究的方法,并为此获得了中国科学基金会的科学特别奖。

1987年,我免试进入了清华大学学习,七年后获得博士学位,现在在美国西雅图的雷得蒙微软研究院做研究工作。从离开上海,去北京,再到美国已经16个年头,不论是求学还是工作,我始终不能忘怀并深深眷恋着在中国福利会少年宫度过的青少年时期的那段校外生活,那么的丰富,让人回味。

(作者李劲,微软研究院研究员)

1992年,在中国共产党第十四届全国代表大会上,江泽民同志指出:"必须把经济建设转移到依靠科技进步和提高劳动者素质的轨道上来。"

1995年5月6日颁布的《中共中央国务院关于加速科学技术进步的决定》,首次提出了在全国实施科教兴国的战略。江泽民指出:"科教兴国,是指全面落实科学技术是第一生产力的思想,坚持教育为本,把科技和教育摆在经济、社会发展的重要位置,增强国家的科技实力及实现生产力转化的能力,提高全民族的科技文化素质。"

同年,中国共产党第十四届五中全会通过的关于《国民经济和社会发展第九个五年计划和2010年远景目标纲要》的报告中把实施科教兴国战略列为今后15年直至21世纪加速我国社会主义现代化建设的重要方针之一。

1996年,八届全国人大四次会议正式提出了《国民经济和社会发展第九个五年计划和2010年远景目标纲要》,科教兴国战略成为我们党和国家的基本国策。

(二)科教兴国战略的实施

第一,认真学习有关科教兴国的思想,提高全民族的科教意识。实施科教兴国战略,使经济建设真正转移到依靠科技进步和提高劳动者素质的轨道上来,必须认真学习邓小平关于"科学技术是第一生产力"和江泽民同志关于"科学技术是先进生产力的集中体现和主要标志"的论断等,提高干部和全民的科教意识。要通过学习和宣传,在全社会形成尊重科学、尊重知识、尊师重教的良好氛围,在全社会形成自觉重视教育、普及科学知识、弘扬科学精神、掌握科学方法、鼓励科技创新的良好社会风气。

第二,加快科技进步。要充分估量未来科学技术特别是高新技术发展对综合国力、社会经济结构和人民生活的巨大影响,指导加速科技进步和提高劳动者的素质,把经济建设转移到依靠科技进步和提高劳动者素质的轨道上来。

阅读思考

材料一:从"神一"到"神九",从火箭到座舱的每一个部件,从发射到回收的每一道程序,都是我国自主设计和生产的,是地地道道的"中国制造"。

材料二:党的十六届五中全会强调:"十一五"规划建议要坚持六个"必须"。其中之一便是必须提高自主创新能力,深入实施科教兴国和人才强国战略,把增强自主创新能力作为科学技术发展的战略基点和调整产业结构、转变经济增长方式的"中心环节"。这意味着中央高层近年来一再强调的"自主创新"将由理念上升至运筹层面,并将作为"十一五"经济社会发展的重要战略进行部署实施。

联系所学知识,请你为如何提高我国科技自主创新能力提几条建议;我们青少年学生应该怎样培养自己的创新能力和精神?

第三,要切实把教育摆在优先发展的战略地位。科学技术是第一生产力,发展科学技术,不抓教育不行。百年大计,教育为本。教育是发展科学技术和培养人才的基础,在现代化建设中具有先导性、全局性作用,必须摆在优先发展的战略地位。要全面贯彻党的教育方针,坚持教育为社会主义现代化建设服务,为人民服务,与生产劳动和社会实践相结合,培养德智体美全面发展的社会主义建设者和接班人。要坚持教育创新,深化教育改革,优化教育结构,合理配置教育资源,提高教育质量和管理水平,全面推进素质教育,造就数以亿计的高素质劳动者、数以千万计的专门人才和一大批拔尖创新人才。

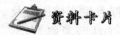
资料卡片

书籍是人类进步的阶梯,通过课外阅读,可以帮助孩子们陶冶情操,提高素养,传承文明。

据调查,我国80%左右的乡村小学图书室(馆)装配不达标。在西部地区一些学校,孩子们除了课本外,一本课外读物也没有,教师备课用的参考资料也少得可怜。

希望工程图书室项目采取"一助一"捐助模式,帮助捐赠单位或个人与受助学校建立联系。

第四,充分发挥知识分子在科教兴国中的作用。实施科教兴国战略,必须重视知识分子的作用。实现现代化,必须有知识,有人才。人才问题,是关系到国家盛衰、民族强弱和现代化建设成败的战略问题。因此,邓小平提出,一定要在党内造成一种风气,尊重知识,尊重人才。要尊重知识,尊重人才,就必须努力造就宏大的掌握现代科学技术的知识分子队伍,在努力提高现有科学技术队伍的水平,充分发挥他们的作用的同时,大力培养新的科学技术人才。

 资料卡片

中国导弹之父——钱学森

1956年2月17日,钱学森经过深思熟虑,提出了关于《建立我国国防航空工业的意见书》,就我国火箭、导弹事业的组织方案、发展计划和具体措施发表了精辟的见解。《意见书》受到党中央高度重视。不久,钱学森受命负责组建我国第一个火箭、导弹研究机构——国防部第五研究院。1956年10月8日,是钱学森回国一周年的日子,国防部五院宣布成立,钱学森被任命为院长。新中国的火箭、导弹和航天事业由此开始了艰难的征程。新事业起步,千头万绪。钱学森首先给刚刚分配来的156名大学生讲授《导弹概论》,让这些从未见过导弹的技术人员了解最基本的专业知识。他拟定了空气动力学、发动机等有关专业的学习计划,并指导建立了导弹总体、空气动力学、发动机、弹体结构等研究室。

二、实施可持续发展战略

（一）可持续发展战略的提出

早在20世纪上半叶,发生在英国、美国、日本等国的"八大公害事件",已经暴露出了发达国家实现工业化所带来的人与自然关系的紧张和生态破坏。可持续发展的提出是应时代的变迁、社会经济发展的需要而产生的。

可持续发展(Sustainable Development)是20世纪80年代提出的一个新概念。1987年,世界环境与发展委员会在《我们共同的未来》报告中第一次阐述了可持续发展的概念,得到了国际社会的广泛共识。

可持续发展,是指满足当前需要而又不削弱子孙后代满足其需要之能力的发展。可持续发展还意味着维护、合理使用并且提高自然资源基础,这种基础支撑着生态抗压力及经济的增长。可持续发展还意味着在发展计划和政策中纳入对环境的关注与考虑,而不代表在援助或发展资助方面的一种新形式的附加条件。

可持续发展的核心思想是:健康的经济发展应建立在生态可持续能力、社会公正和人民积极参与自身发展决策的基础上。它所追求的目标是:既要使人类的各种需要得到满足,个人得到充分发展,又要保护资源和生态环境,不对后代人的生存和发展构成威胁。它特别关注的是各种经济活动的生态合理性,强调对资源、环境有利的经济活动应给予鼓励,反之则应予摈弃。

可持续发展战略是指实现可持续发展的行动计划和纲领,是多个领域实现可持续发展的总称。它要使各方面的发展目标,尤其是社会、经济与生态、环境的目标相协调。

 资料卡片

1992年6月,联合国环境与发展大会在巴西里约热内卢召开。会议提出并通过了《全球可持续发展战略——21世纪议程》,并且要求各国根据本国的情况,制定各自的可

持续发展战略、计划和对策。

《全球可持续发展战略——21世纪议程》是一个包罗广泛的行动纲领,它涉及人类可持续发展的所有领域。整个文件分为四个部分。第一部分(1—8章)涉及经济与社会的可持续发展;第二部分(9—22章)涉及可持续的资源利用与环境保护;第三部分(23—32章)涉及社会公众与团体在可持续发展中的作用;第四部分(33—40章)涉及可持续发展的实施手段和能力建设。其中,前两部分可以认为是由经济、资源、环境与人口四大要素组成的全球可持续发展的目标发展系统,后两部分可以认为是由管理、科技、教育、公众等要素组成的可持续发展的能力建设系统。

在内容格式上,《全球可持续发展战略——21世纪议程》由从大到小四个层次组成,即可持续发展的基本系统(经济与社会、资源与环境、社会团体作用、贯彻实施手段)、基本方面、方案领域、行动举措。其中,行动举措是《全球可持续发展战略——21世纪议程》的细胞,是实施可持续发展战略的基本单元。《全球可持续发展战略——21世纪议程》要求从每一个具体的微观行动入手,去实现宏观整体的经济、社会、环境协调发展。

(二)可持续发展战略的实施

1. 中国实施可持续发展战略的进程

1992年,中国政府向联合国环境与发展大会提交的《中华人民共和国环境与发展报告》系统回顾了中国环境与发展的过程与状况,同时阐述了中国关于可持续发展的基本立场和观点。

1994年,中国政府制定完成并批准通过了《中国21世纪议程——中国21世纪人口、环境与发展白皮书》,确立了中国21世纪可持续发展的总体战略框架和各个领域的主要目标。在此之后,国家有关部门和很多地方政府也相应地制定了部门和地方可持续发展实施行动计划。

在1995年9月中国共产党十四届五中全会上,江泽民同志在《正确处理社会主义现代化建设中的若干重大关系》讲话中,概括论述了经济建设和人口、资源、环境的关系。这是第一次在党的重大纲领性文献中对全人类取得了共识的新发展观作出的明确表述,这一纲领性的概述是我国探索有中国特色可持续发展道路的重要指导方针。

1996年3月,第八届全国人民代表大会第四次会议批准的《国民经济和社会发展第九个五年计划和2010年远景目标纲要》,把可持续发展作为一条重要的指导方针和战略目标,并明确作出了中国今后在经济和社会发展中实施可持续发展战略的重大决策。"九五"计划还具体提出了可持续发展各领域的阶段目标,并专门编制和组织实施了生态建设和环境保护重点专项规划,社会和经济的其他领域也都全面地体现了可持续发展战略的要求。

江泽民同志在党的十六大报告中明确提出,"全面建设小康社会的重要目标是可持续发展能力不断增强,生态环境得到改善,资源利用率显著提高,促进人与自然的和谐,推动整个社会走上生产发展、生活富裕、生态环境良好的文明发展道路。"

在实践和探索的基础上,胡锦涛总书记在党的十六届三中全会上明确提出:"坚持以人为本,树立全面、协调、可持续的发展观,促进经济社会和人的全面发展。树立和落实科学发展观,这是20多年改革开放实践的总结,是战胜'非典'疫情给我们的重要启示,也是推进全面建设小康社会的迫切要求。"

2007年10月,党的十七大报告完整地阐述了科学发展观的深刻内涵:科学发展观,第一要义是发展,核心是以人为本,基本要求是全面、协调、可持续,根本方法是统筹兼顾。把"生态文明"写入十七大报告,这既是我国多年来在环境保护与可持续发展方面所取得成果的总结,也是人类对人与自然关系所取得的最重要认识成果的继承和发展。这充分体现了生态文明与可持续发展对中华民族生存、发展的重要意义,实际上是建设和谐社会理念在生态与经济发展方面的升华。

2. 实施可持续发展战略的必要性

可持续发展是全人类面临的共同问题。资源方面:随着世界人口持续增长和经济发展,人类对资源的需求日益增加和大规模的开采消耗,导致资源基础的削弱、退化、枯竭,淡水资源紧缺,石油等能源价格上涨,土地资源及矿产资源掠夺性破坏严重。因此,必须维护地球资源,维护生物多样性,以确保资源的可持续利用。环境方面:主要表现为环境污染和生态破坏两大类。因此,加强环境保护,是促进经济增长方式转变、消除贫困、推动社会全面进步的必然要求。

可持续发展是中华民族生存和发展的大计。我国是世界上人口最多的发展中国家,人均资源很有限。实施可持续发展战略,是关系到我国经济和社会的安全,关系到我国人民生活的质量,关系到中华民族生存和发展的长远大计。

3. 可持续发展战略的措施

(1)坚持计划生育和保护环境的基本国策,正确处理经济发展同人口、资源、环境的关系。

(2)资源开发和节约并举,把节约放在首位,提高资源利用效率。

(3)统筹规划国土资源开发和整治,严格执行土地、水、森林、矿产、海洋等资源管理和保护。

(4)实施资源有偿使用制度。

(5)加强环境污染的治理,植树种草,搞好水土保持,防治荒漠化,改善生态环境。

(6)鼓励公众参与环境保护。

总之,我们不仅要安排好当前的发展,还要为子孙后代着想,决不能吃祖宗饭,断子孙路,走浪费资源和先污染、后治理的路子。

阅读思考

请你设计一条以环保、可持续发展为主题的公益广告。如:

(1)"拯救地球,就是拯救未来!"
(2)"保护环境就是保护人类自己!"
(3)"大地需要绿色,人类心灵需要绿色。"
(4)"地球是我家,保护靠大家!"
(5)"小草与我共同成长!"

(6)"绿色深呼吸,阳光好滋味。"

4. 实施可持续发展战略的意义

实施可持续发展战略,有利于促进生态效益、经济效益和社会效益的统一;有利于促进经济增长方式由粗放型向集约型转变,使经济发展与人口、资源、环境相协调;有利于国民经济持续、稳定、健康发展,提高人民的生活水平和质量;有利于推进新型工业化的进程;有利于农业经济结构的调整,保护生态环境,建设生态农业。

可持续发展是一项长远的事业,需要经过几代人的不懈奋斗。展望未来,中国需要政府、各行各业和全民参与的,包括生产、消费、科学技术、社会文化和伦理道德的全面变革,以实现我们的生存、发展同地球生态系统的和谐,建立起新的"绿色生态文明"。

(三)大力推进生态文明建设

建设生态文明,是关系人民福祉、关乎民族未来的长远大计。面对资源约束趋紧、环境污染严重、生态系统退化的严峻形势,必须树立尊重自然、顺应自然、保护自然的生态文明理念,把生态文明建设放在突出地位,融入经济建设、政治建设、文化建设、社会建设各方面和全过程,努力建设美丽中国,实现中华民族永续发展。

坚持节约资源和保护环境的基本国策,坚持节约优先、保护优先、自然恢复为主的方针,着力推进绿色发展、循环发展、低碳发展,形成节约资源和保护环境的空间格局、产业结构、生产方式、生活方式,从源头上扭转生态环境恶化趋势,为人民创造良好的生产生活环境,为全球生态安全作出贡献。

第四节 实现中国梦和建成社会主义现代化强国的战略安排

一、实现中华民族伟大复兴的中国梦

2012年11月29日,在国家博物馆,中共中央总书记习近平在参观"复兴之路"展览时,第一次阐释了"中国梦"的概念。他说:"大家都在讨论中国梦。我认为,实现中华民族伟大复兴,就是中华民族近代以来最伟大的梦想。"他指出,到中国共产党成立100年时全面建成小康社会的目标一定能实现,到新中国成立100年时建成富强民主文明和谐的社会主义现代化国家的目标一定能实现,中华民族伟大复兴的梦想一定能实现。实现中华民族伟大复兴这个梦想,凝聚了几代中国人的夙愿,体现了中华民族和中国人民的整体利益,是每一个中华儿女的共同期盼。中国梦的最大特点,就是把国家、民族和个人作为一个命运共同体,把国家利益、民族利益和每个人的实际利益紧紧联系在一起。中国梦的出发点与落脚点是人民,这体现了以人为本、执政为民的根本价值。

(一)中国梦的内涵

实现中华民族伟大复兴,是近代以来中国人民最伟大的梦想,我们称之为"中国梦",基本内涵是实现国家富强、民族振兴、人民幸福。这三条包含着全面建成小康社会的目标,也包含着建设社会主义现代化国家的目标,还包括了实现中华民族伟大复兴的目标。国家富强是我们的最高追求,时下我国正逐步由发展中大国向现代化强国迈进,由传统农

业社会向现代化社会迈进;民族振兴是我们的伟大梦想,我们已做到自立于世界民族之林而毫无愧色;人民幸福是我们的终极目标,包括更好的教育、更满意的收入、更可靠的社会保障、更高水平的医疗卫生服务、更舒适的居住条件、更优美的环境等。三者相互联系,相辅相成,表达了人民心声,也体现了时代要求。

（二）中国梦的实现途径

习近平同志指出,实现中国梦必须走中国道路,必须弘扬中国精神,必须凝聚中国力量。这"三个必须",清楚地概括了实现中华民族伟大复兴的三项基本要求,指明了实现中国梦的三个关键路径。

1. 实现中国梦首先必须坚定不移走中国特色社会主义道路

走中国特色社会主义道路,这是实现中国梦的最佳途径。中国特色社会主义道路,是我们党在探索社会主义现代化建设过程中,把马克思主义基本原理同当代中国国情和时代特征相结合而形成的一条实现中华民族伟大复兴的正确道路。中国特色社会主义道路,就是在中国共产党领导下,立足基本国情,以经济建设为中心,坚持四项基本原则,坚持改革开放,解放和发展社会生产力,建设社会主义市场经济、社会主义民主政治、社会主义先进文化、社会主义和谐社会、社会主义生态文明,促进人的全面发展,逐步实现全体人民共同富裕,建设富强民主文明和谐的社会主义现代化国家。全国各族人民一定要增强对中国特色社会主义的理论自信、道路自信、制度自信,坚定不移沿着正确的中国道路奋勇前进。

2. 实现中国梦必须弘扬中国精神

中国精神就是以爱国主义为核心的民族精神,以改革创新为核心的时代精神。这种精神是凝心聚力的兴国之魂、强国之魄。爱国主义始终是把中华民族坚强团结在一起的精神力量,改革创新始终是鞭策我们在改革开放中与时俱进的精神力量。全国各族人民要弘扬伟大的民族精神和时代精神,不断增强团结一心的精神纽带、自强不息的精神动力,朝气蓬勃迈向未来。

3. 实现中国梦必须凝聚中国力量

中国力量就是中国各族人民大团结的力量。中国梦是民族的梦,也是每个中国人的梦。只要我们紧密团结,万众一心,为实现共同梦想而奋斗,实现梦想的力量就无比强大,我们每个人为实现自己梦想的努力就拥有广阔的空间。生活在伟大祖国和伟大时代的中国人民,共同享有人生出彩的机会,共同享有梦想成真的机会,共同享有同祖国和时代一起成长与进步的机会。有梦想,有机会,有奋斗,一切美好的东西都能够创造出来。中国梦归根到底是人民的梦,必须紧紧依靠人民来实现,必须不断为人民造福。

二、建成社会主义现代化强国的战略安排

从党的十九大到二十大,是"两个一百年"奋斗目标的历史交汇期。既要全面建成小康社会、实现第一个百年奋斗目标,又要乘势而上开启全面建设社会主义现代化国家新征程,向第二个百年奋斗目标进军。从全面建成小康社会到基本实现现代化,再到全面建成社会主义现代化强国,是新时代中国特色社会主义发展的战略安排。

党的十九大报告指出,综合分析国际国内形势和我国发展条件,从 2020 年到本世纪

中叶可以分两个阶段来安排。从2020年到2035年,在全面建成小康社会的基础上,再奋斗15年,基本实现社会主义现代化。从2035年到本世纪中叶,在基本实现现代化的基础上,再奋斗15年,把我国建成富强民主文明和谐美丽的社会主义现代化强国。党的十九大报告提出的从2020年到本世纪中叶两个阶段安排,在"三步走"战略基础之上,有了新的发展。这是我们党第一次对第二个百年奋斗目标描绘出如此具体的宏伟蓝图,使未来的发展目标和发展路径更加明晰;它又不仅仅局限于经济建设方面,而是立足于社会主义现代化建设的全局。这也是对新时代中国特色社会主义发展的战略安排,是贯彻习近平新时代中国特色社会主义思想的行动纲领,有利于保持战略布局的连续性,有利于动员和激励全党全国各族人民万众一心,为实现中华民族伟大复兴的中国梦而努力奋斗。

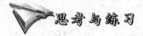

1. 简述科教兴国战略和可持续发展战略的内容和重要意义。
2. 为什么说"三农"问题是事关全局的根本性问题?
3. 说说实现中国梦的三个关键路径是什么。

世界公害事件

所谓公害事件,是指因环境污染而造成的在短期内人群大量发病和死亡的事件。

1. 马斯河谷事件:1930年12月1日至5日,比利时马斯河谷工业区

工业区处于狭窄的盆地中,12月1日至5日发生气温逆转,工厂排出的有害气体在近地层积累,三天后有人发病,症状表现为胸痛、咳嗽、呼吸困难等。一周内有60多人死亡。心脏病、肺病患者死亡率最高。

2. 多诺拉事件:1948年10月26日至31日,美国宾夕法尼亚州多诺拉镇

该镇处于河谷,10月最后一个星期大部分地区受反气旋和逆温控制,加上26日至30日持续有雾,使大气污染物在近地层积累。二氧化硫及其氧化作用的产物与大气中尘粒的结合是致害因素,发病者5 911人,占全镇人口的43%。症状是眼痛、喉痛、流鼻涕、干咳、头痛、肢体酸乏、呕吐、腹泻,死亡17人。

3. 洛杉矶光化学烟雾事件:20世纪40年代初期,美国洛杉矶市

全市 250 多万辆汽车每天消耗汽油约 1 600 万升,向大气排放大量碳氢化合物、氮氧化物、一氧化碳。该市临海依山,处于 50 公里长的盆地中,汽车排出的废气在日光作用下,形成以臭氧为主的光化学烟雾。

4. 伦敦烟雾事件:1952 年 12 月 5 日至 8 日,英国伦敦市

5 日至 8 日,英国全境几乎为浓雾覆盖,4 天中死亡人数较常年同期约多 40 000 人,45 岁以上的人死亡最多,约为平时的 3 倍;1 岁以下死亡的人约为平时的 2 倍。事件发生的一周中,因支气管炎而死亡的人是事件前一周同类人数的 93 倍。

5. 四日市哮喘事件:1961 年,日本四日市

1955 年以来,该市石油冶炼和工业燃油产生的废气严重污染城市空气,重金属微粒与二氧化硫形成硫酸烟雾。1961 年,该市人群哮喘病大量发作,1967 年一些患者不堪忍受痛苦而自杀。1972 年,该市共确认哮喘病患者达 817 人,死亡 10 多人。

6. 米糠油事件:1968 年 3 月,日本北九州市、爱知县一带

生产米糠油需使用多氯联苯作脱臭工艺中的热载体,由于生产管理不善,米糠油中混入了多氯联苯,致使食用后中毒者超过 5 000 人,其中 16 人死亡,实际受害者约 13 000 人。

7. 水俣病事件:1953—1956 年,日本熊本县水俣市

含甲基汞的工业废水污染水体,使水俣湾的鱼中毒,人食用毒鱼后受害。1972 年日本环境厅公布:水俣湾和新县阿贺野川下游有汞中毒者 283 人,其中 60 人死亡。

8. 痛痛病事件:1955—1972 年,日本富山县神通川流域

锌、铅冶炼厂等排放的废水污染了神通川水体,两岸居民利用河水灌溉农田,使稻米和饮用水含镉而使人中毒。1963 年至 1979 年 3 月共有患者 130 人,其中死亡 81 人。

思考:导致上述自然生态灾害的原因是什么?给了我们哪些启示?

第八章 "和平统一、一国两制"与实现祖国的完全统一

实现祖国完全统一,是海内外中华儿女的共同心愿。中国共产党把完成祖国统一大业作为21世纪的三大历史任务之一,并决定为此进行不懈的努力。邓小平"和平统一,一国两制"的战略构想有力地推进了祖国和平统一的进程。在此基础上,以江泽民为核心的党的第三代领导集体将这一构想在香港、澳门成为现实,并且按照"和平统一,一国两制"的战略构想,进一步提出了解决台湾问题的基本纲领和方针政策,丰富和发展了"一国两制"的科学构想。

通过本章的学习,要深入了解邓小平"一国两制"战略构想的客观依据和主要内容,领会"一国两制"战略构想对于完成祖国统一大业的重大理论创新及其现实意义。

第一节 "一国两制"构想的形成和发展

一、"一国两制"构想的提出和发展

1. "一国两制"科学构想的思想来源和理论准备

1949年10月1日,中华人民共和国宣告成立,标志着中华民族的历史开始了一个新纪元。但是,由于种种历史原因,香港、澳门仍分别在英国和葡萄牙的殖民统治之下,台湾则被国民党当局所盘踞,国家统一大业尚未最后完成。祖国统一是中国历史发展的主流和中华民族的根本利益所在,是全中国人民包括台湾同胞、港澳同胞和海外侨胞在内的全体炎黄子孙的共同愿望。

中国共产党人始终把实现国家的统一作为一项重要的历史责任和奋斗目标,始终不懈地推进祖国统一的实现,并积极探讨和寻求实现统一的方式和途径。1955年4月,周恩来在万隆会议上代表中国政府阐明对台湾问题的立场时指出,中国人民有权用一切方式,包括不排除和平方式解决台湾问题。这是中国共产党首次明确表示愿以和平方式解决台湾问题。随后,毛泽东和我国有关方面都提出和平解决台湾问题的主张,为"一国两制"理论提供了思想来源和理论准备。尤其是在1963年初,由毛泽东提出,周恩来归纳,张治中、傅作义出面,在写给陈诚的信中明确表述了以"一纲四目"和平统一两岸的方针。这是关于"一国两制"的最早雏形,但由于国内国外存在的种种制约,当时不可能提出"一国两制"的完整构想并付诸实践。

"一纲四目"的含义

"一纲"即台湾必须回归祖国。"四目"是台湾回归祖国后,除外交必须统一于中央外,所有军权大政、人事安排由蒋介石决定;所有军政及建设经费不足之数,由中央拨付;台湾的社会改革可以从缓,协商解决;双方互不派人破坏对方团结之事。

2. "一国两制"科学构想的形成

党的十一届三中全会以后,在考虑和平解决台湾而扩展到解决港、澳问题的过程中,邓小平集中了全党的智慧,形成了"一国两制"的构想。1979年,全国人大常委会发表《告台湾同胞书》,宣布了和平统一祖国的思想。1979年1月30日,邓小平在访美期间,第一次公开提出了"一国两制"的思想。1981年,叶剑英发表了《关于台湾回归祖国实现和平统一的方针政策》一文,具体提出了实现祖国统一的九条方针,使"一国两制"科学构想的内容开始明晰化。1982年9月,邓小平在会见英国首相撒切尔夫人时,阐明了中国政府准备用"一国两制"的办法来解决香港问题的立场。1983年6月26日,邓小平在会见美国新泽西州西东大学教授杨力宇时,系统地阐述了大陆和台湾和平统一的设想。1984年2月22日,邓小平在会见美国乔治城大学战略与国际问题研究中心代表团时,第一次使用了"一国两制"的提法。他说:"统一后,台湾仍搞它的资本主义,大陆搞社会主义,但是是一个统一的中国。一个中国,两种制度。香港问题也是这样,一个中国,两种制度。"① 此后,邓小平又从各方面对"一国两制"构想进行了阐述,形成了完整的实行祖国统一的战略构想。

实现祖国统一的九条方针

1981年,叶剑英发表了《关于台湾回归祖国实现和平统一的方针政策》的谈话,具体提出了实现祖国统一的九条方针。其中包括:建议举行国共两党对等谈判,实行第三次合作,共同完成祖国统一大业;国家实现统一后,台湾可作为特别行政区,享有高度的自治权,并可保留军队,中央政府不干预台湾地方事务;台湾现行社会、经济制度不变,生活方式不变,同外国的经济、文化关系不变,私人财产、房产、土地、企业所有权、合法继承权和外国投资不受侵犯;等等。这标志着"一国两制"构想的内容开始明晰化。邓小平认为,这实际上表达了"一国两制"的意思。

1981年8月26日,邓小平在北京会见港台知名人士傅朝枢时,首次公开提出解决台

---

① 《邓小平文选》第三卷,第49页。

湾、香港问题的"一国两制"构想。邓小平说，和平解决台湾问题，可以采取独特的模式，社会制度不变，台湾人民的生活水平不降低，外国资本不动，台湾可以拥有自己的武装力量。即使武装统一，台湾的现状也可以不变，台湾作为中华人民共和国的一个省、一个区，还保持它原有的制度、生活。中共十分愿意、十分赞成国共第三次合作，中国这件事要台湾海峡两岸的领导人和人民来决定。希望台湾的领导人眼界放宽点、看远点。统一中国，是中国人民的希望，是中华民族的希望。

1983年6月26日，邓小平在会见美国新泽西州西东大学教授杨力宇时，系统阐述了一国两制构想，说：祖国统一后，台湾特别行政区可以有自己的独立性，可以实行与大陆不同的制度，台湾的党政军等系统都由台湾自己来管，但在国际上代表中国的，只能是中华人民共和国。在香港和澳门问题上，邓小平用自己最后的时间，把这一构想大体搭建完成。

3."一国两制"科学构想的发展

1982年12月，全国人大五届五次会议通过了《中华人民共和国宪法》。《宪法》规定，国家在必要时设立特别行政区。1984年5月，全国人大六届二次会议正式通过"一国两制"方针，从而使之成为具有法律效力的基本国策。1984年和1987年，分别签订了中英联合声明和中葡联合声明，1990年和1993年分别通过的香港和澳门特别行政区基本法，都贯彻了"一国两制"精神，使"一国两制"进一步法制化。1995年，江泽民进一步提出了解决台湾问题的八项主张。2000年，国务院台湾事务办公室发表的《一个中国的原则与台湾问题》白皮书，进一步发展了"一国两制"的方针。

1990年4月4日，第七届全国人民代表大会第三次会议通过香港特别行政区基本法。

二、"一国两制"构想的基本内容

"一国两制"构想具有科学的涵义。概括地说，即在一个中国的前提下，国家的主体坚持社会主义制度；台湾、香港、澳门是中华人民共和国不可分割的部分，它们作为特别行政区，保持原有的资本主义制度和生活方式长期不变。其基本内容包括：

1. 坚持"一个中国"

世界上只有一个中国，台湾是中国不可分割的一部分，中央政府在北京。在国际上代表中国的，只能是中华人民共和国。由全国人民代表大会掌握国家的最高权力，由中央人民政府行使国家主权。台湾、香港、澳门都是中华人民共和国不可分割的组成部分。坚持一个国家即中华人民共和国是"一国两制"构想的核心、政治前提和根本保证。

2. 坚持"两种制度"

在统一的中华人民共和国内，作为国家主体的大陆地区，坚持社会主义制度，台湾、香港、澳门作为统一国家不可分割的组成部分，则保持原有的资本主义制度。大陆的社会主义不吃掉台湾、香港、澳门的资本主义，台湾、香港、澳门的资本主义也不吃掉大陆的社会主义。两种制度长期共存，和平共处，相互支援，共同发展，为国家的繁荣和民族的振兴作出贡献。

3. 保证台湾、香港、澳门的高度自治和繁荣稳定的局面

在统一的中华人民共和国内,依法在台湾、香港、澳门设立特别行政区。特别行政区不同于中国其他一般省区,享有高度的自治权。除在外交、国防、宣战、媾和方面服从中央政府外,它们拥有行政管理权、立法权、独立的司法权和终审权。台湾特别行政区还可以保留自己的军队。

当年邓小平向撒切尔夫人解释"一国两制"构想时,用了一个很形象的比喻,即香港回归中国后,"马照跑,股照炒,舞照跳"。

4. 两种制度在一个国家内部的地位和作用是不同的,是有主有次的

邓小平指出:"一方面,社会主义国家里允许一些特殊地区搞资本主义,不是搞一段时间,而是搞几十年、成百年。另一方面,也要确定整个国家的主体是社会主义。否则怎么能说是'两制'呢?那就变成'一制'了。"他还指出:"主体是很大的主体,社会主义是在十亿人口地区的社会主义,这是个前提,没有这个前提不行。在这个前提下,可以容许在自己身边,在小地区和小范围内实行资本主义。"大陆地区坚持社会主义,这是"一国两制"的前提。在坚持这个前提下,才有可能允许部分地区继续保留资本主义制度。同时,在"一国两制"中要讲两个不变的观点,即一方面要讲对香港的政策50年不变,对台湾、澳门的政策也是50年不变,50年后更没有变的必要;另一方面要讲大陆实行社会主义也不变,如果大陆的社会主义变了,那就变成"一制",而不是"一国两制"了。所以,香港和澳门特别行政区基本法都规定,原有的资本主义制度50年不变,又规定特别行政区自行立法,禁止任何叛国、分裂国家、煽动叛乱、颠覆中央人民政府及窃取国家机密的行为。

"一国两制"的构想从实际出发,兼顾了各方的实际利益,因而是各方可以接受的、合情合理的、切实可行的方案。正如江泽民在十五大报告中所评价的:"这一构想,既体现了实现祖国统一、维护国家主权的原则性,又充分考虑台湾、香港、澳门的历史和现实,体现了高度的灵活性,是推进祖国和平统一大业的基本方针。实行'一国两制',有利于祖国统一和民族振兴,有利于世界的和平与发展。"

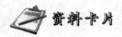 资料卡片

外界对"一国两制"构想的评价

英国首相撒切尔夫人赞扬:"'一国两制'的构想是最有天才的创造。""'一国两制'的构想,即在一个国家中保留两种不同的政治、社会和经济制度,是没有先例的。它为香港的特殊历史环境提供了富有想象力的答案。这一构想树立了一个榜样,说明看来无法解决的问题如何才能解决以及应该如何解决。"

(《人民日报》1999年12月20日)

日本《每日新闻》7月8日的文章说,中国采取了"一个国家,两种制度"这一非常现实主义的态度。从现状来看,这是解决(领土问题)的唯一方法。香港的居民、外国的投资家、本国的利益三者取得了平衡。考虑到朝鲜半岛的现状,中国的现实主义和明智态度

会凸显出来。如果香港将来继续顺利发展,那么,就等于向世界表明解决领土问题的新解决方法。

(《参考消息》1997年7月17日)

世界各地华侨华人盛赞"一国两制"伟大构想。

新华社北京2月24日电　综合新华社驻外记者报道:邓小平关于"一国两制"的讲话19日重新发表后,在世界各地华侨华人社团中引起强烈反响,一些华侨华人社团和知名人士纷纷发表讲话指出,邓小平关于"一国两制"构想和"港人治港"内涵及爱国者标准的阐述,具有重要的现实意义和深远的历史意义。

日本华侨华人联合总会名誉会长、东京华侨总会名誉会长陈焜旺说,香港回归祖国前的状况和回归后的发展完全证明了邓小平关于"一国两制"这一伟大构想的正确和英明。今天重温邓小平的这篇谈话,无论是对解决当前香港出现的各种问题,还是对今后更加准确地贯彻"一国两制"的方针都是至关重要的。

日本侨报出版社总编辑段耀中说,邓小平在讲话中明确地提出了"港人治港"必须"以爱国者为主体的港人来治理香港"。因此,任何已经站在治港者行列和有志于加入这个行列的人都应该按照这个标准检查对照自己,严格要求自己。但是,目前香港有些人不提"一国",只提"两制",割裂"爱国"与"爱港"的关系,这完全违背了"一国两制"的精神和香港基本法的原则。

英国华人中国统一促进会首席副会长于兴国认为,邓小平"一国两制"的构想非常伟大,是解决香港、澳门和台湾问题最好的办法,也是唯一可行的办法。

英国华人社团联合总会会长叶煌兴说,香港回归以来,中央政府一直非常重视香港的发展与稳定。按照"一国两制"的原则,提倡爱国港人治港,势将使香港成为"一国两制"的最佳典范,并促进台湾问题的解决和祖国统一大业的早日实现。

全英华人外卖公会主席、英国内政部种族关系顾问陈德樑指出,香港的成功回归,正是在邓小平"一国两制"的思想指导下实现的。凡是关注香港前途的人士,都一定不能忘记"两制"是在"一国"这个大前提之下才能行得通。

英格兰西北华人协会会长李启鸿认为,邓小平讲话中所提出的"以爱国者为主体的港人来治理香港"非常重要。爱国,首先是要具有作为中国人的认知和自尊。

加拿大渥太华中国和平统一促进会共同主席赵炳炽说,目前香港社会安定,经济繁荣,这就是"一国两制"政策给香港人民带来的好处,香港人民应该团结一致,努力保护这一来之不易的成果。

华盛顿地区中国和平统一促进会副会长张文健表示,邓小平在20年前的讲话中说,爱国者的标准是,尊重自己民族,诚心诚意拥护祖国恢复对香港的主权,不损害香港的繁荣和稳定。对于这样的标准,他表示十分赞同。他认为,即使放在美国这样的环境之下,这样的标准也是无可厚非的。没有民族自尊心的人,是不可能把香港治理好的。

华盛顿哥伦比亚大学荣誉退休教授、《华美论坛》杂志董事沈己尧说,香港必须由爱国者治理,香港的民主建设必须按照基本法的规定进行。

华盛顿地区日本侵略史学会董事蔡德樑表示,"一国两制"构想是一个非常好的想法,这一构想在香港的成功实施,将有助于中国的最终和平统一。

法国《欧洲时报》24日发表的题为《重温20年前邓公关于"一国两制"谈话的意义所在》的评论员文章指出:"现在重新发表邓公的谈话,让香港居民以及所有关心香港前途的人们,重新领会一下'一国两制'的核心思想,是十分具有现实意义的。"文章说:"一国两制"之所以能在香港和澳门得以成功落实,并为今后解决台湾问题作出了示范,就是因为这个思想符合历史发展的实际。

(央视国际2004年2月24日)

三、"一国两制"构想的意义

1. "一国两制"构想丰富和发展了马克思主义的国家学说

按照"一国两制"构想,社会主义国家在一定条件下可以为作为国家主体的社会主义经济基础服务,同时也允许和保护一定地区范围内存在的资本主义经济基础和上层建筑,这在马克思主义著作中是从来没有讲过的。按照"一国两制"构想,允许在一个统一的主权国家内有两个不同性质的社会制度长期并存,突破了在一个国家内部只能允许一种社会制度及其相应的政权组织形式,而不允许另一种社会制度及其相应的政权组织形式长期存在的认识。但是,"一国两制"依据的仍然是马克思主义。正如邓小平指出的:"如果'一国两制'的构想是一个对国际上有意义的想法的话,那要归功于马克思主义的辩证唯物主义和历史唯物主义,用毛泽东主席的话来讲就是实事求是。这个构想是在中国的实际情况下提出来的。"

2. "一国两制"构想创造性地把和平共处的原则用来处理一个国家的内部问题

和平共处五项原则作为国与国之间关系的准则,在世界上得到了广泛的承认。现在,把它用于解决一个国家两种不同社会制度的地区之间的问题,这是一个创造。"一国两制"的构想,也是从我国社会主义现代化建设需要有一个和平的国际环境出发的。我国搞社会主义建设需要长期的世界和平局面。我国解决台、港、澳问题,自然会牵涉到美国、英国、葡萄牙在这些地区的利益。实行"一国两制"可以避免在彼此关系中留下隐患,防止酿成国际争端,消除中国与这些国家关系中的热点,有利于太平洋地区的稳定和世界和平。

3. "一国两制"构想为解决国际争端和世界遗留问题提供了新的思路、新的途径和新的范例

当今世界并不太平,许多长期悬而未决的国家间、民族间的争端引起的矛盾和冲突此起彼伏,很不利于维护世界的和平和稳定。"一国两制"的构想为解决这些问题提供了新的思路和新的经验,即寻找各方都能接受的合情合理的方式方法解决历史遗留问题。邓小平指出:"世界上一系列争端都面临着用和平方式来解决还是用非和平方式来解决的问题。总得找出个办法来,新问题就得用新办法来解决。香港问题的成功解决,这个事例可能为国际上许多问题的解决提供一些有益的线索。"正因为如此,邓小平的"一国两制"构想提出后,受到世界舆论的广泛赞誉,被认为是解决当今世界难题的一个最佳办法。可见,"一国两制"的构想对整个世界和平与稳定都有着深远的意义和影响。

4. 有利于推动祖国统一大业的实现

"一国两制"构想是从中国历史和现实实际出发来解决港、澳、台地区问题切实可行的方式,这一构想首先运用于港、澳地区问题,并取得了重大实果。香港、澳门的顺利回归,不但洗刷了中华民族所蒙受的历史耻辱,而且为解决台湾问题,最终实现祖国统一树立了榜样,创造了条件。

第二节 "一国两制"的成功实践

一、香港、澳门问题的成功解决及其意义

1. 香港问题的成功解决

"一国两制"构想的提出是从解决台湾问题开始的,但首先运用于解决香港问题。香港回归使这一构想变为现实。收回香港并恢复行使中国主权,是中国共产党和中国政府的一贯立场,也是海内外所有炎黄子孙的共同心愿。新中国成立初期,出于打破帝国主义的经济封锁,保留香港作为国际通道的考虑,我国政府没有立即收回香港和澳门的主权,而是采取了"长期打算,充分利用"的方针。

进入20世纪80年代以后,中国共产党和中国政府开始把解决香港问题提上了议事日程。1982年,邓小平在同英国首相撒切尔夫人的谈话中,明确表达了中国政府对香港问题的基本立场。1984年,中英双方正式签署了关于香港问题的联合声明。声明宣布:中华人民共和国于1997年7月1日对香港恢复行使主权,英国政府于同时将香港交还中国政府;中国政府将根据宪法第三十一条的规定,在香港设立直辖于中央政府的特别行政区,同时保持香港现行的制度和生活方式不变。

从1985年开始,有广泛代表性和权威性的中华人民共和国香港特别行政区基本法起草委员会着手起草《中华人民共和国香港特别行政区基本法》。经过反复的商讨、修改并广泛征求意见,该基本法于1990年4月经七届全国人大三次会议审议并正式批准。这部基本法的制定和通过,标志着"一国两制"构想在实践上取得了重大进展,为香港回归后的繁荣稳定提供了法律依据。此后,通过了香港特别行政区的区徽和区旗方案,选举产生并由中央人民政府任命了香港特别行政区第一任行政长官董建华。

1997年7月1日零点,中英两国政府顺利完成了交接仪式,中华人民共和国政府对香港行使主权,香港特别行政区宣告成立,中华民族洗雪了百年耻辱,圆了一个多世纪的香港回归梦。这是中华民族历史上具有划时代意义的大事。

资料卡片

邓小平阐明解决香港问题基本立场

1982年,邓小平在与英国首相撒切尔夫人的谈话中明确表达的中国政府对香港问题的基本立场:

第一,主权必须收回。邓小平说:"关于主权问题,中国在这个问题上没有回旋余地。

坦率地讲,主权问题不是一个可以讨论的问题。现在时机已经成熟了,应该明确肯定:一九九七年中国将收回香港。"第二,按照"一国两制"构想来解决问题,即中国在收回香港后,香港现行的政治、经济制度和生活方式不变,甚至大部分的法律都可以保留,香港仍实行资本主义。第三,在收回香港之前的过渡时期,中英两国政府应采取合作的态度,通过外交途径进行磋商和谈判,尽可能避免香港发生大的波动。第四,港人治港,保持香港的繁荣和稳定。邓小平指出:"港人治港有个界线和标准,就是必须由以爱国者主体的港人来治理香港……爱国主义者的标准是,尊重自己民族,诚心诚意拥护祖国恢复行使对香港的主权,不损害香港的繁荣和稳定。"

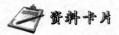
资料卡片

美高官盛赞香港成就:证明"一国两制"是成功模式

中新网2007年6月26日电 美国国务院助理国务卿希尔25日在出席中国驻美国大使馆举办的庆祝香港回归十周年活动时,高度评价香港回归后在经济、政治等各领域取得的成就。他说,"一国两制"模式是全新的尝试,香港回归超出了十年前人们的预期,值得人们骄傲和自豪。实践证明,"一国两制"是行之有效的、成功的模式。希尔说,香港与美国有密切的经贸联系,回归以后经贸关系不断加强。6万多美国公民在香港安居乐业。与此同时,双方在反恐、执法、司法协助等方面也开展了良好合作。他表示相信,香港未来会取得更骄人的成就。

2. 澳门问题的成功解决

1987年4月13日,中葡双方签订了联合声明,宣布中国政府将于1999年12月20日起对澳门恢复行使主权。1993年3月,全国八届人大一次会议通过了澳门特别行政区基本法,此后,又通过澳门特别行政区区旗、区徽的方案,选举产生并由中央人民政府任命了澳门特别行政区第一任行政长官何厚铧。1999年12月20日零点,中葡两国顺利完成了交接仪式,中华人民共和国政府恢复对澳门行使主权。在一片欢呼声中,澳门特别行政区政府宣告成立。由葡萄牙政府殖民统治400多年的澳门,终于回到祖国母亲的怀抱。

香港回归十年多、澳门回归八年多的实践表明,香港、澳门保持了经济的繁荣、政治的稳定,人民生活富裕。这一实践证明,"一国两制"的构想是正确的。

3. 香港、澳门回归祖国的重大意义

香港、澳门和平回归祖国是中华民族历史上的两大盛事,具有十分重大的意义:它充分显示了改革开放的中国综合国力日益强大,国防实力空前提高,国家独立、主权受到国际社会的尊重。它标志着帝国主义在中国的殖民统治完全结束,长期受殖民统治的香港、澳门同胞获得了政治上的解放和高度的自治权。它表明中国在实现祖国统一的征程中,取得了两次令世人瞩目的胜利,把"一国两制"构想变成了活生生的现实,以雄辩的事实证明了"一国两制"构想的正确和可行。它向世人表明,港澳的和平回归有利于促进祖国的改革开放、经济发展、人民安康,也有利于港澳的政治稳定、经济繁荣和提高抵御各种风险的能力。港澳的回归和政治稳定,促使祖国的独立和安全更有保障。香港、澳门顺利回归祖国,是祖国统一大业进程中的重要里程碑,是中国共产党对于中华民族的历史性贡献。

4. 香港、澳门回归后落实"一国两制"的实践

香港回归十年、澳门回归八年来,党中央、国务院在香港特别行政区政府、澳门特别行政区政府的大力协同下,认真落实邓小平"一国两制"的构想和相关方针、政策,认真贯彻《中华人民共和国香港特别行政区基本法》和《中华人民共和国澳门特别行政区基本法》,取得了举世瞩目的成就:

第一,确保了香港、澳门特别行政区政府行使高度自治权。

港澳回归以来,基本法对人权提供更全面的保障,港澳的普通法制度得以保留,与国际社会的合作与日俱增,与内地的法律制度也在磨合,这些都使港澳的法治更臻成熟。依照两个基本法,香港、澳门建立了基本法规定的特别行政区政治体制。为了确保这些高度的自治权,中央政府按邓小平提出的方针,没有向特区政府派出干部管理;确保了香港、澳门的社会、经济制度、法律基本不变;认真实施了港人治港、澳人治澳的方针,成立了由各界代表组成的选举委员会,行使选举特区首长、选举人大代表和政协委员的权力。香港和澳门人民民主自由的权利得到进一步落实。

第二,港澳经济加快发展,确保了香港自由港的地位和国际贸易、金融中心的地位不变。

香港继续同其他国家和地区保持和发展经济关系,保持了香港经济的持续发展和繁荣;香港被世界权威机构评估为世界上投资贸易最自由的城市;由于中央政府的大力支持,香港增强了抵御亚洲金融危机的能力,顺利度过了此次危机;国务院和有关省市的政府加强了同香港、澳门在经济、贸易、旅游等方面的交流与合作,既有利于祖国内地的经济发展,也促进了港澳地区的经济繁荣。

回归前,澳门的本地生产总值连续4年负增长,回归后迅速实现正增长,7年的年均实质增速达到12.1%,2007年前三季度平均增速达到29.4%,经济成绩令人刮目相看;失业率大幅降至3%,居民收入水平明显提高;实现15年免费教育,为特区的发展培养合格的生力军;社会保障基金增幅超过83%,减轻了弱势社群的生活负担;社会治安由回归前的"不靖"迅速转变为"良好",并在外来人口和旅客大量涌入的同时继续保持良好的社会秩序;"澳门历史城区"被联合国教科文组织列入世界遗产名录,彰显了澳门保护人类文化遗产的决心;成功举办了第四届东亚运动会等三个大型国际性运动会,提高了澳门的国际美誉度,让世界更多地了解了澳门;城市面貌日新月异,澳门已成为海内外游客向往的旅游目的地……八年来,澳门经济持续快速增长,社会事业不断进步,不仅验证了"一国两制"方针的正确性和强大生命力,更令人由衷地相信:澳门明天会更好!

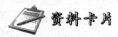 资料卡片

回归祖国十年间,香港的经济发展突飞猛进,不仅成功抵御了亚洲金融风暴的冲击和"SARS"危机的考验,实质GDP总量亦由1997年的1.22万亿港元升至1.73万亿港元。作为香港首要支柱产业的金融业,更是取得了令世界惊叹的成就。香港作为国际金融中

心的地位,2007年跃居全球第三。

第三,密切了香港、澳门与祖国内地的联系,经济文化等领域的合作进一步加强。

祖国大陆和港澳之间加强了经济、科技、教育、文化等领域的全面交流与合作。除了加强经济往来以外,这些合作还包括科技信息、科技人才和科技成果的交流与合作,教育管理经验、管理人才和学生的交流,文化艺术人员、创作项目和成果的交流与合作,促进了技术市场、文化市场的系统发育,促进了祖国内地和港澳科技、教育、文化的协调发展。

 资料卡片

2007年6月29日,《〈内地与香港关于建立更紧密经贸关系的安排〉补充协议四》在香港签署。商务部副部长廖晓淇和香港特区政府财政司司长唐英年分别代表中央政府和香港特区政府签字。香港特区行政长官曾荫权、国务院港澳办公室副主任陈佐洱、中央政府驻港联络办公室副主任郭莉等出席了签署仪式。

第四,维护了国家统一,同时也保持了香港、澳门原有的资本主义制度和生活方式。

香港、澳门回归祖国,维护了国家统一。中央政府和相关省市人民政府采取切实措施,确保向香港、澳门居民供应质优、价廉的淡水、能源、蔬菜、肉蛋及各类副食品;深圳市还为部分香港、澳门居民提供了相对廉价的住房,为进一步提高港澳居民的生活质量作出了应有贡献。

实践雄辩地证明,"一国两制"、和平统一的方针是完全正确的,具有强大的生命力。

 资料卡片

澳门回归八年变化惊人　居民寄望来年更美好

中新网2007年12月20日电　据《澳门日报》报道,今天是澳门回归祖国八周年的日子,不少曾经见证回归的居民有感而发,感慨澳门变化之大,令人吃惊。今天的庆祝回归活动数不胜数,许多受访者寄望来年生活更美好。

对于回归,澳门居民沈小姐笑言"一生难忘",因为八年前的回归前夕,她是在产房度过的,当时生下现在刚满八岁的孩子。她回忆说,十多年前曾经有过离开澳门、移居外地的打算。尤其是1997年香港回归前夕,澳门居民人心惶惶,但看见香港回归后,"马照跑,舞照跳",加上她的家人全都留在澳门,她才打消移民的念头。八年过去了,澳门摇身一变,从小城市变成"东方拉城",经济腾飞,市道畅旺。沈小姐表示,身为澳门人,她倍感自豪。只是现在澳门楼价居高不下,她笑言担心自己的孩子将来买楼难。

居民黄先生坦言,澳门回归祖国八年来的变化有目共睹。八年前,澳门经济低迷,失业率高;八年后的今天,澳门在经济、社会各方面都出现新景象。赌权开放、内地实施港澳自由行政策、大规模旅游等,为澳门带来翻天覆地的变化。看到这一切,黄先生格外感慨。今天是澳门回归八周年的日子,仍要工作的他没有时间庆祝,但他希望澳门特区政府在专

注发展旅游博彩业的同时,也多关心澳门现在物价和楼价高涨及澳门低下阶层居民的生活。同时,黄先生也寄望来年生活更美好。

澳门导游陈先生表示,澳门回归八年来,随着赌权开放而带来的经济发展,澳门变得百业兴旺。然而,各种社会问题也因此"浮上水面",例如贫富悬殊、贪污等问题。另外,陈先生表示原打算与家人欣赏万人演唱会来庆祝回归,但公司安排今天需要带团飞往外地,没有时间欣赏。

第三节　实现台湾与祖国大陆的完全统一

一、实现祖国的完全统一,是海内外中华儿女的共同心愿

随着香港、澳门问题的解决,解决台湾问题,最终完成祖国统一的神圣使命更加突出地摆在包括台湾同胞、海外侨胞在内的全国各族人民面前。

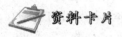资料卡片

台湾是中国不可分割的一部分

台湾地处中国大陆的东南缘,是中国第一大岛,同大陆是不可分割的整体。

台湾自古即属于中国。台湾古称夷洲、流求。大量的史书和文献记载了中国人民早期开发台湾的情景。距今1 700多年以前,三国时吴人沈莹的《临海水土志》等对此就有所著述。它们是世界上记述台湾最早的文字。公元3世纪和7世纪,三国孙吴政权和隋朝政府都曾先后派万余人去台。进入17世纪之后,中国人民在台湾的开拓规模越来越大。17世纪末,大陆赴台开拓者超过10万人。至1893年(清光绪十九年)时,总数达到50.7万余户,254万余人。200年间增长25倍。他们带去先进的生产方式,由南到北,由西及东,筚路蓝缕,披荆斩棘,大大加速了台湾整体开发的进程。这一史实说明,台湾和中国其他省区一样,同为中国各族人民所开拓、所定居;台湾社会的发展始终延续着中华文化的传统,即使在日本侵占的50年间,这一基本情况也没有改变。台湾的开拓发展史,凝聚了包括当地少数民族在内的中国人民的血汗和智慧。

海峡两岸中国人为反对外国侵占台湾进行了长期不懈的斗争。从15世纪后期起,西方殖民主义者大肆掠夺殖民地。1624年(明天启四年),荷兰殖民者侵占台湾南部。1626年(明天启六年),西班牙殖民者入侵台湾北部。1642年(明崇祯十五年),荷兰又取代西班牙占领台湾北部。两岸同胞为反对外国殖民者侵占台湾,进行了包括武装起义在内的各种方式的斗争。1661年(清顺治十八年),郑成功率众进军台湾,于次年驱逐了盘踞台湾的荷兰殖民者。1894年(清光绪二十年),日本发动侵略中国的"甲午战争"。翌年,清政府战败,在日本威迫下签订丧权辱国的《马关条约》,割让台湾。消息传来,举国同愤。在北京会试的包括台湾在内的18省千余举人"公车上书",反对割台。台湾全省"哭声震

天",鸣锣罢市。协理台湾军务的清军将领刘永福等和台湾同胞一起,与占领台湾的日军拼死搏斗。中国大陆东南各地居民为支援这一斗争,或捐输饷银,或结队赴台,反抗日本侵略。在日本侵占台湾期间,台湾同胞一直坚持英勇不屈的斗争。初期,他们组织义军,进行武装游击抵抗,前后达7年之久。继而,在辛亥革命推翻清政府后,他们又会同大陆同胞一道,先后发起10余次武装起义。及至上世纪二三十年代,岛内反抗日本殖民统治的群众运动更加波澜壮阔,席卷台湾南北。1937年,中国人民开始了全民族的抗日战争。中国政府在《中国对日宣战布告》中明确昭告中外:所有一切条约、协定、合同有涉及中日关系者,一律废止。《马关条约》自属废止之列。这一布告并郑重宣布:中国将"收复台湾、澎湖、东北四省土地"。中国人民经过8年艰苦的抗日战争,于1945年取得了最后的胜利,收复了失土台湾。台湾同胞鸣放鞭炮,欢欣鼓舞,祭告祖先,庆祝回归祖国怀抱的伟大胜利。

　　国际社会公认台湾属于中国。中国人民的抗日战争是世界反法西斯斗争的一部分,得到了世界人民的广泛支持。在第二次世界大战中,为了反对德、日、意法西斯轴心国,中国与美国、苏联、英国、法国等结成同盟国。1943年12月1日,中、美、英三国签署的《开罗宣言》指出:"三国之宗旨,在剥夺日本自1914年第一次世界大战开始以后在太平洋所夺得或占领之一切岛屿,在使日本所窃取于中国之土地,例如满洲、台湾、澎湖列岛等,归还中国。"1945年7月26日,中、美、英三国签署(后苏联参加)的《波茨坦公告》又重申:"开罗宣言之条件必将实施。"同年8月15日,日本宣布投降。《日本投降条款》规定:"兹接受中美英三国共同签署的、后来又有苏联参加的1945年7月26日的波茨坦公告中的条款。"10月25日,同盟国中国战区台湾省受降仪式于台北举行。受降主官代表中国政府宣告:自即日起,台湾及澎湖列岛已正式重入中国版图,所有一切土地、人民、政事皆已置于中国主权之下。至此,台湾、澎湖重归于中国主权管辖之下。

　　中华人民共和国成立以来,160多个国家先后同中国建立了外交关系。它们都承认只有一个中国,中华人民共和国政府是中国的唯一合法政府,台湾是中国的一部分。

　　1983年6月26日,邓小平根据政治局讨论的意见,在会见美籍华人学者杨力宇时提出了著名的解决台湾问题的"六点办法"。这就是:祖国统一后,台湾特别行政区可以有自己的独立性,可以实行同大陆不同的制度。司法独立,终审权不须到北京。台湾还可以有自己的军队,只是不能构成对大陆的威胁。大陆不派人驻台,不仅军队不去,行政人员也不去。台湾的党、政、军等系统,都由台湾自己来管。1995年1月30日,江泽民发表了《为促进祖国统一大业的完成而继续奋斗》的重要讲话。

　　"一国两制"构想的提出并付诸实践,大大推进了两岸关系的发展。

　　然而,我们也应该看到,由于历史和现实的原因,在实现祖国最终统一的道路上布满了荆棘,完成祖国统一的大业任重而道远。

　　2000年1月1日,江泽民强调:"我们坚持'和平统一,一国两制'的方针没有改变。我五年前提出的发展两岸关系、推进祖国和平统一进程的八项主张没有改变。"

二、中国政府解决台湾问题的基本方针

　　解决台湾问题,实现国家统一,是全体中国人民一项庄严而神圣的使命。中华人民共

和国成立后,中国政府为之进行了长期不懈的努力。中国政府解决台湾问题的基本方针是"和平统一,一国两制"。

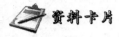资料卡片

台湾问题的由来

　　台湾在第二次世界大战之后,不仅在法律上而且在事实上已归还中国。之所以又出现台湾问题,与随后中国国民党发动的反人民内战有关,但更重要的是外国势力的介入。

　　台湾问题与国民党发动的内战。中国抗日战争期间,在中国共产党和其他爱国力量的推动下,中国国民党与中国共产党建立了抗日民族统一战线,抗击日本帝国主义的侵略。抗日战争胜利后,两党本应继续携手,共肩振兴中华大业,但当时以蒋介石为首的国民党集团依仗美国的支持,置全国人民渴望和平与建设独立、民主、富强的新中国的强烈愿望于不顾,撕毁国共两党签订的《双十协定》,发动了全国规模的反人民内战。中国人民在中国共产党领导下,被迫进行了三年多的人民解放战争。由于当时的国民党集团倒行逆施,已为全国各族人民所唾弃,中国人民终于推翻了南京的"中华民国"政府。1949年10月1日,中华人民共和国成立,中华人民共和国政府成为中国的唯一合法政府。国民党集团的一部分军政人员退据台湾。他们在当时美国政府的支持下,造成了台湾海峡两岸隔绝的状态。

　　台湾问题与美国政府的责任。第二次世界大战后,在当时东西方两大阵营对峙的态势下,美国政府基于它的所谓全球战略及维护本国利益的考虑,曾经不遗余力地出钱、出枪、出人,支持国民党集团打内战,阻挠中国人民的革命事业。然而,美国政府最终并未达到它自己所希望达到的目的。中华人民共和国诞生以后,当时的美国政府本来可以从中国内战的泥潭中拔出来,但是它没有这样做,而是对新中国采取了孤立、遏制的政策,并且在朝鲜战争爆发后武装干涉纯属中国内政的海峡两岸关系。1950年6月27日,美国总统杜鲁门发表声明宣布:"我已命令第七舰队阻止对台湾的任何攻击。"美国第七舰队侵入了台湾海峡,美国第十三航空队进驻了台湾。1954年12月,美国又与台湾当局签订了所谓《共同防御条约》,将中国的台湾省置于美国的"保护"之下。美国政府继续干预中国内政的错误政策,造成了台湾海峡地区长期的紧张对峙局势,台湾问题自此亦成为中美两国间的重大争端。为了缓和台湾海峡地区的紧张局势,探寻解决中美两国之间争端的途径,中国政府自20世纪50年代中期起,即开始与美国对话。然而,及至60年代末70年代初,随着国际局势的发展变化和新中国的壮大,美国才开始调整其对华政策,两国关系逐步出现解冻的形势。1971年10月,第26届联合国大会通过二七五八号决议,恢复中华人民共和国在联合国的一切合法权利,并驱逐台湾当局的"代表"。1972年2月,美国总统尼克松访问中国,中美双方在上海发表了联合公报。公报称:"美国方面声明:美国认识到,在台湾海峡两边的所有中国人都认为只有一个中国,台湾是中国的一部分。美国政府对这一立场不提出异议。"1978年12月,美国政府接受了中国政府提出的建交三原则,即美国与台湾当局"断交"、废除《共同防御条约》以及从台湾撤军。中美两国于1979

年1月1日正式建立外交关系。中美建交联合公报声明:"美利坚合众国承认中华人民共和国政府是中国的唯一合法政府。在此范围内,美国人民将同台湾人民保持文化、商务和其他非官方联系";"美利坚合众国政府承认中国的立场,即只有一个中国,台湾是中国的一部分"。自此,中美关系实现正常化。但遗憾的是,中美建交不过三个月,美国国会竟通过了所谓《与台湾关系法》,并经美国总统签署生效。这个《与台湾关系法》,以美国国内立法的形式,作出了许多违反中美建交公报和国际法原则的规定,严重损害中国人民的权益。美国政府根据这个关系法,继续向台湾出售武器和干涉中国内政,阻挠台湾与中国大陆的统一。为解决美国售台武器问题,中美两国政府通过谈判,于1982年8月17日达成协议,发表了有关中美关系的第三个联合公报,简称"八一七公报"。美国政府在公报中声明:"它不寻求执行一项长期向台湾出售武器的政策,它向台湾出售的武器在性能和数量上将不超过中美建交后近几年供应的水平,它准备逐步减少它对台湾的武器出售,并经过一段时间导致最后的解决。"然而,十多年来,美国政府不但没有认真执行公报的规定,而且不断发生违反公报的行为。1992年9月,美国政府甚至决定向台湾出售150架F-16型高性能战斗机。美国政府的这一行动,给中美关系的发展和台湾问题的解决增加了新的障碍和阻力。由上可见,台湾问题直到现在还未得到解决,美国政府是有责任的。

1. 新形势下"和平统一、一国两制"构想的重要发展

一是以江泽民为核心的第三代领导集体对"和平统一,一国两制"构想的丰富和发展。

以江泽民为核心的中央领导集体在继承和坚持邓小平"一国两制"构想的基础上,根据香港、澳门回归以后国内外的新形势,把实现台湾与大陆的完全统一作为重点,提出了一系列新的观点、方针和政策,进一步丰富和发展了"一国两制"的构想。

1995年1月30日,江泽民在新春茶话会上发表了《为促进祖国统一大业的完成而继续奋斗》的重要讲话,就解决台湾问题提出了八项主张:(1)坚持一个中国原则,是实现和平统一的基础和前提;(2)对于台湾同外国发展民间经济文化关系,我们不持异议;(3)进行海峡两岸和平统一谈判,是我们的一贯主张;(4)努力实现和平统一,中国人不打中国人;(5)面向21世纪经济的发展,要大力发展两岸经济交流与合作,以利于两岸经济共同繁荣,造福整个中华民族;(6)中华各族儿女共同创造的五千年灿烂文化,始终是维系全体中国人的精神纽带,也是实现和平统一的一个重要基础;(7)2 100万台湾同胞,不论是台湾省籍,还是其他省籍,都是中国人,都是骨肉同胞,手足兄弟;(8)我们欢迎台湾当局的领导人以适当身份前来访问,我们也愿意接受台湾方面的邀请前往台湾共商国是。江泽民同志的八项主张,引起了海内外的热烈反响,它对完成祖国统一大业,和平解决台湾问题必将发挥积极作用。1997年,江泽民在十五大报告中精辟分析了台海两岸形势,提出了解决台湾问题的新主张和新举措。2002年11月,江泽民在十六大报告中再次提出了早日解决台湾问题、实现祖国的完全统一的历史任务。

具体来讲,以江泽民为核心的第三代领导集体对"和平统一、一国两制"构想的丰富和发展表现在:(1)明确提出坚持一个中国原则是实现和平统一的基础和前提,坚定地维护一个中国原则。(2)在坚持和平统一、不承诺放弃使用武力的基础上,提出"文攻武略"的总方略。(3)首次提出进行海峡两岸和平统一谈判,创造性地发展了关于两岸谈

判的主张。(4) 将做好台湾人民工作提升到"完成祖国统一的重要基础"的战略高度,努力扩大两岸经济文化交流和人员往来。(5) 指出台湾问题不能无限期地拖延下去。(6) 从国家发展战略高度阐述了解决台湾问题与经济建设的辩证关系,强调解决台湾问题的关键在于增强综合国力。

二是以胡锦涛为总书记的党中央对"和平统一,一国两制"构想的丰富和发展。

胡锦涛总书记在2005年3月4日全国政协十届三次会议的一个联组会上提出了很重要的发展两岸关系的四点意见,也就是四个"决不"。第一,坚持一个中国的原则决不动摇;第二,坚持和平统一的努力决不放弃;第三,坚持寄希望于台湾人民的方针决不改变;第四,坚持反对"台独"分裂活动决不妥协。2005年四五月间,胡锦涛在与组团来访的中国国民党、亲民党、新党会谈及发表的公报中提出了新主张,宣示了两岸关系和平发展的共同愿景。总体来说,胡锦涛同志一系列谈话对"和平统一,一国两制"构想的发展表现为以下几点:(1) 明确提出反对和遏制"台独"是新形势下两岸同胞最重要、最紧迫的任务。(2) 提出两岸关系现状的定义,丰富了坚持一个中国原则的内涵。(3) 提出构建和平稳定发展的两岸关系,和平发展理应成为两岸关系发展的主题。(4) 强调和平统一工作也要体现以民为本、为民谋利。(5) 制定反分裂国家法,将中央对台方针政策法律化。

2. 全面发展两岸关系,尽早实现台湾与祖国大陆的完全统一

(1) "一国两制"是两岸统一的最佳方案。

十六大报告明确指出:"一国两制"是两岸统一的最佳方式。对此,我们可以从以下五方面来理解:

按"一国两制"实现两岸统一,有利于彻底打碎国外反华势力和台独分子妄图把台湾从中国分裂出去的迷梦,实现长期以来两岸同胞和海外华侨企盼两岸统一的共同愿望,真正结束两岸分离的局面,实现台湾与祖国大陆的完全统一,确保中国的主权和领土完整。

按"一国两制"实现两岸统一,就是真正以和平方式解决历史遗留问题,而避免了用战争的方式解决台湾回归的问题,既防止了国外反华势力的军事介入,也避免了两岸战争必将带来的生命财产和经贸、科技、教育、文化等方面的巨大损失。

按"一国两制"实现两岸统一,有利于保障台湾人民当家作主的权利和各方面的切身利益。正如党的十六大报告指出的:"两岸统一后,台湾可以保持原有的社会制度不变,高度自治。台湾同胞的生活方式不变,他们的切身利益将得到充分保障,永享太平。台湾经济将真正以祖国大陆为腹地,获得广阔的发展空间。台湾同胞可以同大陆同胞一道,行使管理国家的权利,共享伟大祖国在国际上的尊严和荣誉。"

按"一国两制"实现两岸统一,有利于进一步加强两岸经济、教育、科技、文化等各方面的交流与合作,台湾经济将真正以祖国大陆为腹地,获得广阔的发展空间,走上协调、持续发展之路。同时,也会促进祖国大陆经济更加快速、健康地发展,极大地增强中国的综合国力,极大地增强民族大团结,为中华民族的伟大复兴作出重要贡献。

按"一国两制"实现两岸统一,将为国际上解决类似争端提供范例,将能增强中国的国际竞争力,将能进一步显示中国人民爱好和平的美好形象,将能进一步提高中国举足轻重的国际地位和影响力。总之,有利于中国人民对世界、对人类进步事业作出更大贡献。

十六大报告强调指出,2 300万台湾同胞是我们的手足兄弟,没有人比我们更希望通过和平的方式解决台湾问题。我们将继续坚持"和平统一、一国两制"的基本方针,贯彻八项主张,以最大的诚意、尽最大的努力争取和平统一的前景。我们决不承诺放弃使用武力,这不是针对台湾同胞的,而是针对外国势力干涉中国统一和台湾分裂势力搞"台湾独立"图谋的。

维护祖国统一事关中华民族的根本利益,中国人民将义无反顾地捍卫国家主权和领土完整,决不允许任何人以任何方式把台湾从中国分割出去。

(2) 通过发展两岸经贸拉紧两岸关系。

"一国两制"构想的提出并付诸实践,使海峡两岸关系有了重大进展。根据"一国两制"构想,中国共产党和中国政府提出了一系列促进两岸交往和交流的政策和措施,颁布了鼓励和保护台湾同胞在大陆投资的法律文件。

台湾当局尽管顽固坚持"不接触、不谈判、不妥协"的"三不"立场,但在台湾民众的强烈呼声下,也开始松动对两岸关系发展的限制。1987年11月,台湾当局开放台湾居民赴大陆探亲,海峡两岸同胞近38年的隔绝状态终于被打破。

1991年4月,台湾当局宣布终止"动员戡乱时期",废止了"动员戡乱临时条款",放弃了"反攻大陆"的提法。1993年4月,大陆海峡两岸关系协会(简称"海协会")会长汪道涵和台湾海峡交流基金会(简称"海基会")会长辜振甫在新加坡举行"汪辜会谈",取得了积极成果,产生了广泛影响。

近年来,两岸经济交流已成不可抗拒的大势,两岸人员和经济交流的规模不断扩大。据统计,截至2007年9月底,台湾居民来大陆累计达4 583万人次,大陆居民往来台湾超过156万人次。截至2007年9月底,大陆累计共批准台商投资项目74 327项,台商实际投资450.9亿美元,两岸累计贸易总额6 933亿美元,台湾获得的贸易顺差累计4 541亿美元。大陆成为台湾最大的出口市场和贸易顺差来源地。两岸经济互补互利的格局初步形成,效应愈益显现,经济联系愈益密切,直接"三通"已成为台湾经济发展的内在需要和台湾同胞的普遍要求。通过20年的交流,两岸同胞增强了了解与沟通,增进了共同利益,结成了实实在在的命运共同体。海峡两岸经贸关系的发展,祖国大陆经济的强势增长,北京申奥成功和两岸相继加入WTO等诸多因素的综合影响,使祖国大陆对台湾经济的"磁石作用"进一步增强,加深了海峡两岸人民休戚相关的共同利益,经贸关系逐渐成为推动两岸关系发展和稳定的重要力量,更进一步成为台湾岛内制止"台独",实现祖国大陆和台湾和平统一的基础。

1986年,邓小平在谈到台湾有必要同大陆统一的理由时说过:"这首先是个民族问题,民族的感情问题。凡是中华民族子孙,都希望中国能统一,分裂状况是违背民族意志的。其次,只要台湾不同大陆统一,台湾作为中国领土的地位是没有保障的,不知道哪一天又被别人拿去了。第三点理由是,我们采取'一国两制'的方式解决统一问题。大陆搞社会主义,台湾搞它的资本主义。这对台湾的社会制度和生活方式不会改变,台湾人民没有损失。"[①]国家要统一,民族要复兴,台湾问题不能无限期地拖延下去。我们坚信,通过

---

① 《邓小平文选》第三卷,第170页。

包括台湾同胞在内的全体中华儿女的共同努力，祖国的完全统一就一定能够早日实现。

思考与练习

1. 试分析"一国两制"构想的科学涵义。
2. 如何理解"一国两制"构想的伟大意义？
3. 香港"一国两制"的实践对解决台湾问题有什么启示？

探究与实践

1982 年，邓小平在北京人民大会堂福建厅会见了英国首相撒切尔夫人。带着刚刚从马尔维纳斯群岛获胜后的自信，撒切尔夫人态度非常强硬，她重申一番英国在 19 世纪强迫中国清政府签订的三个不平等条约"都是有效的"，强调香港的繁荣有赖于英国的管治，如果对这种管理实行重大改变将对香港产生灾难性影响。邓小平针锋相对，严肃地指出："关于主权问题，中国在这个问题上没有回旋余地。坦率地讲，主权问题不是一个可以讨论的问题。现在时机已经成熟了，应该明确肯定：1997 年中国将收回香港。就是说，中国要收回的不仅是新界，而且包括香港岛、九龙。"中国和英国就是在这个前提下进行谈判，商讨解决香港问题的方式和办法。接着，邓小平提高了声音，语调严峻地说："如果中国在 1997 年，也就是中华人民共和国成立 48 年后还不把香港收回，任何一个中国领导人和政府都不能向中国人民交代，甚至也不能向世界人民交代。如果不收回，就意味着中国政府是晚清政府，中国领导人是李鸿章！"这一番斩钉截铁的话语，充分体现了中华民族的浩然正气和中国共产党、中国政府坚决实现祖国统一大业的决心和信心。在实现祖国和平统一的前提下，邓小平从台湾、香港、澳门的客观实际出发，逐步提出了"一个国家、两种制度"的创造性构想，为实现祖国统一大业提供了切实可行的科学方案，有力地推动了香港回归的实现和澳门问题的解决，并推动了海峡两岸关系的发展。

谈一谈，我们应该如何维护国家主权？

第九章 维护世界和平 促进共同发展

对时代特征和总体国际形势的科学判断,是制定正确的路线、方针、政策的重要依据。对马克思主义政党来说,中国共产党在领导中国人民进行中国特色社会主义建设的征途中,牢牢把握住和平与发展的时代主题,始终如一地为维护世界和平,促进共同发展而不懈努力。世界要和平,人民要合作,国家要发展,社会要进步,已经成为世界人民的共识,成为时代的潮流。

通过本章学习,要正确把握世界多极化和经济全球化的发展趋势,明确我国外交政策的性质和目标以及对外关系的基本原则,深入理解我国奉行独立自主的和平外交政策,开创我国外交工作新局面的重大现实意义。

第一节 和平与发展的时代主题

一、中国共产党人对当今时代主题的科学判断

(一)和平与发展已经成为当今时代的主题

第二次世界大战后,世界出现的第三次科学技术革命即新科技革命,深刻地改变了当今经济社会生活和世界面貌。首先,新科技革命使世界经济关系发生了重大变化。新科技革命引起的经济全球化发展,使世界各国的生产、流通、投资等日益联结为一个整体。各国经济的大力发展,只有在相互依存、相互渗透的条件下,才能真正实现。同时,各国之间又充满了矛盾和激烈竞争,而矛盾和竞争的核心是经济问题,或者说是发展问题。其次,新科技革命和世界经济的发展,使世界政治格局也发生了重大变动。世界多极化的趋势逐渐显现,国际形势总体上出现了相对和平的发展趋势。尽管世界并不太平,局部地区的战争仍有发生,但制止战争的因素也在逐步增长,在较长时期内不发生大规模的世界大战是有可能的。总之,世界要和平,人民要合作,国家要发展,社会要进步,成为时代的潮流。

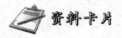
资料卡片

第三次科技革命

第三次科技革命是人类文明史上继蒸汽技术革命和电力技术革命之后科技领域里的又一次重大飞跃。它以原子能、电子计算机和空间技术的广泛应用为主要标志,是涉及信息技术、新能源技术、新材料技术、生物技术、空间技术和海洋技术等诸多领域的一场信息

控制技术革命。这次科技革命不仅极大地推动了人类社会经济、政治、文化领域的变革,而且也影响了人类的生活方式和思维方式,使人类社会生活和人的现代化向更高境界发展。正是从这个意义上讲,第三次科技革命是迄今为止人类历史上规模最大、影响最为深远的一次科技革命,是人类文明史上不容忽视的一个重大事件。

(二) 邓小平对当今时代特征的科学判断

邓小平根据世界经济与政治发生的重大变化,敏锐地把握到时代的主题已开始由战争与革命转变为和平与发展,及时提出和平与发展已经成为当今世界的两大主题的科学论断。1984年10月,邓小平深刻地指出:"国际上有两大问题非常突出,一个是和平问题,一个是南北问题。还有其他许多问题,但都不像这两个问题关系全局,带有全球性、战略性的意义。"①这一思想科学揭示了当今世界的基本特征和发展趋势,揭示了和平与发展是当今世界的两大主题。邓小平对时代主题的科学判断包含以下几方面的基本思想:

第一,世界大战是可以避免的,我们有可能争取较长时期的和平环境。正是基于这样的判断,我们党才作出了以经济建设为中心,集中力量进行社会主义现代化建设的战略决策。

第二,和平与发展是当今世界两大带有全球性的战略问题。邓小平指出,当今世界有很多问题,但有两大问题非常突出,即和平与发展问题。

第三,和平与发展是当代世界主要矛盾的集中体现。首先,当代世界在政治上的主要矛盾是东西方还存在对抗与世界要和平的矛盾。第二次世界大战后,世界形成了东西对峙、美苏争霸世界的两极格局,给世界和平带来极大威胁。冷战结束后,冷战思维依然存在,霸权主义和强权政治并没有退出历史舞台,仍然是威胁世界和平与稳定的主要根源。因此,和平问题就成为当代世界政治最突出的问题和集中体现。其次,当代世界在经济上的主要矛盾是南北方差距的扩大与国家要发展的矛盾。发展问题就成为当代世界经济最核心的问题和集中体现。抓住了这两大问题,也就从错综复杂的国际矛盾中,抓住了制约、影响其他矛盾的主要矛盾,把握了时代的主题。

第四,和平与发展成为时代主题,是指和平与发展代替战争与革命成为当代世界面临的两个重大课题,并不意味着这两个问题已经解决。

和平已成为冷战后的时代主题之一,决不意味着冷战思维已彻底终结。事实上,当今世界仍是硝烟未尽,阴霾犹存,全球人民都不可掉以轻心,仍然要为维护世界和平而付出艰辛,进行不懈的努力。同样,冷战后,世界经济进入了一个发展的新时期,世界各国都先后把战略重点转移到经济发展上来。大战可以避免,但战争的危险并没有根除;经济发展问题仍是各国面临的严峻的世界课题,但南北差距仍在扩大,世界各国远未实现共同繁荣。

资料卡片

紧张的时局　动荡的油价

石油与战争,一个现代经济学与现代战争史的永恒话题。现代战争已经让石油与战

---

① 《邓小平文选》第三卷,第96页。

争"难舍难分",真正成为一对孪生兄弟。任何一场现代战争,似乎都摆脱不掉石油的影子。

从1980年两伊战争,到2003年伊拉克战争,再到如今的黎以冲突,无时不闪动着石油的阴影,引发了全球市场与人类承受心理的上下波动。有人称:石油多的地方,战争就多。"二战"后的中东,极少有过太平,这的确与这里有石油密不可分。因此,中东是世界经济"油箱"的说法,一点都不夸张。

人类进入了能源紧张的时代,更凸显了石油战略武器的重要性。伴随近年来国际油价的飙升,"石油可比黄金"的说法,没有人再怀疑。"9·11"事件爆发后,2003年,伊拉克战争打响,美国以反恐与核安全为借口,但并不能掩盖为石油而战的实质,控制石油成为美国发动战争的根本目的之一。

黎以冲突的结束,暂时缓解了油价每桶上升到100美元高位的担忧。但伊朗在核问题上的强硬态度,使油价再次面临考验。

伊朗强硬的背后,多少与拥有石油这张"王牌"有关系。作为欧佩克第四大石油生产国的伊朗,一旦在强大压力下暂停石油出口,将会重创世界经济,从而不可避免地引发一场国际政治危机。可以说,国际油价高涨,为伊朗实力上升锦上添花,使美国试图推动经济制裁与军事惩罚时必须"三思而后行"。当然,石油也是伊朗的"软肋"。作为原油出口大国,伊朗同时也是成品油进口大国。一旦面临经济制裁,伊朗汽油进口也会中断,这对伊朗经济的考验是严峻的。

(毛玉西)

(三)江泽民同志对当今时代特征的科学判断

当今世界正处在大变动的历史时期,世界的力量组合和利益格局正发生新的深刻变化。冷战结束后,针对世界形势的新变化,江泽民同志深刻地指出,和平与发展仍是当今时代的主题,世界要和平,人民要合作,国家要发展,社会要进步,是时代的潮流。新的世界大战在可预见的时期内打不起来,争取较长时期的和平国际环境和良好周边环境是可以实现的。江泽民同志在纪念中国共产党成立80周年的讲话中,还阐述了和平与发展的辩证关系以及解决问题的途径。和平与发展是相辅相成的,世界和平是促进各国发展的前提条件,各国的共同发展则是保持世界和平的重要基础。和平与发展的核心是南北问题。如果发达国家能够本着平等、公平和互利互惠的原则,切实支持和帮助广大的发展中国家发展经济、政治、文化,使之尽快摆脱贫穷落后状态,世界的和平与发展问题就有了解决的重要基础。

 资料卡片

南北问题

南、北主要是指位于南面的亚、非、拉的发展中国家与位于北面的发达国家,问题是其间的经济差距与发展问题,也有称其为贫富问题的。位于南面的广大发展中国家原来大多是帝国主义的殖民地,处于被剥削、受压迫地位,经济落后,与北面的宗主国、工业发达

国家相比,在经济上有很大差距。从南方的国家独立到现在,总体来说,它们都已获得快速发展和重大经济变革成效。在近30年中,南方年平均经济增长率一直高于北方。以南、北的国内生产总值的比重看,1960年为20∶80,到1980年为25.4∶74.6。南、北经济人均增长率,1965—1973年分别为3.9%和3.6%,1973—1980年分别为3.1%和2.1%。双方在世界贸易中的比重,1960—1980年,南方从29.7%升为34%,北方从70.3%降至66%。到了80年代,形势出现逆转,南、北国内生产比重又退到1960年的20∶80水平。出口贸易比重,1987年为25.5∶74.5。1980—1984年,南、北经济年均增长分别为0.7%和1.3%。要知道,整个80年代,拉美和非洲都是负增长,拉美倒退10年,非洲倒退了20年。过去所说的差距拉大是指这段时间,是指拉美与非洲的大部分国家。因为,这段时间(1980—1989年),发展中国家国内生产总值年均增长率为4.3%,发达国家为3%,仍是前者高于后者。而80年代的东亚发展中国家则是飞速发展阶段。进入90年代,发达国家经济陷入严重衰退,而发展中国家,亚洲经济仍快速增长,非洲多数国家经济虽仍在恶化,但拉美、西亚已有好转。1993年,世界经济增长2.2%,发展中国家为6.1%,发达国家为1.1%。上述情况的变化,反映了北方对南方的影响和南方对北方的依赖都在下降。而一些亚洲国家经济与金融实力在加强,反而在向发达国家投资。在制造业中,不但发展中国家在迅速发展,发达国家也在快速向外转移。亚洲(特别是东亚)已成为世界上发展较快地区,其次是拉美,第三可能是南部非洲。总之,南北的形势在变化。当然,南方仍然存在着自身的问题,首先是基础严重滞后。例如,美国1992年国内生产总值为6万亿美元,非洲的40个发展中国家只不过是2 000亿美元。美国年增长3%就等于非洲40个发展中国家的全年国内生产总值。人均产值美国为2万美元,非洲只有500美元,即使以同等速度增长,其绝对值差距当然越来越大。其次是人口因素。以80年代情况来看,发展中国家人口自然增长率为2.1%,非洲为3.2%,发达国家为0.6%。这当然对经济增长产生影响。第三是地区差异。1980—1989年的人均产值增长率,东亚6.7%,南亚3.2%,拉美-0.6%,非洲-2.2%。另外,还应当看到发展中国家经济发展的国内外环境。在国际上,发达国家经济仍占绝对优势,经济的运行秩序和规律仍取决于它们。贸易中的剪刀差、保护主义以及第三世界背负的沉重债务与科技方面的差距,使发展中国家处于不利地位。在国内,教育水平低,两极分化,法制不健全,以及政治、经济和社会结构严重不适应等,都对经济发展起着不同的制约作用。总之,第三世界经济情况已有很大变化,发展不平衡规律是客观存在,第三世界的发展将会克服上述障碍,加速前进,对世界的格局也将产生深远影响。

但是,不公正、不合理的国际政治经济旧秩序没有根本改变,影响和平与发展的不确定因素在增加。传统安全威胁与非传统安全威胁的因素相互交织,恐怖主义危害上升,危及地区和世界的和平与稳定。霸权主义和强权政治有新的表现,给世界政治、经济、安全带来严重威胁。民族、宗教矛盾和边界、领土争端导致的局部冲突时起时伏。南北差距进一步扩大。世界还很不安宁,人类面临着许多严峻挑战。总体和平、局部战乱,总体缓和、局部紧张,总体稳定、局部动荡,是当前和今后一个时期国际局势发展的基本态势。

二、世界多极化和经济全球化的趋势

（一）世界多极化在曲折中发展，是当今国际形势的一个突出特征

1990年3月3日，邓小平在同几位中央负责同志谈话时说："美苏垄断一切的情况正在变化。世界格局将来是三极也好，四极也好，五极也好，苏联总还是多极中的一个，不管它怎么削弱，甚至有几个加盟共和国退出去。所谓多极，中国算一极。中国不要贬低自己，怎么样也算一极。"①这里所说的"极"，指综合国力强、对国际事务影响大的国家或国家集团。20世纪60年代开始出现世界多极化的势头，直到80年代后期，主要表现在政治上和经济上，军事上仍是美苏对抗的两极格局，限制和掩盖了世界多极化的趋势。

20世纪70年代，由于苏美两个超级大国的实力相对衰弱，日本和西欧重新崛起，第三世界登上历史舞台，特别是中国的发展壮大，使世界由两极向多极发展的趋势明显增长。1991年12月，苏联解体，战后40多年来长期存在的美苏两个超级大国争霸的两极格局彻底崩溃，世界步入多极化进程。国际格局走向多极化，是时代进步的要求，符合各国人民的利益。多极化格局使世界各种力量逐渐形成既相互借重又相互制约与制衡的关系，有利于避免新的世界大战的爆发，有利于遏制霸权主义和强权政治，有利于推动建立公正合理的国际政治经济新秩序，有利于实现各国人民对和平、稳定、繁荣的新世界的美好追求，也有利于广大发展中国家抓住机遇，发展自己。

资料卡片

《2006年：全球政治与安全报告》认为
世界主要大国综合国力比拼　中国国力排名第六位

中国社科院发布的国际形势黄皮书《2006年：全球政治与安全报告》认为，中国的综合国力在世界主要大国中排名第六位，中国有丰富的劳动力资源、充裕的资本资源、长期稳定的国内环境。黄皮书就公众关注的重大全球政治问题，联合国改革，世界与地区政治，世界政党动向等问题进行了详细的分析和介绍。黄皮书中公布了世界主要大国综合国力实测结果。黄皮书报告在具体测度各国的经济力、外交力、军事力和国力资源、政府调控力的基础上，考虑了各种力量分配的协调性，对主要大国进行了综合国力实测。报告认为，排在第六位的中国国力资源的发展优势在于有丰富的劳动力资源、充裕的资本资源、长期稳定的国内环境、稳中求进的政府政策方针等，劣势在于落后的技术水平，劳动力质量低，信息力落后，支持创新体系的制度、环境和基础设施不配套，整体上国力资源处于落后的位置。在中国国力系统中，外交力、军事力较强，政府调控力也排在第四位，经济力排在第六位，而国力资源只高于俄罗斯与印度，国力结构不均衡。结果显示：美国以几乎所有项目的绝对优势排在第一位，综合国力遥遥领先于其他国家，显示了超强的国力。英国综合国力排在第二，在资本力、信息力、人力资本和技术力上有一定的优势，在自然资源

---

① 《邓小平文选》第三卷，第353页。

上水平一般。俄罗斯综合国力排在第三,但各种力量极不均衡。国力资源中只有自然资源处于一定的优势,而在技术力、人力资本、资本资源和信息力上都处于相对的劣势。法国的综合国力排在第四,其国力资源排在第六位,科技力和人力资本一般,资本力、信息力较强,而自然资源相对比较落后。德国的综合国力排在第五位,国力系统中,国力资源排在第五位,技术水平整体较高,排在美日之后,处于第三。日本的综合国力排在第七位。日本国力资源很强,仅次于美国,除自然资源外,在所有项目上都排在较前的位置。加拿大的综合国力排在第八位,其国力资源排在第四位,该国在自然资源上有相当的优势,其他资源基本排在中等或偏下的位置,加拿大在技术上相对落后于韩国国力,只高于印度。其国力资源排在第七位,其中,信息力较强,其他方面力量都比较弱。

印度在大国中的国力最弱。在印度的国力资源中,除了自然资源排在第五位外,其他方面都处于劣势,整体上是大国中最弱的。黄皮书认为,综合国力的发展是个全面的过程,成为强国的必要条件还是在于硬力的强劲,根本在于国力资源的强劲,需要科技、人力资本这些高级生产要素的不断提升,仅仅靠人口众多就成为国力强国是不可能的。各国的国情国力发展状况不同,提升综合国力的重点也不同。从总体上看,综合国力的发展不是一蹴而就的,综合国力的提高一方面需要国力系统中各要素的均衡发展,另一些方面需要抢占科技进步的制高点,发展在全球创新系统中的领先产业。谁拥有这些条件,谁就将成为未来的国力强国。

（二）经济全球化是当今世界的一个基本经济特征

经济全球化,是指世界经济活动超越国界,通过对外贸易、资本流动、技术转移、提供服务、相互依存、而形成的全球范围的有机经济整体。经济全球化使国际商品、服务、生产要素与信息的跨国界流动的规模与形式不断增加,通过国际分工,在世界市场范围内提高资源配置的效率,从而使各国间经济相互依赖程度日益加深。经济全球化是当代世界经济的重要特征之一,也是世界经济发展的重要趋势。经济全球化的过程早已开始,尤其是20世纪80年代以后,特别是进入90年代,世界经济全球化的进程大大加快了。经济全球化对每个国家来说,都是一柄双刃剑,既是机遇,也是挑战。特别是对经济实力薄弱和科学技术比较落后的发展中国家,面对全球性的激烈竞争,所遇到的风险、挑战将更加严峻。目前,经济全球化中急需解决的问题是建立公平合理的新的经济秩序,以保证竞争的公平性和有效性。

经济全球化对世界经济影响的积极方面是:

第一,给世界经济注入了活力,为世界各国带来了新的发展机遇。经济全球化使各个国家能够发挥比较优势,从而提高其资源的生产率,如20世纪90年代以来,世界经济回升周期延长。

第二,加深了世界各地的经济联系,拓展了经济活动的空间,有利于商品和资本的流动,促进国际贸易的发展和吸引外资。

第三,有利于高新技术的扩展和推广,促进市场开放,加强竞争,提高人民的生活水平。

经济全球化对世界经济的不利影响是:

第一,发展中国家的经济主权及经济安全会因此受到损害。经济全球化是在不公正、不合理的国际经济旧秩序没有根本改变的情况下发生和发展起来的,西方发达国家力图主导经济全球化,发展中国家要参与全球化,就要加入和遵守已有的"游戏规则",经济主权因而会受到损害。一些发展中国家为了扩大利用外资,忽视对金融市场的监管,从而造成了金融危机。

第二,发展中国家接受的多是发达国家向外转移的低层次产业和"夕阳产业",导致产业结构的单一性和附属性。

第三,在经济全球化进程中,非法移民和难民、国际恐怖活动、毒品走私、武器扩散、生态环境遭破坏等问题也在急剧地"全球化",给世界带来危害。

中共十六大报告指出,世界多极化和经济全球化趋势的发展,给世界的和平和发展带来了机遇和有利条件。但是,不公正、不合理的国际政治经济旧秩序没有根本改变。我们主张维护世界多样性,提倡国际关系民主化和发展模式多样化。各国的事情应由各国人民自己决定,世界上的事情应由各国平等协商。我们愿与国际社会共同努力,积极促进世界多极化,推动多种力量和谐并存,保持国际社会的稳定;积极促进经济全球化朝着有利于实现共同繁荣的方向发展,趋利避害,使各国特别是发展中国家都从中受益。

三、坚持独立自主的和平外交政策

(一) 中国外交政策的宗旨、基本目标和根本原则

新中国诞生后,在复杂多变的国际环境中,中国外交政策几经调整变化,但独立自主的总原则始终没有变。在先后经历"一边倒"外交、"两个拳头打人"外交和"一条线,一大片"外交路线之后,在1982年党的十二大上,以邓小平为核心的党中央领导集体再次明确重申了独立自主的和平外交路线。

1. 维护世界和平,促进共同发展是中国外交政策的宗旨

发展需要和平。在和平稳定中谋求发展,是当今世界的头等大事。中国的改革开放和现代化建设,需要一个长期的国际和平环境,需要同各国发展友好关系。争取和平,为社会主义现代化建设服务,是我国对外工作的首要任务。中国是世界上最大的发展中国家,是联合国安理会常任理事国,维护世界和平,促进共同发展,是我们义不容辞的责任。中国外交政策的宗旨是维护世界和平,促进共同发展。

我国独立自主的和平外交政策的基本目标是坚决维护我国的国家利益,维护我国的独立、自主和尊严,反对霸权主义和强权政治,维护世界和平,促进全球共同发展。

2. 独立自主是中国外交政策的根本原则

独立自主是指国家的主权是独立的,不允许任何外来的干涉与侵犯,每个国家都有权根据自己的实际情况独立地、自主地处理本国对内对外的一切事务。坚持独立自主,主要体现在:

(1) 坚持把国家主权和国家利益放在首位。主权是国家的根本属性,是一个国家独立自主地处理对内对外事务的最高权力。国家活动的目的是追求国家利益,处理国与国之间的关系主要应该从国家自身的战略利益出发。我们要以自己的国家利益为最高准则,坚决维护国家主权、领土完整、民族尊严。维护中国人民的生存权、发展权和对世界政治经济事务的参与权,是我国的根本利益,也是我国外交的根本任务。中国同样也尊重别国的国家主权与国家利益,平等互利,保持和发展友好合作关系。

（2）真正的不结盟。中国的对外政策是独立自主的,是真正的不结盟。不结盟就是不参加任何国家集团与军事集团,不同任何国家结成同盟。历史的经验告诉我们,结盟会在某种程度上受制于人。同时,我国同任何大国或国家集团结盟,可能会影响世界战略力量的平衡,不利于国际局势的稳定。所以,只有不结盟才能更有效地、独立自主地处理各种事务。

（3）反对霸权主义,维护世界和平。霸权主义和强权政治是威胁世界和平与稳定,干涉、侵犯他国主权的主要根源。它们不喜欢我们的社会主义制度,千方百计地利用所谓的人权问题、西藏问题、台湾问题等干涉我国的内政,破坏我国领土完整,并妄图对我国进行渗透、颠覆、分化、西化。因此,反对霸权主义始终是摆在我们面前的严重斗争,是我国对外政策的纲领。我们反对霸权主义,自己也永远不称霸。我们决不允许别国把自己的社会制度和意识形态强加于我们,我们也决不把自己的社会制度和意识形态强加于别人。

（二）在和平共处五项原则基础上发展同世界各国的关系

和平共处五项原则是指互相尊重主权和领土完整、互不侵犯、互不干涉内政、平等互利、和平共处。和平共处五项原则是一个整体:主权原则是国际法的基本原则,领土是主权原则的物质体现;互不侵犯、互不干涉内政、平等互利,

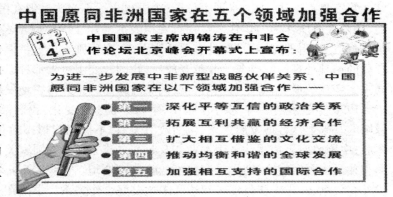

是正确处理国际关系的基本条件;和平共处是处理国际争端的基本方法,也是要达到的目的。

1953年12月至1954年4月,中国政府代表团和印度政府代表团,就两国在中国西藏地方的关系问题,在北京举行谈判。周恩来总理同印度代表团谈判时提出了和平共处五项原则,后正式写入双方达成的《关于中国西藏地方和印度之间的通商和交通协定》的序言中。1954年6月,周总理和印度尼赫鲁总理的联合声明以及此后的许多国际文件中都采用了和平共处五项原则的提法。

和平共处五项原则是中国处理国际关系的基本准则。邓小平指出,处理国与国之间的关系,和平共处五项原则是最好的方式。其他方式,如"大家庭"方式,"集团政治"方式,"势力范围"方式,都会带来矛盾,激化国际局势。总结国际关系的实践,最具有强大生命力的就是和平共处五项原则,在和平共处五项原则基础上同各国发展友好合作关系。党的十五大以来,我国的对外工作不断开创新局面。在和平共处五项原则基础上,我国及时同发达国家建立了适应国际形势发展变化的合作关系;同发展中国家在国际事务中的磋商与协调更加密切,共同维护自身的正当权益。我国除了继续对发展中国家,特别是一些最不发达的国家提供力所能及的援助外,按照"平等互利、讲求实效、形式多样、共同发展"的原则,把同第三世界国家加强经济关系的重点转移到开展经济技术合作上来,积极

探索平等互利合作的新途径,提高各自的自力更生的能力。

(三)新时期中国对外关系的策略

1. 按照冷静观察、沉着应对的方针和相互尊重、求同存异的精神处理国际事务,是中国新时期对外关系的基本策略

20世纪80年代末90年代初,发生了东欧剧变、苏联解体的重大事件。面对社会主义在这些国家遭遇重大挫折的形势,邓小平提出要"冷静观察,稳住阵脚,沉着应对,韬光养晦,有所作为"的策略。他指出,概况起来就是三句话:第一句话,冷静观察;第二句话,稳住阵脚;第三句话,沉着应对。不要急,也急不得。要冷静、冷静、再冷静,埋头实干,做好一件事,我们自己的事。他还指出,不管怎么样,我们还是友好往来。朋友还要交,但心中要有数。不随便批评别人、指责别人,过头的话不要讲,过头的事不要做。东欧剧变后,第三世界有一些国家希望中国当头。邓小平提出,我们千万不要当头,这是一个根本国策。这个头我们当不起,自己力量也不够。当了绝无好处,许多主动都失掉了。中国永远站在第三世界一边,中国永远不称霸,中国也永远不当头。但在国际问题上无所作为不可能,还是要有所作为。作什么?我看要积极推动建立国际政治经济新秩序。我们谁也不怕,但谁也不得罪,按和平共处五项原则办事,在原则立场上把握住。按照相互尊重、求同存异的精神处理国际事务。改革开放后,我国改变了过去那种以意识形态、社会制度的异同决定亲疏的做法,尊重各国对自己发展道路的选择并自主地发展对外关系。

1990年苏东剧变后,邓小平指出,不管苏联怎样变化,我们都要同它在和平共处五项原则的基础上从容地发展关系,包括政治关系,不搞意识形态的争论。1991年底,苏联解体后,中国政府迅速承认了俄罗斯并及时与之建立新型的国家关系。苏联解体后,我国相继和独联体国家建交,特别是和接壤的哈萨克斯坦、吉尔吉斯斯坦、塔吉克斯坦及时建立了外交关系,并进一步发展了双边和多边友好合作关系。中国在对美国的关系中,一方面反对美国的霸权主义和强权政治,同时,中国又遵循同美国"增加信任,减少麻烦,发展合作,不搞对抗"的原则,致力于发展两国关系。

2. 胡锦涛提出了中国特色社会主义国际战略新理念——和谐世界

努力建设和谐世界是胡锦涛针对当今时代特征和国际形势的新变化提出的一种国际战略新理念,是中国关于确立国际政治经济新秩序的崭新思路。在当今世界,和平、发展、合作已成为时代潮流,世界多极化和经济全球化趋势深入发展,科技进步日新月异。同时,国际环境复杂多变,综合国力竞争日趋激烈,影响和平与发展的不稳定因素日趋增多。在这样的时代背景和国际格局下,明确提出建设和谐世界的战略思想,对于进一步坚持和平发展的外交路线、推进形成和平稳定的国际战略新格局具有十分重大的战略意义。现在,"建设和谐世界"这一蕴含丰富内涵的中国国际政治新理念得到了世界上大多数国家的广泛认同。

"建设和谐世界"的核心是"和谐共处"。"和谐共处"相对于"和平共处",是"更上一层楼"了。它不仅要求维护和平,实现"和平共处",而且要超越和平,促进和睦、合作和共同繁荣,实现"和谐共处"。因为时代不同了,时代的主题赋予"和谐共处"更多新的内涵:第一,经济全球化的迅速发展和世界各国的相互依存度加深;第二,高科技的发展和跳跃式的影响使得国际力量对比不断变化,速度惊人;第三,非传统安全、特别是恐怖主义威胁

的国际化趋势加剧；第四，世界多极化的发展趋势及其全球性的影响扩大。

推动建设和谐世界理念的提出，具有重大的理论意义和实践意义。其主要有：

（1）这一主张充分吸收了世界文明的成果。它体现了联合国宪章的宗旨和原则、国际法和公认的国际关系准则以及民主、人权、自由、法制等普世价值，与近年来国际社会关于国际关系民主化、多边主义和"全球治理"等问题的探索也有很多契合之处。

（2）这一主张体现了中华优秀文化传统的精髓。追求和谐是中华文化的核心价值取向。推动建设和谐世界的主张发扬光大了中华文化这一优秀传统，并赋予其丰富的思想内涵和鲜明的时代特征。

（3）这一主张进一步诠释了中国特色社会主义的和平性质。新中国成立以来，我们和有关国家在国际事务中共同倡导了和平共处五项原则。改革开放以来，中国高举和平、发展、合作的旗帜，始终不渝地奉行独立自主的和平外交政策。推动建设和谐世界的主张，在坚持和继承的基础上，进一步丰富和发展了我们党独立自主的和平外交政策。

（4）这一主张顺应了和平、发展、合作的时代潮流。它是时代发展的产物，反映了世界各国人民的共同愿望和呼声，具有强大的生命力。

资料卡片

2005年10月22日，位于美国纽约市曼哈顿的联合国总部大楼亮起"UN60"的字样，以纪念联合国成立60周年。在这次纪念大会上，胡锦涛主席发表了题为《努力建设持久和平、共同繁荣的和谐世界》的讲话。中国的声音再一次受到世界各国领导人和国际社会的普遍欢迎和重视。持久和平、共同繁荣是和谐世界的两大命题，也是新时期中国外交的一面旗帜。

第二节　独立自主的和平外交政策

一、霸权主义、强权政治是威胁世界和平与稳定的主要障碍

（一）霸权主义、强权政治的内涵

霸权主义是指大国、强国欺侮、压迫和支配小国、弱国，实行在世界或在一个地区称霸的政策。霸权主义总是想成为集团的、地区的甚至是世界范围的主宰，把自己的利益凌驾

于别国利益之上,把自己的意志强加于别国。强权政治是指少数大国或强国凭借经济、军事实力,运用强硬手段控制国际事务、干涉他国内政的政策和行为。强权政治是霸权主义的理论基础,二者本质是相同的,都是帝国主义国家对外政策的基本特征。霸权主义和强权政治是威胁世界和平与稳定的主要根源,是近代以来国际政治旧秩序的实质。

东欧剧变特别是苏联解体后,原有两极格局瓦解,冷战局面结束。但是,冷战思维依然存在,不合理、不公正的国际政治经济秩序并没有改变,霸权主义和强权政治仍然是威胁世界和平与阻碍发展的主要根源。一些西方国家坚持要把它们的政治经济制度和价值观强加于别国。冷战时期形成的军事集团正在进一步扩大,并公然违背国际公约,悍然武装干涉他国内政。不公正、不合理的国际经济旧秩序还在损害着发展中国家的利益,贫富差距不断扩大。利用"人权"等问题干涉他国内政的现象还很严重,因民族、宗教、领土等因素而导致的局部冲突和战争时起时伏,世界仍不安宁。由于霸权主义、强权政治作祟,世界和平与发展这两大问题,至今一个也没解决。世界各国人民反对霸权主义和强权政治,维护世界和平的任务仍然十分艰巨。

(二)霸权主义、强权政治的新表现

霸权主义、强权政治在本质上是要把本国的利益凌驾于其他各国利益之上,凭借其经济军事实力对其他国家进行控制、干涉和侵略,造成世界的动荡不安,成为威胁世界和平与稳定的主要根源。其表现主要有:第一,强迫别国接受和照搬自己的社会制度和意识形态;第二,利用"民主"、"人权"甚至"价值观"等问题,任意干涉别国内政;第三,凭借经济实力和军事实力,到处侵略。它们置联合国安理会于不顾,违背国家主权和领土完整不受侵犯的神圣原则,公然践踏国际关系的普遍原则,其目的是要用武力手段建立一个符合他们自己利益的国际新秩序,确立其主宰世界的地位。

(三)邓小平关于霸权主义的论断

邓小平根据20世纪70年代以后美苏两霸激烈争夺的形势,一针见血地指出:"霸权主义是世界最危险的战争策源地,是危害世界和平、安全和稳定的根源。""现在威胁世界和平的主要是霸权主义。""当今世界不安宁来源于霸权主义的争夺。""战争是同霸权主义联系在一起的。"他说:"我们讲的战争不是小打小闹,是世界战争。打世界大战只有两个超级大国有资格,别人没有资格……所以,反对超级大国的霸权主义也就是维护世界和平。"后来,他又一次指出,现在有能力、有资格发动世界大战的只有苏美两个国家。在这些论述中,邓小平不仅谴责和批评美国的霸权主义和强权政治,而且也揭示出社会主义国家如果搞霸权主义,也会成为战争的主要策源地。苏联的解体结束了两个超级大国对峙争霸的局面。但是,霸权主义和强权政治的影响依然存在,仍然是世界和平的最大威胁。

冷战结束以来,以美国为首的西方国家以人权作为推行强权政治、霸权主义与"和平演变"的突破口,对发展中国家展开"人权外交"。国际人权斗争的较量成为反对霸权主义的新内容。正是在与西方国家"人权外交"的斗争中,邓小平提出了富有中国特色的人权思想,丰富了反对霸权主义的理论。

党的十七大报告指出:"中国反对各种形式的霸权主义和强权政治,永远不称霸,永远不搞扩张。"这一命题有两层含义:其一,中国人民和中国政府历来反对霸权主义和强权政治。近代以来,中国有长期遭受列强压迫的痛苦经历。"己所不欲,勿施于人"的忠恕之道,是中国对外战略的主要特质之一,所以,中国即使强大了,也不允许自己成为压迫别国的霸权国家。其二,中国在复兴之路上没有谋求霸权的需要。中国复兴在最起码的意义上意味着彼此相关联的两件事:一是中国要复兴为世界强国;二是中国要复兴为世界强国而不经过强国间的全面战争和强国间经久的冷战对抗。这两件事的统一就是和平发展。与此同时,和平发展还意味着中国要争取成为的是可持续发展的强国。正因为如此,中国在复兴过程中决不谋求霸权和对外扩张,决不挑战现存的国际体系及秩序。

二、建立公正合理的国际政治经济新秩序

(一)公正合理的国际政治经济新秩序的内容

邓小平是建立国际新秩序的积极倡导者。他积极主张在和平共处五项原则的基础上谋求和平、稳定、公正、合理的国际新秩序。1988年12月,邓小平提出建立国际政治经济新秩序的主张。他说:"世界总的局势在变,各国都在考虑相应的新政策,建立新的国际秩序。霸权主义、集团政治或条约组织是行不通了,那么应当用什么原则来指导新的国际关系呢?最近,我同一些外国领导人和朋友都谈到这个问题。世界上现在有两件事情要同时做,一个是建立国际政治新秩序,一个是建立国际经济新秩序。"邓小平指出,国际政治经济新秩序,应以和平共处五项原则为基础,中国政府在不同场合多次重申了这些主张。

十六大报告阐述了建立公正合理的国际政治经济新秩序的主要内容:"我们主张建立公正合理的国际政治经济新秩序。各国政治上应相互尊重,共同协商,而不应把自己的意志强加于人;经济上应相互促进,共同发展,而不应造成贫富悬殊;文化上应相互借鉴,共同繁荣,而不应排斥其他民族的文化;安全上应相互信任,共同维护,树立互信、互利、平等和协作的新安全观,通过对话和合作解决争端,而不应诉诸武力或以武力相威胁。"

胡锦涛对建立国际政治经济新秩序提出五项主张:第一,应该促进国际关系民主化。国家不论大小、强弱、贫富,都是国际社会的平等一员,不仅有权自主地决定本国事务,而且有权平等地参与决定国际事务。在国际事务中,只有遵循平等协商、友好合作的民主精神,才能有效地扩大各国的共识,深化共同利益,应对共同挑战,实现世界的和平、稳定和繁荣。第二,应该维护和尊重世界的多样性。世界各国人民在漫长的历史进程中创造了各自独特的文化、传统、信仰和价值观。多样性是世界文明的基本特征。多样性意味着差异,差异需要交流,交流促进发展。各种文明在交流中相互学习和借鉴,不断丰富和发展,将使世界更加绚丽多彩,更加充满生机和活力。第三,应该树立互信、互利、平等和协作的新安全观。历史和现实反复证明,武力不能缔造和平,强权不能确保安全。只有增进互信,平等协商,广泛合作,才能实现普遍而持久的安全。第四,应该促进全球经济均衡发展。在过去几十年里,人类社会在促进生产力快速发展、创造出巨大财富的同时,也产生了贫富愈加悬殊、南北差距拉大、生态环境恶化等突出问题。国际社会应该共同努力,趋利避害,推动世界经济朝着均衡、稳定和可持续的方向发展。这是各国共同发展的需要,也是维护世界和平与稳定的要求。第五,应该尊重和发挥联合国及其安理会的重要作用。联合国在维护世界和平与稳定方面的重要作用,没有任何其他国际组织可以替代。《联合国宪章》的宗旨和原则依然具有强大的生命力,是处理当今国际事务应该遵循的基本

准则。应该维护联合国的权威,发挥联合国在解决重大国际问题上的重要作用。

2001年10月19日,中国国家主席江泽民在上海西郊宾馆与出席亚太经济合作组织领导人非正式会议的美国总统布什举行会晤。他们就中美关系和反恐怖主义、维护世界和平等共同关心的重大问题交换了意见。具体来说,公正合理的国际政治经济新秩序是:(1)各国政治上应相互尊重,共同协商。(2)经济上应相互促进,共同发展。(3)文化上应相互借鉴,共同繁荣。(4)安全上应相互信任,共同维护。(5)反对各种形式的霸权主义和强权政治。

（二）国际政治、经济新秩序的基本原则

中国政府坚决主张建立新型的国际关系和国际秩序。我们认为,建立国际政治经济新秩序,应该反映世界各国人民的普遍愿望和共同利益,应该体现历史发展和时代进步的要求。和平共处五项原则、联合国宪章的宗旨和原则以及其他公认的国际关系准则应成为国际政治经济新秩序的基础。具体来说,这一新秩序应坚持以下基本原则:第一,互相尊重主权和领土完整、互不侵犯、互不干涉内政。第二,坚持用和平方式处理国际争端。反对凭借军事优势动辄使用武力或以武力相威胁,要彻底摒弃冷战思维,树立以互信、互利、平等、协作为核心的新安全观,通过对话增进相互信任,通过合作促进共同安全。第三,世界各国主权平等。所有国家不论强弱、贫富,都是国际社会平等的一员,都有平等参与世界事务的权利。各国的事情要由各国人民做主,国际上的事情要由各国平等协商,全球性的挑战要由各国合作应对。第四,尊重各国国情,求同存异。每个国家都有权独立自主地选择自己的社会制度与发展道路。世界本来就是丰富多彩的,不可能只有一种模式。各国社会制度和价值观念等方面的差异不应成为发展正常国家间关系的障碍,更不应成为干涉别国内政的理由。第五,互利合作,共同发展。各国之间特别是发达国家和发展中国家应该相互合作,平等互利,共同发展。要改革旧的不合理的国际经济秩序,使之有利于维护世界各国特别是广大发展中国家的权益。

（三）为建立公正合理的国际政治经济新秩序而斗争

第一,建立国际新秩序,必须坚决反对各种形式的霸权主义和强权政治。世界新秩序只有经过对霸权主义的斗争才能到来和实现。

第二,反对一切形式的恐怖主义。霸权主义和恐怖主义都是当今世界不安的现实原因,维护世界和平与稳定必须反对恐怖主义,它是国际公害。

第三,尊重和维护世界多样性,提倡国际关系民主化和发展模式多样化。国际关系民主化主要是指各国无论大小、强弱、贫富,都有平等的权利参与国际事务,在和平共处五项原则的基础上发展和处理相互之间的关系和矛盾。世界是丰富多彩的,不能只存在一种文明、一种社会制度、一种发展模式、一种价值观念和一种生活方式。只有尊重维护世界多样性,世界的发展才有活力。

 思考与练习

1. 简述经济全球化对中国的影响。
2. 简述中国外交政策的宗旨、基本目标、立足点、战略方针。
3. 如何建立公正合理的国际政治经济新秩序？

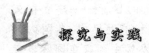 探究与实践

从和平共处五项原则到"和谐世界"新理念
—— 中国外交思想在继承中发展、创新

"和谐世界"理念与和平共处五项原则有高度的内在一致性

自1955年起，和平共处五项原则成为中国处理同一切国家关系的基本准则和独立自主的和平外交政策的基础。在长期的外交实践中，中国坚持在和平共处五项原则的基础上，同世界各国建立和发展关系。和平共处五项原则出现在中国与160多个国家的建交公报中。中国还积极倡导以和平共处五项原则为准则建立国际政治经济新秩序：和平共处、互不干涉内政是国际政治新秩序的核心；平等互利、共同发展是国际经济新秩序的核心。

中国领导人根据形势发展，不断丰富和平共处五项原则的内涵。邓小平同志依据和平共处五项原则的精神，与时俱进，提出了从国家战略利益出发处理国与国之间关系的主张，强调既要着眼于自身长远的战略利益，同时也要尊重对方的利益。他还提出了"搁置争议，共同开发"这一和平解决国际争端的新思路以及通过"一国两制"解决一个国家内部某些问题的伟大创举。

"和谐世界"理念注重国家间的对话、协调与合作，强调国家间的平等、相互依存和遵守国际规则的重要性，体现了和平共处的意愿。它实际上高度概括地回答了在新的历史条件下，如何以和平共处五项原则为基础建立和平稳定、公正合理的国际政治经济新秩序，这是对和平共处五项原则的创造性运用和发展。

"和谐世界"理念与我国独立自主的和平外交政策一脉相承

作为一个社会主义国家，新中国从成立之日起，始终坚持独立自主的和平外交政策。1949年中国人民政治协商会议制定的《共同纲领》规定："中华人民共和国外交政策的原则为保障本国独立、自由和领土主权的完整，拥护国际的持久和平和各国人民之间的友好合作，反对帝国主义的侵略政策和战争政策。"

在冷战时期，由于面临严峻的国际环境，中国通过团结广大发展中国家，甚至采取与一些大国结盟或准结盟的策略，反对形形色色的霸权主义和强权政治，维护国家的独立和领土完整。

冷战结束后,中国继续坚持独立自主的和平外交政策,把推动自身和世界的发展放在维护自身安全与世界和平同等重要的地位。根据国际形势的发展变化,中国陆续提出了新安全观、新文明观、新发展观及"与邻为善,以邻为伴"的周边外交方针和"睦邻、安邻、富邻"的外交政策,在追求自身发展和强大的同时,努力实现与他国和平共处,共享繁荣。

独立自主的和平外交政策,宗旨是维护世界和平,促进共同发展。党的十六大报告指出:"不管国际风云如何变幻,我们始终不渝地奉行独立自主的和平外交政策。中国外交政策的宗旨,是维护世界和平,促进共同发展。""和谐世界"新理念的目标——建立持久和平、共同繁荣的世界,是对我国外交政策宗旨的继承和升华。在和谐世界中,各国内部的事情由各国人民自己决定,世界上的事情由各国平等协商解决,发展中国家在国际事务中享有平等参与权与决策权。各国互相尊重,平等相待,不将自己的意志强加于人,不将自身的安全与发展建立在牺牲他国利益的基础之上。"和谐世界"新理念的这些主张,是我国独立自主和平外交政策的集中体现。

"和谐世界"理念在继承的基础上实现创新

由于各种原因,新中国成立后曾长期游离于国际制度之外,并对战后国际秩序抱有批判、反对的意识。在外交实践中,中国扮演着革命者的角色,试图建立一个全新的国际秩序。

改革开放后,中国逐步融入现有国际机制,特别是各种国际经济组织,搭上经济全球化的列车,实现了经济的快速发展。随着参与多边机制的增多,中国对多边机制及其运行规则逐步有了全面的认识,对国际秩序的认识也逐渐发生变化,从现有秩序的批判者向有保留的认同者、建设性的融入者转变。

近年来,国内越来越多的人认为,尽管现存的国际政治经济秩序包含着大国政治、维护西方发达国家政治经济利益的不合理成分,但也存在尊重各国主权和人权、照顾发展中国家及对大国力量进行制约等积极因素。当前,国际秩序面临的主要问题是合理的一面正在受到霸权主义和强权政治的冲击,而不合理的一面未能得到改变。中国及广大发展中国家可以通过改革的方式使其更为公正合理。

正是基于这种认识,中国希望作为一个建设性的合作者,通过积极参与制定、修改国际规则,参与国际制度建设,逐步改正其中不合理、不公正的地方,使之能够反映大多数国家和人民的共同利益。近年来,中国在联合国改革、朝核六方会谈、东亚区域合作、上海合作组织建设、反恐、防扩散等领域发挥着举足轻重的作用。中国已成为世界体系的建设性参与者、国际矛盾的积极协调者、周边秩序的务实塑造者。 (赵青海)

思考:读了上述材料,试谈谈你对我国独立自主的和平外交政策的理解?

第十章　中国特色社会主义事业的依靠力量和领导核心

邓小平在领导中国特色社会主义建设中,高举马克思主义历史唯物主义旗帜,提出改革和社会主义事业是人民群众生机勃勃的创造性活动,加强党的领导必须改善党的领导的建设性理论;以江泽民为核心的第三代中央领导集体在邓小平有关理论的基础上进一步推进这方面理论发展,提出了一系列中国特色社会主义事业依靠力量和核心力量的新观点、新论断,并把这些新观点、新论断凝结在"三个代表"重要思想之中。

第一节　中国特色社会主义事业的依靠力量

一、工人、农民、知识分子是中国特色社会主义事业的根本力量

人民群众是历史的创造者,是推动历史发展的真正动力。邓小平在党的十二大开幕词中指出:"我们党提出的各项重大任务,没有一项不是依靠广大人民的艰苦努力来完成的。"广大工人阶级、知识分子和农民群众,始终是推动我国先进生产力发展和社会全面进步的根本力量。

阅读思考

有一次,李世民与魏徵讨论治国之道。李世民问,隋朝灭亡的原因是什么?魏徵回答说,失去民心。李世民又问:人民和皇帝应当是什么关系?魏徵说:皇帝就像一只漂亮的大船,人民就是汪洋大水,大船只有在水中才能乘风前进。但是,水能载舟,同时也能将船弄翻。太上皇(李渊)举义旗推翻隋朝统治,就说明了这一点。所以,作为君王,要时刻记住水能载舟,亦能覆舟。

千百年来的历史大舞台也在不断地证明着这一道理:水能载舟,亦能覆舟。凡是施行仁德之政、顺民心、不断修德于天下的贤君,都使国家昌盛兴隆,百姓安居乐业;反之,逆民心,最终必将走向毁灭。

结合材料,试分析人民群众在推动历史进步中的重要作用。

1. 工人阶级是我国社会主义建设的领导阶级

工人阶级是我们国家的领导阶级,是中国共产党的阶级基础。我国是工人阶级领导的社会主义国家,党和国家的事业离不开工人阶级,工人阶级是党和国家的基础力量。工人阶级是先进生产力和生产关系的代表,也是改革、发展、稳定的主力军。邓小平指出:

"工人阶级最重要的特点之一就是同社会化的大生产相联系,因此它的觉悟最高,纪律性最强,能在现时代的经济进步和社会进步中起领导作用。"工人阶级大多集中在构成我国国民经济命脉的全民所有制的现代化骨干企业中,创造着大部分的社会财富,是我国社会主义现代化建设的主导力量。工人阶级在社会主义现代化建设中的主导地位和高度集中统一等特点,对于维护国家的安定团结具有至关重要的作用。实行改革开放,进行现代化建设,符合工人阶级的根本利益,因而工人阶级也是改革开放和现代化建设最基本的主力军。改革开放和社会主义现代化建设的全部活动和整个过程,都必须全心全意依靠工人阶级,这在任何时候、任何情况下都不能动摇。全心全意依靠工人阶级,关键在于维护和加强全体职工的国家主人翁地位。同时,在深化改革、建设现代企业制度的过程中,要通过政治的、经济的、法律的、舆论的、行政的手段来维护工人阶级的权益,支持工人阶级当家作主,充分调动他们的积极性和创造性,更好地发挥其领导阶级的作用。

在新的历史条件下,工人阶级已不是马克思时代的产业工人阶级。由于现代社会化生产是一个庞大的体系,加上第二产业内部结构发生巨大变化,出现了许多新兴产业,第三产业中就业的人数越来越多,现代生产过程和生产工艺中科技含量和知识投入越来越高,工人阶级队伍、结构和素质发生了明显变化,工人阶级不仅指传统的产业工人,还包括从事商贸、流通、金融、服务等工作的劳动者和管理者,也包括知识分子。现阶段,由于企业改革深入、技术进步和经济结构调整,的确有不少工人群众下岗失业,但并没有改变我国工人阶级的地位和作用。

2. 广大农民是我国社会主义现代化事业的依靠力量

农业是国家经济发展、社会安定、人民幸福的基础。农业不仅直接关系着我国人民的衣、食、住、行等基本生存条件,而且保证和支持着整个国民经济的运行和稳定发展。没有农业的牢固基础,就不可能有工业的发展;没有农村的稳定和全面进步,就不可能有整个社会的稳定和全面进步;没有农业的现代化,就不可能有整个国家的现代化;没有农民的"小康",就不能实现整个国家的"小康社会"。

我国的国情,决定了农民群众不但是我国新民主主义革命的主力军,而且是我国改革开放和社会主义现代化建设中人数最多的依靠力量。离开农民群众的理解、拥护和自觉参与,社会主义事业将一事无成。当代中国的改革是从农村开始的。广大农民从改变自身贫穷落后的愿望出发,勇于探索,大胆创新,逐步建立起以家庭联产承包为主、统分结合、双层经营的农业生产经营体制,取得了巨大成功。

乡镇企业的发展,繁荣了农村经济,解决了占农村剩余劳动力50%的人的出路问题。改革开放和现代化建设不仅符合农民的根本利益,而且让农民最早从中获得了实惠。农民群众衷心拥护建设有中国特色社会主义的路线、方针和政策。

依靠广大农民,调动农民的积极性和创造性,关系到国家的发展大局。充分认识新时期农村、农业和农民问题的极端重要性,充分尊重农民的自主权和创造精神,切实保障农民的权益和民主权利,减轻农民负担,增加农民收入,提高农民生活水平;要提高广大农民的科学文化素质,培养、造就一代新型农民,推动农村实现社会主义现代化。要积极教育和引导农民正确处理国家、集体、个人三者之间的利益关系,增强其国家主人翁观念。工农联盟要在社会主义现代化建设和深化改革的基础上进一步巩固和发展。

3. 知识分子是我国改革开放和现代化建设的中坚力量

知识分子是我国工人阶级中掌握科学文化知识较多、主要从事脑力劳动的一部分,是先进生产力的开拓者和教育科学文化工作的基本力量,是科教兴国的主力军,在改革开放和现代化建设中承担着重大的历史责任,是社会主义现代化建设的一支重要的依靠力量。

在当代,科学技术已经成为第一生产力,国家之间的竞争主要是科技力量的竞争,归根到底是人才的竞争。我国是一个经济文化比较落后的国家,要实现社会主义现代化建设的宏伟目标,具有决定意义的,就是把经济发展转到依靠技术进步的轨道上来。知识分子特别是广大科技人员是科学技术的载体,是经济增长点上的主要支撑因素,他们对加快现代化的历史进程,有着特殊重要的作用。知识分子作为人类科学文化知识的重要继承者和传播者,作为优秀精神产品的重要创造者,在提高劳动者素质和社会主义精神文明建设中也有着不可替代的作用。

依靠知识分子,充分发挥知识分子的作用,就要像邓小平反复强调的那样,要"尊重知识,尊重人才",努力创造更有利于知识分子施展聪明才智的良好环境。邓小平多次指出:"事情成败的关键就是能不能发现人才,能不能用人才。""我们要实现现代化,关键是科学技术能上去。发展科学技术,不抓教育不行。靠空讲不能实现现代化,必须有知识,有人才。"为此,他提出:要努力造就更宏大的科学技术队伍;要创造一种环境,使拔尖人才能够脱颖而出;要积极改善知识分子的生活待遇问题;要改革科技体制。为此,对知识分子在政治上要充分信任,在工作上要放手使用,为广大科技人员和知识分子提供施展聪明才智的广阔舞台。同时,对他们要严格要求,积极引导他们努力学习马克思主义,以便使他们更好地承担起工人阶级的伟大的历史使命。

 **资料卡片**

一百多年前,马克思就明确指出:"生产力中也包括科学。"毛泽东同志在领导社会主义建设的过程中也论述过这个问题。他在1963年指出,科学技术这一仗一定要打,而且必须打好;不搞科学技术,生产力就无法提高。1988年,邓小平同志总结了第二次世界大战以来特别是20世纪七八十年代以来世界经济和科学技术发生的巨大变化,鲜明地提出了"科学技术是第一生产力"的精辟论断。江泽民同志在"七一"重要讲话中指出:"科学技术是第一生产力,而且是先进生产力的集中体现和主要标志。"这个论断,进一步科学地揭示了新科技革命条件下科学技术在生产力形成和发展过程中的重要地位与作用,是对马克思主义生产力理论的丰富和发展。

纵观人类文明的发展史,科学技术的每一次重大突破,都会引起生产力的深刻变化和人类社会的巨大进步。18世纪中叶的技术革命,使人类进入了蒸汽时代,实现了从手工工业到机器工业的转变。19世纪70年代的技术革命,使人类进入了电气时代。20世纪40年代特别是七八十年代以来,科学技术突飞猛进,人类进入了电子时代。当今世界正经历着一场以信息技术为代表的新的技术革命。电子信息技术的普遍应用,电子信息产业的巨大发展,正在把世界推进到一个新的时代。

科技革命和生产力发展的历史表明,科技进步对生产力发展越来越具有决定性的作

二、社会变革中出现的新兴社会阶层是中国特色社会主义事业的建设者

1. 我国社会阶层构成的新变化

改革开放以来,我国的社会阶层构成发生了新的变化,出现了民营科技企业的创业人员和技术人员、受聘于外资企业的管理技术人员、个体户、私营企业主、中介组织的从业人员、自由职业人员等社会阶层。而且,许多人在不同所有制、不同行业、不同地域之间流动频繁,人们的职业、身份经常变动。这种变化还会继续下去。在党的路线、方针、政策指引下,这些新的社会阶层中的广大人员,通过诚实劳动和工作,通过合法经营,为发展社会主义社会的生产力和其他事业作出了贡献。他们与工人、农民、知识分子、干部和解放军指战员团结在一起,他们也是中国特色社会主义事业的建设者,也是中国特色社会主义事业的依靠力量。

 资料卡片

十大社会阶层及其特征

中国社会科学院《中国社会各阶层研究报告》对内地社会群体划分的10个阶层及其社会地位、特征等作出如下界定:

国家和社会管理者阶层:指在党政、事业和社会团体机关单位中行使实际的行政管理职权的领导干部,在整个社会阶层结构中约占2.1%。这一阶层是当前社会经济发展及市场化改革的主要推动者和组织者。

经理人员阶层:指大中型企业中非业主身份的高中层管理人员,所占比例约为1.5%。这一阶层是市场化改革最积极的推进者和制度创新者。

私营企业主阶层:指拥有一定数量私人资本或固定资产并进行投资以获取利润的人,约占0.6%。这一阶层的政治地位无法和其经济地位相匹配,但他们是先进生产力的代表者之一,是社会主义市场经济的主要实践者和重要组织者。

专业技术人员阶层:指在各种经济成分的机构中专门从事各种专业性工作和科学技术工作的人员,约占5.1%。这一阶层是先进生产力和先进文化的代表者之一,还是社会主导价值体系及意识形态的创新者和传播者,是维护社会稳定和激励社会进步的重要力量。

办事人员阶层:指协助部门负责人处理日常行政事务的专职办公人员,所占比例约为4.8%。这一阶层是社会中间层的重要组成部分,未来十几年仍会增加。

个体工商户阶层:指拥有较少量私人资本并投入经营活动或金融债券市场而且以此为生的人,所占比例为4.2%。该阶层的实际人数比登记人数多得多。这一阶层是市场经济中的活跃力量。

商业服务业员工阶层:指在商业和服务行业中从事非专业性的、非体力的和体力的

工作人员,所占比例约为12%。这一阶层和城市化的关系最为密切。

产业工人阶层:指在第二产业中从事体力、半体力劳动的生产工人、建筑业工人及相关人员,约占22.6%左右,其中农民工占产业工人的30%左右。经济改革以来,该阶层的社会经济地位明显下降,其人员构成发生了根本性的变化。

农业劳动者阶层:这是目前中国规模最大的一个阶层,是指承包集体所有的耕地,以农(林、牧、渔)业为唯一或主要职业及收入来源的农民。这个阶层几乎不拥有组织资源,在整个社会阶层机构中的地位比较低。

城乡无业、失业、半失业者阶层:这是特殊历史过渡阶段的产物,是指无固定职业的劳动年龄人群(排除在校学生),所占比例约为3.1%。目前,这一阶层的数量还在继续增加。

社会分为不同的阶层是一个客观存在,是我国实行以公有制为主体、多种经济成分共同发展的基本经济制度的必然产物,是发展社会主义市场经济的必然结果。自人类进入文明社会以来,任何时代都无法避免社会分层现象。过去的各个历史时代,我们几乎到处都可以看到社会完全划分为各个不同的等级,看到由各种社会地位构成的多级阶梯。所不同的是,各个社会分层的形式的区别。阶级现象也是一种社会分层现象。在阶级社会,阶级分层制约和影响着其他各种社会分层现象。我国在20世纪50年代消灭阶级分层现象,但没有消灭所有社会分层现象。在现代社会,社会分层是以职业、收入和社会声望等不同形式出现的。我国以公有制为主体、多种经济成分共同发展的基本经济制度,创造了不同的社会阶层,创造了社会阶层流动的机遇和条件。随着社会多元利益集团的形成,我国社会阶层划分的标准必然转向市场价值取向的工作职业、经济收入、地位声誉等。

改革开放和社会主义现代化建设20多年的历史已经说明,这些新的社会阶层在活跃城乡经济、增加公共积累、扩大社会就业、培养管理人才、吸收外国资金、借鉴外国先进技术和管理经验等方面作出了自己的贡献,是中国特色社会主义事业的建设者。所以,我们党对为祖国富强贡献力量的社会各阶层人们都要团结,对他们的创业精神都要鼓励,对他们的合法权益都要保护,对他们的优秀分子都要表彰。最大多数人的利益和全社会全民族的积极性创造性,对我们党和国家事业的发展始终是最具有决定性的因素。

2. 尊重劳动,尊重知识,尊重人才,尊重创造,营造鼓励人们干事业、支持人们干成事业的社会氛围

发挥新的社会阶层在促进经济发展、社会进步等方面的重要作用,必须贯彻"四尊重"的重大方针。十六大报告指出:"必须尊重劳动、尊重知识、尊重人才、尊重创造,这要作为党和国家的一项重大方针在全社会认真贯彻。""四尊重"的核心和前提是尊重劳动。劳动是一个集合概念。在现实生活中,劳动形式各异,多种多样。有简单劳动,有复杂劳动,有体力劳动,有脑力劳动,有个体劳动,有协作劳动,等等。纵观人类历史的发展进程,不同的劳动形式在社会生产力发展的不同阶段具有不同的地位和作用,但都是人类历史发展不可缺少的内容和推动力量。所以,只要是有益于人类、有益于社会、有益于人民、有益于进步的劳动,不管是什么形式的劳动,都是光荣的,都是值得尊重和鼓励的。

与此相联系,一切合法的劳动收入和合法的非劳动收入,都应该得到保护。人们在政治上是否先进,不能简单地用是否有财产和财产多少作为衡量标准,而主要应该看他们的

思想政治状况和现实表现,看他们的财产是怎么得来的以及对财产是怎么支配和使用的,看他们以自己的劳动对中国特色社会主义事业所作的贡献。总之,我们要形成与社会主义初级阶段的基本经济制度相适应的思想观念和创业机制,营造鼓励人们干事业、支持人们干成事业的社会氛围,放手让一切劳动、知识、技术、管理和资本的活力竞相迸发,让一切创造社会财富的源泉充分涌流,以造福于人民。

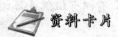 资料卡片

2004年3月14日,十届全国人大二次会议通过了《中华人民共和国宪法修正案》。此次修宪的13项主要内容中,对中国经济领域以至整个社会影响最直接、更深远的,莫过于完善对私有财产权保护的部分。修正后的宪法第十三条规定:"公民的合法的私有财产不受侵犯。""国家依照法律规定保护公民的私有财产权和继承权。""国家为了公共利益的需要,可以依照法律规定对公民的私有财产实行征收或者征用,并给予补偿。"我国宪法正式使用"私有财产权"这一术语,弥补了修正前的宪法只对公民三大基本权利中的生命权、自由权的保护,而对私有财产保护不充分的状态,形成了宪法对公民的三大基本权利的全面保护,从而使私有财产权成为一项宪法权利,对社会经济生活中存在的和已经受到法律、法规保护的公民的广泛的财产权赋予了宪法地位,体现了我国治国理念的重大转变和宪法的与时俱进。

三、人民军队是社会主义祖国的保卫者和社会主义建设的重要力量

在新民主主义时期,中国共产党领导的人民军队依靠人民群众的支持,夺取了革命的胜利。在新的历史时期,在深化改革开放和社会主义现代化建设中,人民军队同样是社会主义祖国的保卫者和社会主义建设的重要力量。

中国人民解放军是人民民主专政的坚强柱石。在社会主义初级阶段,虽然阶级斗争已经不是主要矛盾,但阶级斗争仍然存在,有时还可能会激化。为了维护国家的统一和社会的稳定,为了切实保障人民的民主权利,对极少数敌对分子实行专政,必须以人民解放军为坚强后盾。

中国人民解放军是捍卫社会主义祖国的钢铁长城。虽然和平与发展是当代世界的两大主题,但国际环境复杂多变,霸权主义和强权政治仍然存在,战争的威胁并未根本消除。为了维护国家的独立和主权,促进世界的和平与发展,必须加强和巩固我国的国防。人民解放军是建设社会主义事业的重要力量。我国是一个发展中的国家,认真搞好军队建设,增强国防实力,是全面增强综合国力的重要内容。同时,人民军队也因积极广泛地参加经济建设和精神文明建设,为实现社会主义现代化作出了重要贡献。

党的十六大提出:"在新的历史条件下,人民军队要坚持以毛泽东军事思想、邓小平新时期军队建设思想为指导",全面贯彻"三个代表"重要思想,按照政治合格、军事过硬、作风优良、纪律严明、保障有力的总要求,紧紧围绕打得赢、不变质两个历史性课题,坚定不移地走中国特色的精兵之路,加强军队的革命化、现代化、正规化建设。各级党组织和政府、广大人民群众要支持国防和军队建设。军队要积极支持和参加国家建设。要加强

国防教育,增强全民国防观念,拥军优属,拥政爱民,巩固军政、军民团结。

阅读思考

东方网2003年6月11日消息:随着驻守长江上游某地的又一支工程兵部队今年5月被中国人民解放军总参谋部确定为抗洪抢险专业应急部队,至此,解放军已确定19支部队为抗洪抢险专业应急部队。据总参谋部兵种部有关负责人介绍,抗洪抢险专业应急部队主要由工兵和舟桥专业部队构成,19支部队承担着长江、黄河、淮河、海河、松花江、辽河、珠江、闽江等7大江河流域的抗洪抢险应急任务。

据新华社报道,在抗洪抢险中,他们将主要运用专业技术和装备器材,完成危险工段堤防的险情探查、护坡抢险、封堵决口以及水上救护、爆破分洪等急、难、险、重任务。参加抗洪抢险时,他们将统一佩戴由钩镐与船桨和"KHYJ"字母组成的红色臂章。

结合以上材料,谈谈新时期人民军队的作用有哪些。

四、发展社会主义民族关系,加强全国各族人民的大团结

建设中国特色的社会主义,必须依靠全国各族人民的大团结。民族平等、民族团结和民族的共同繁荣,是一个关系到国家命运的重大问题。

我国在历史上就是一个统一的多民族国家。新中国成立后,确立了各民族平等、团结、互助的新型的社会主义民族关系。邓小平指出:"我国各兄弟民族经过民主改革和社会主义改造,早已陆续走上社会主义道路,结成了社会主义的团结友爱、互助合作的新型民族关系。"这是对建国后我国民族关系所作的科学总结。巩固和发展各民族的团结与合作,对于我国社会主义建设事业,对于巩固人民民主专政的国家政权,对于全民族的自身发展和繁荣,都是至关重要的。

阅读思考

1954年10月,国家决定驻新疆人民解放军10.5万名官兵集体就地转业,组建新疆生产建设兵团,执行屯垦戍边的历史使命。近60年来,这支不穿军装、不拿军饷、永不换防、永不转业的特殊部队,为了西部边疆的繁荣和稳定,为了国家的安宁与领土完整,默默无闻、无怨无悔地扎根在这里!他们在塔克拉玛干沙漠、古尔班通古特沙漠,以及其他各种环境恶劣的边境地带,改造自然,守土保疆,创造了一个又一个人类开发史上的奇迹。他们在为新疆社会经济发展作出卓越贡献的同时,也为巩固边防、稳定社会立下了不朽的功勋,是我们国家"固国强边的中流砥柱"。

想一想:国家设立新疆生产建设兵团有何重要意义?

我国解决民族问题的基本原则是:坚持民族平等、民族团结和各民族共同繁荣。社会主义民族问题,不是阶级矛盾和阶级斗争问题,而是各族劳动人民内部的矛盾,是各族人民的根本利益一致基础上的具体的内部矛盾,主要是由于历史遗留下来的各民族间经济

文化等方面的事实上的不平等,在物质文化、生活水平上还存在差别的矛盾。我们必须坚持民族平等、民族团结和民族共同繁荣,必须反对大汉族主义、地方民族主义和民族分裂主义;坚决揭露和打击国内外敌对势力分裂祖国的阴谋活动。

民族平等,是民族团结、民族共同繁荣的政治前提和基础。所谓民族平等,是指各民族的政治权利、社会地位等方面的一律平等。各民族不分大小、先进与落后,在政治地位上是平等的,不允许有任何的民族歧视存在。民族平等还包括尊重各民族的风俗习惯、语言文化等。

 资料卡片

我国《宪法》明确规定:我国各个民族一律平等。一律平等的含义是:(1)反对任何民族歧视和民族压迫。(2)既反对大汉族主义,又反对地方民族主义。(3)国家尊重少数民族的风俗习惯。(4)少数民族有使用本民族文字、语言的权利和自由。(5)对于少数民族比较集中的地区实行民族自治政策。(6)民族自治的行政单位有民族自治乡、自治县(旗)、自治州(盟)、自治区。(7)各民族在政治上一律平等。(8)国家反对任何形式的民族分裂活动。(9)要求各民族在共产党的领导下,实现全国各民族的大团结,建立社会主义的民族大家庭。

民族团结和共同繁荣是各民族人民的共同要求,是不断消除民族差别,解决民族问题,巩固民族团结的根本方针,也是当前民族工作的中心任务。民族地区只有发展才能稳定,只有发展才能安定团结。

在新时期,实现各民族人民的团结与合作,要继续坚定不移地实现民族区域自治制度。这个制度既能保证少数民族在自己的聚居区内实现当家作主的权利,又能维护祖国的统一和增强各民族之间的团结。同时,要积极创造条件,加快发展少数民族地区的经济和科学文化事业。必须大力培养、选拔和使用少数民族干部,这是增强民族团结、解决民族问题的关键措施。

五、高举爱国主义旗帜,巩固和发展最广泛的爱国统一战线

新时期的爱国统一战线,是建立在爱国主义、社会主义基础上的,是工人阶级领导的,工农联盟为基础的,全体社会主义劳动者、拥护社会主义的爱国者和拥护祖国统一的爱国者的最广泛的政治联盟,是社会主义性质的统一战线。

新时期爱国统一战线的基本要求是:"高举爱国主义、社会主义旗帜,团结一切可以团结的力量,调动一切积极因素,化消极因素为积极因素,为建设有中国特色社会主义的经济、政治、文化服务,为维护安定团结的政治局面服务,为实现祖国完全统一服务,为维护世界和平与促进共同发展服务。"

巩固和发展最广泛的爱国统一战线是新时期社会主义建设、巩固和加强党的建设的必然要求。

1. 坚持党对爱国统一战线的领导,实现统一战线的基本任务

我国实行的是中国共产党领导的具有中国特色的多党合作制,各民主党派享有宪法

赋予的政治自由、组织独立和法律平等权利。新时期,必须坚持党对人民政协的领导,充分发挥人民政协的参政议政作用。正如邓小平指出的:"中国的社会主义现代化建设事业,继续需要政协就有关国家的大政方针、政治生活和四个现代化建设中的各项社会经济问题,进行协商、讨论,实行互相监督,发挥对宪法和法律的监督作用。"

2. 在爱国主义的旗帜下,实现最广泛的爱国主义统一战线

在当代,中国的爱国主义和社会主义在本质上是一致的。只要有利于社会主义现代化、祖国统一、振兴中华,只要有利于民族团结、社会进步、人民幸福,只要有利于反对霸权主义、维护世界和平,不论哪一个阶级、阶层,哪一个党派、集团,哪一个人,我们都要团结。在爱国主义旗帜下,这种团结越广泛,对改革开放和社会主义现代化建设就越有利。

3. 继续巩固、扩大和发展爱国统一战线的两个联盟

一是以爱国主义和社会主义为政治基础的、团结全体劳动者和爱国者的联盟。

二是以爱国主义和拥护祖国统一为政治基础,团结台湾同胞、港澳同胞、海外侨胞的联盟。这两个联盟构成爱国统一战线的整体,体现了中华民族的大团结。这两个联盟互相联系、互相促进,不断推动爱国统一战线的巩固、扩大和发展。

 阅读思考

中共中央总书记胡锦涛2005年4月29日下午,在北京人民大会堂会见中国国民党主席连战时表示,国共两党共同迈出了历史性的一步,既标志着两党的交往进入了新的发展阶段,也体现了我们两党愿共同促进两岸关系发展的决心和诚意。

胡锦涛表示,四月的北京春意盎然,在这美好的季节里,我们迎来了中国国民党主席连战先生率领的国民党大陆访问团,今天的会见是我们两党主要领导人历史性的会见,我为此感到非常高兴。首先我代表中共中央向连主席和夫人、向各位副主席、向访问团的全体成员表示热烈的欢迎并致以良好的祝愿。连战一行的来访是中国共产党和中国国民党关系史上的一件大事,也是当前两岸关系中的一件大事,从你们踏上大陆的那一刻起,我们两党就共同迈出了历史性的一步。这一步既标志着两党的交往进入了新的发展阶段,也体现了我们两党愿共同促进两岸关系发展的决心和诚意,我们共同迈出的这一步,必将记载在两岸关系发展的史册上。

谈谈对于扩大和发展爱国统一战线、促进祖国和平统一的重要意义。

4. 切实加强、巩固和发展新时期最广泛的爱国统一战线,全面正确地贯彻执行党的宗教政策

依据马克思主义关于宗教问题的基本观点和我国宗教的实际情况,我们党确定了尊重和保护宗教信仰自由这一长期的基本政策,并载入宪法。我们在贯彻执行这一政策时,强调保护信教自由,同时也强调保护不信教自由;强迫传教的人不信教或强迫不信教的人信教,都是对宗教信仰自由权利的侵犯。

要坚持保护宗教信仰自由政策,要求宗教同国家分离,宗教同学校分离。绝不能利用国家政权推行某种宗教或禁止某种正常的宗教信仰;绝不允许宗教干预国家行政、司法、学校教育和公共教育;绝不允许利用宗教反对共产党的领导和社会主义制度,破坏国家统

一和民族团结;绝不允许"法轮功"等邪教组织利用谎言愚弄和欺骗广大人民群众,煽动对社会的不满,自残组织成员,影响社会稳定,对类似的邪教组织必须予以取缔。要使全体信仰宗教和不信仰宗教的群众联合起来,把意志和力量集中到建设现代化的社会主义强国这个共同目标上来,积极引导宗教与社会主义社会相适应,这是我们贯彻执行宗教信仰自由政策,处理一切宗教问题的根本出发点和立足点。广泛团结爱国的宗教界人士和宗教信徒,这是我国广泛的爱国统一战线的重要组成部分。

资料卡片

"法轮功"痴迷者杀人害命

央视国际消息:据不完全统计,1999年7月22日,中国政府依法取缔"法轮功"组织以前,全国有1400多人因练"法轮功"死亡,其中136人在李洪志诱骗下"放下生死"自杀身亡。还有一些"法轮功"练习者走火入魔,伤害他人的生命。以下是"法轮功"痴迷者杀人害命的案例之一。

2000年2月6日22时,广东省番禺市榄核镇大生村女"法轮功"练习者袁润甜走火入魔,持刀闯入五保户黄带胜家中,对着黄面部连砍两刀。据袁润甜说,1996年,她在广州市轻工学校时,跟学校老师练上了"法轮功",开始时还觉得精神较好,做事注意力集中,但不久就不愿与人交往,变得孤僻内向。1999年3月,袁毕业回家,先找到一份工作,没多久就辞职不干,家里的农活也不干,也不与父母讲话,一个人躲在房里练功。自11月起,她开始精神恍惚地觉得自己在另外的空间,常常梦见大师李洪志及多名男性要与她发生关系,还要斩杀她。在这些人中,她感到有黄带胜。但黄与袁却连话都没有讲过。袁认为黄在另外的空间侵犯并伤害了她,是魔,一定要除掉他。这种念头一直折磨着她,2月6日晚,她终于精神崩溃,不能控制,从家中厨房找出一把菜刀,骑自行车赶到黄家砍伤黄。袁的父母痛哭流涕地说:"我们辛辛苦苦地拼命干,每年花万把块钱供她到省城读书,家里就她读书最多,谁知道会读这些东西?是'法轮功'把我的小女儿害成这样的。"

第二节 中国特色社会主义事业的领导核心

一、中国共产党的领导是近代中国历史发展的必然选择

中国共产党的领导核心地位是在长期的革命斗争实践中形成的,是我国近代历史发展和中国人民长期探索选择的必然结果。

1840年鸦片战争后,中国逐步变为半殖民地半封建国家。近代中华民族面对着两大历史任务:一是争取民族独立和人民解放;二是实现国家繁荣富强和人民共同富裕。为完成这两大历史任务,近代中国的许多志士仁人同帝国主义和封建主义进行了不屈不挠的斗争,但这些斗争由于缺乏先进政党的领导和正确思想的指导,都没有能够改变旧中国的

社会性质,没有能够改变中国人民灾难深重的悲惨境遇。1921年,在马克思列宁主义和中国工人运动相结合的进程中,中国共产党应运而生。从此,领导反帝反封建的革命斗争、争取民族独立和人民解放、实现振兴中华的伟大使命,历史地落到了中国共产党的身上。中国革命进入了崭新的发展阶段。

 资料卡片

　　自1840年鸦片战争以后,中国一步一步地由一个封建大国沦为半殖民地半封建的国家。从1840年到1949年的110年间,英、法、日、美、俄等帝国主义列强先后对中国发动过大小数百次侵略战争,给中国人民的生命财产造成了不可估量的损失。

　　(1) 帝国主义者在每次侵略战争中,大规模地屠杀中国人民。1900年,八国联军烧杀抢掠,将5万多人的塘沽镇变成空无一人的废墟,使拥有100万人的天津在烧杀之后仅存10万人,进入北京后,杀人不计其数,仅庄王府一处就杀死1 700多人。在1937年开始的日本帝国主义的全面侵华战争中,2 100余万人被打死打伤,1 000余万人被残害致死。其中,在1937年12月13日后的6个星期内,日本侵略军在南京就杀害了30万人。

　　(2) 帝国主义者大肆贩卖和虐杀华工,使旧中国无数生灵惨遭涂炭。据不完全统计,从19世纪中叶到20世纪20年代,被贩卖到世界各地的华工多达1 200万人。这些被绑架、被欺骗去的华工囚禁在"猪仔馆",被烙上贩卖目的地的字号。1852—1858年间,仅汕头一地"猪仔馆"中的4万华工,就有8 000多人被折磨致死。列强在中国各地开办的工程和矿山中,肆意虐杀华工的记录骇人听闻。日本帝国主义侵华期间,仅东北地区就有不下200万劳工被折磨致死。华工被迫害致死后,被扔进山沟或乱石坑。现已发现的这种"万人坑"就有80多处,埋有劳工尸骨70多万具。

　　(3) 帝国主义在中国实行殖民统治,使中国人民备受凌辱,毫无人格尊严可言。那时,外国侵略者享有不受中国法律管辖的"治外法权"。1946年12月24日,北平发生美国士兵皮尔逊强奸北京大学女生沈崇的暴行,激起全国人民的极大愤慨。但是,罪犯却由美国单方面处理,被宣布无罪释放。列强在中国设立的"租界",拥有行政、立法、司法、警察和财政大权,成为完全独立于中国的行政和法律制度之外的"国中之国"。1885年,外国侵略者甚至在上海法租界公园门口公然竖起"华人与狗不得入内"的牌子,肆无忌惮地侮辱中国人的人格。

　　(4) 帝国主义强迫中国签订了1 100多个不平等条约,对中国的财富进行了大规模的疯狂掠夺。据统计,近百年来,外国侵略者通过这些不平等条约掠去战争赔款和其他款项达白银1 000亿两。其中《南京条约》、《马关条约》、《辛丑条约》等8个不平等条约就勒索赔款19.53亿两白银,相当于清政府1901年收入的16倍。而日本仅通过《马关条约》勒索的赔款2.3亿两白银,就相当于当时日本国家财政四年半的收入。侵略者在战争中的破坏和抢劫造成的损失,更是难以估算。日本全面侵华战争期间(1937—1945年),中国有930余座城市被占领,直接经济损失达620亿美元,间接经济损失超过5 000亿美元。国家主权丧失,社会财富遭洗劫,使中国人民失去了最起码的生存条件。

　　1921年7月,中国共产党诞生,中国革命的面貌焕然一新。中国共产党提出了彻底

的反帝反封建的民主革命纲领,并领导全国人民为实现这一纲领,进行了艰苦卓绝的斗争。经过北伐战争、土地革命战争、抗日战争和解放战争,经过了28年的曲折奋斗,中国共产党领导全国人民打败了日本帝国主义的侵略,推翻了国民党反动统治,建立了中华人民共和国,揭开了中国历史的新纪元。中国革命的历史实践证明,中国人民接受中国共产党的领导,是因为只有共产党才能给中华民族带来独立、解放,完成中国其他阶级所不能完成的反帝反封建的革命任务。新民主主义革命的胜利,奠定了中国共产党的领导核心地位。

 资料卡片

五次反"围剿"

中原大战结束后,蒋介石调集军队向南方各革命根据地的红军发动反革命"围剿"。

1930年10月,蒋介石纠集10万兵力,采取"长驱直入,分进合击"的战术,对中央革命根据地发动大规模的"围剿"。红一方面军4万人在毛泽东的领导下,采取"诱敌深入"的作战方针,共歼敌1.5万多人,胜利地粉碎了敌人的第一次"围剿"。

1931年2月,国民党当局又调集20万军队,采取"稳扎稳打,步步为营"的战术,对中央革命根据地进行第二次"围剿"。红军3万人在毛泽东的指挥下,仍坚持"诱敌深入"的方针,集中兵力,各个歼灭。在5月中下旬,连续取得五场战斗的胜利,粉碎了敌人的第二次"围剿"。

1931年7月,蒋介石亲自任总司令,率兵30万人,依仗重兵,采用"长驱直入"战术,分三路进攻中央革命根据地。红军依然使用"诱敌深入"的战略方针,"避敌主力,打其虚弱",前后3个月,歼敌3万人,胜利地粉碎了敌人的第三次"围剿"。此时,鄂豫皖、湘鄂西等革命根据地也取得了反"围剿"斗争的胜利,使红军和根据地得到了很大的发展。

1932年7月,蒋介石调集30万军队,发动了对鄂豫皖根据地的进攻。由于张国焘的错误领导,红四方面军数战不利,被迫撤离根据地。与此同时,国民党10万军队还向湘鄂西根据地发动进攻。红三军团在夏曦等人的错误指挥下,伤亡惨重,被迫转移到黔东。

1932年底,国民党调集30个师的兵力,分三路向中央革命根据地发动第四次"围剿"。红军在周恩来和朱德的指挥下,根据毛泽东积极防御的战略思想,采取声东击西,大兵团伏击,集中优势兵力,坚决围歼的作战方针,消灭敌人3个师,取得了第四次反"围剿"的胜利。

1933年10月,蒋介石调集100万军队、200多架飞机,采用"三分军事,七分政治"的方针,向各革命根据地发动了第五次"围剿"。对中央革命根据地,蒋介石动用50万兵力,分路"围剿"中央红军。在王明"左"倾冒险主义思想的影响下,李德等人先推行"军事冒险主义"策略,后在敌人的猖狂进攻面前采取"拼命主义",最后发展成"逃跑主义",导致中央红军第五次反"围剿"失败。1934年10月,中央红军主力被迫退出中央革命根据地,突围转移,开始长征。

新中国成立后,中国共产党成为领导全国政权的执政党和社会主义事业的领导核心,

实现了中国历史上最广泛最深刻的社会变革。中国共产党领导人民实现了梦寐以求的国家独立、统一和各民族的大团结；战胜了帝国主义和国际敌对势力的各种各样的干扰破坏，维护了国家的安全和独立；建立了公有制为基础的经济制度，为社会主义经济的发展开辟了道路，使占世界人口四分之一的东方大国进入了社会主义社会，社会生产力有了很大的发展，综合国力有了很大的提高，人民生活水平有了很大的改善；建立和巩固了人民民主专政的国家政权，国家基本政治制度基本建立；坚持独立自主的和平外交政策，在维护世界和平和人类正义事业的斗争中作出了自己的贡献，赢得了世界人民的尊重。"没有共产党，就没有社会主义的新中国。"这是中国人民从长期奋斗历程中得到的最基本、最重要的结论。

以党的十一届三中全会为标志，我国进入了社会主义事业发展的新时期，这是建国以来党的历史上具有深远意义的伟大转折。在中国这样一个经济文化落后的国家怎样建设社会主义，是摆在中国共产党面前的新课题，也是社会主义发展史上没有现成答案的新课题。在党的十一届三中全会前，党在社会主义建设中，在阶级斗争、社会主义建设规模和速度、经济体制选择等问题上出现过挫折，但我们党有能力纠正自身的失误，保证社会主义建设沿着正确的方向前进。中国共产党总结国内国际历史经验，经过艰辛探索，实行了改革开放的新政策，确立了党在社会主义初级阶段的基本理论、基本路线、基本纲领。在世界社会主义发生严重曲折、国内外风云急剧变幻的局面中，中国共产党砥柱中流，巍然不动，社会主义在中国展现出蓬勃的生机和活力。

事实充分证明，中国共产党不愧为伟大、光荣、正确的马克思主义政党，不愧为领导中国人民不断开创新事业的核心力量。

二、中国共产党始终是中国特色社会主义事业的领导核心

1. 坚持党的领导是实现社会主义现代化的关键

只有坚持党的领导，才能保证社会主义现代化事业的正确方向。我国是社会主义制度的国家，我们的现代化是社会主义的现代化，改革开放是社会主义制度的自我完善和发展。由于国情不同和条件不同，我们绝不能走西方资本主义国家现代化的老路。我们党的崇高理想是实现社会主义和共产主义，通过发展社会主义市场经济实现现代化，最终目的是为了实现共同富裕和人的全面发展。只有坚持党的领导，才能使现代化事业沿着社会主义方向前进。

只有坚持党的领导，才能为现代化建设创造一个安定团结的政治局面和良好的社会环境。保证社会政治稳定，是保证现代化建设能够顺利进行的不可缺少的前提条件。中国共产党具有把握各种复杂矛盾的能力，能够保证国家长治久安。

只有坚持党的领导，才能有效地领导和组织现代化建设事业。在中国，现代化建设是一次前无古人的宏伟事业，需要我们在实践中大胆地闯、大胆地试，不断总结、不断前进。只有中国共产党善于把马克思主义普遍原理与中国实际结合起来，不断分析新情况、新问题，制定出符合中国国情的正确路线、方针、政策，把各项事业推向前进。

只有坚持党的领导，才能团结全国各族人民一心一意搞社会主义建设。社会主义现代化是全国亿万人民的事业，必须依靠和充分发挥全国各族人民的智慧和创造性，这样才

会有社会主义现代化事业的成功。只有同广大人民群众有着血肉联系、鱼水关系,同群众同呼吸、共命运的中国共产党,才能动员群众,组织群众,排除万难,为实现社会主义现代化建设的宏伟目标而努力奋斗。

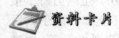 资料卡片

抗击"非典"与新党员的发展

2003年4月13日,国务院召开全国非典型性肺炎防治工作会议。4月14日,胡锦涛总书记到广东省疾病预防控制中心考察,深入了解防治非典型性肺炎的情况。4月10日至15日,中共中央总书记胡锦涛到广东考察。同月30日,国务院总理温家宝也来到广东。易金泉和他的校友们对电视上那个经典画面至今依然记忆犹新:胡锦涛总书记"为一些群众的身体健康和生命安全受到严重威胁而感到揪心"的感人话语和向医务工作人员的深情鞠躬;温家宝总理走上街头,和群众亲切握手。两位国家领导人甚至都没有戴口罩。

广东外语外贸大学一名大三的学生易金泉说,那时整个广东就像被赋予了某种特别的精神,人们对非典的恐惧开始消除。人们和平日一样上班下班,生产、工作、学习秩序开始恢复正常。

非典期间,温家宝总理视察广东时,广东省委书记张德江曾告诉总理:"这段时间仅广州地区就有200多名抗击非典一线医护人员申请入党,其中30人被批准火线入党。"

易金泉所在的大学也掀起了入党高潮,他本人当时也是一名入党积极分子。他还记得,那一年,广东外语外贸大学开始把学生党支部建在班上。为了有机会照顾发烧的同学,很多人递交了入党申请书,甚至有的班级一下就交来10多份申请书。

党的十一届三中全会以来,我国社会主义现代化建设所取得的举世瞩目的伟大成就,都是在坚持党的领导下取得的。实践证明,坚持党的领导是实现社会主义现代化的关键。

2. 坚持党的领导是建设中国特色社会主义的根本保证

中国共产党坚持把马克思列宁主义、毛泽东思想、邓小平理论和"三个代表"重要思想作为自己的行动指南,代表了人类社会发展的正确方向。中国共产党把马克思列宁主义的基本原理同中国实际相结合,实现了两次历史性飞跃,创立了毛泽东思想和邓小平理论。党的十三届四中全会以来,以江泽民为主要代表的中国共产党人,在建设中国特色社会主义的实践中,深化了什么是社会主义、怎样建设社会主义和建设什么样的党、怎样建设党的认识,积累了治党治国的一系列宝贵经验,形成了"三个代表"重要思想。

中国共产党坚持全心全意为人民服务的根本宗旨。中国共产党除了工人阶级和最广大人民群众的利益,没有自己的特殊利益。党坚持"一切为了群众,一切依靠群众,从群众中来,到群众中去"的群众路线,把党的正确主张变为群众的自觉行为。

中国共产党吸收工人阶级和知识分子中最优秀的分子进入党组织,使我们党发展壮大成为一个拥有近七千万党员的大党,具有强大的组织优势。依靠强大的政治优势和组织优势,中国共产党比其他政党更具凝聚力、吸引力和战斗力,能够最大限度地调动、组织、团结广大人民群众和一切爱国进步人士,形成坚不可摧的强大的社会力量。这是建设中国特色社会主义的最可靠的保证。

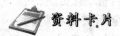
资料卡片

来自中共中央组织部 15 日最新统计数据表明,2002 年至 2006 年,全国共发展党员 1 185.9 万名,平均每年发展党员 237.2 万名。其中,先进模范人物占一定比例,绝大多数是各行各业的骨干力量。为了巩固党的阶级基础和扩大党的群众基础,中共开展了在新的社会阶层中发展党员试点工作,目前此项工作已经转入经常性工作。截至 2006 年底,全国非公有制企业中共党员达 286.3 万人,还有 81 万名中共党员来自个体工商户。从 2002 年至 2006 年,全国非公有制企业党组织数量由 9.9 万个增至 17.8 万个,增长 79.8%。全国有 3 名以上正式党员的非公有制企业建立党组织的比例达 94.2%。

(据新华网)

中国共产党在长期的革命和建设实践中形成了一系列正确的纲领、路线、方针、政策,确立了中国特色社会主义理论体系。党的十五大阐述了党在社会主义初级阶段的基本路线和基本纲领,就建设中国特色社会主义经济、政治、文化做出全面部署,确定了跨世纪的宏伟蓝图。党在领导经济体制改革的同时领导了政治体制改革,扩大了社会主义民主,提出依法治国、建立社会主义法治国家的重要战略,并提出依法治国与以德治国相结合。党的十六大提出全面建设小康社会,实现物质文明、精神文明、政治文明,开创中国特色社会主义事业新局面,推动社会全面进步。这些路线、方针、政策,为我们正确认识和解决改革开放中的各种复杂矛盾,顺利实现跨世纪的奋斗目标,提供了有力的武器。

中国共产党在同国内外敌对势力及西方资产阶级自由化思潮的斗争中积累了丰富的经验。从社会主义诞生那一天起,西方资本主义敌对势力对中国的"分化"、"西化"的企图就没有停止过。十几年前,世界政治风云突变,社会主义在苏联和东欧一些国家遭受挫折,世界社会主义运动处于低潮。面对严峻的国际形势,中国共产党高举马列主义大旗,坚持独立自主,讲究斗争策略和斗争艺术,顶住了西方敌对势力的压力,保证了社会主义事业不断前进。在建设中国特色社会主义的未来进程中,各种敌对势力仍将会长期存在,我们的工作也可能会出现这样那样的偏差,但中国共产党有丰富的经验,有能力及时调整自己,战胜自己,透彻地把握历史发展的进程,驾驭复杂的形势,保证国家长治久安,稳步发展。

3. 坚持四项基本原则的核心是坚持共产党的领导

建设中国特色的社会主义,必须坚持四项基本原则,而坚持四项基本原则的核心是坚持党的领导。邓小平指出:"我们坚持四项基本原则,就是坚持社会主义,坚持无产阶级专政,坚持马列主义、毛泽东思想,坚持党的领导,这四个坚持的核心,是坚持党的领导。"

第一,社会主义道路是由我们党领导人民创建的,马克思主义的领导地位是由我们党领导人民确立并不断巩固的。

第二,坚持中国共产党的领导,对于坚持四项基本原则具有决定性意义。在四项基本原则中,马克思主义是旗帜,是灵魂;社会主义制度和人民民主专政是目标,是实质;共产党的领导则是核心,是关键。党的基本理论、基本路线、基本纲领能否全面贯彻和坚持一百年不动摇,四项基本原则能否坚持下去,中国的事情能不能办好,归根结底取决于我们党能否保持其领导地位,取决于我们党是否始终成为"三个代表"。因此,坚持四项基本原则,最根本的是要紧紧抓住坚持党的领导这个核心。

第三,在我们这样一个世界上人口最多的发展中国家,如果离开了共产党的坚强领导,整个社会就会是一盘散沙,不仅建设搞不起来,而且必然陷入社会的混乱。当今世界一些国家所以战乱频繁,其重要原因就是缺少一个能够凝聚社会各个方面的政治力量,缺少一个能够沿着正确方向前进的坚强的领导核心。坚持党在建设中国特色社会主义事业中的领导核心地位,这是全中国人民根本利益之所在,是实现中华民族伟大复兴的希望之所在。

资料卡片

邓小平在1980年《目前的形势和任务》的讲话中指出:"从根本上说,没有党的领导,就没有现代中国的一切……没有党的领导,就没有一条正确的政治路线;没有党的领导,就没有安定团结的政治局面;没有党的领导,艰苦创业的精神就提倡不起来;没有党的领导,真正又红又专、特别是有专业知识和专业能力的队伍也建立不起来。这样,社会主义四个现代化建设、祖国的统一、反霸权主义的斗争,也就没有一个力量能够领导进行。这是谁也无法否认的客观事实。"

三、坚持党的领导必须改善党的领导

改善党的领导,首先要明确什么是党的领导,党应当怎么领导。党不是政权本身,不能取代政权机关的职能。中国共产党党章规定:"党的领导主要是政治、思想和组织的领导。"这里的首要问题是,必须有坚强的政治领导,即正确的路线、方针、政策和政治方向的领导。政治领导和思想领导、组织领导又是统一的、不可分的。思想领导是政治领导、组织领导的重要前提和基础,组织领导是政治领导、思想领导的重要保证。我们要善于把三者很好地统一起来,在政治、经济、文化等各个领域,充分发挥党对各项改革和建设的领导作用。

改善党的领导,必须坚持和完善党的民主集中制。民主集中制是民主基础上的集中和集中指导下的民主相结合的制度,民主集中制是中国共产党根本的组织制度,是实现决策科学化、民主化不可少的制度保障。为此,要做到两个"必须"。第一,必须进一步发扬党内民主。党内民主是党的生命,对人民民主具有重要的示范和带动作用。要以保障党

员民主权利为基础,以完善党的代表大会制度和党的委员会制度为重点,从改革机制入手,建立充分反映党员和党组织意愿的党内制度。第二,必须维护党中央领导集体的权威。维护党中央领导集体的权威,是党、国家和民族的根本利益所在。党的各级组织和全体党员必须在思想上、政治上、行动上同中央保持一致,保证党的路线、方针、政策顺利贯彻执行。

改善党的领导,必须坚定不移地贯彻依法治国战略,正确处理党的领导与依法治国的关系。依法治国是党的领导方式和执政方式的重大转变,它要求党的领导要通过国家政权机关对法令的贯彻实施来实现。党要善于把关于国家重大事务的主张,经过法定程序,形成为国家意志。党要领导人民制定和完备各种法律,做到有法可依,有法必依,执法必严,违法必究。

改善党的领导,必须坚持党要管党的原则和从严治党的方针。"党要管党,从严治党",是保持党的先进性和纯洁性,巩固党的执政地位,增强党的防腐拒变和抵御风险能力,提高党的执政能力和领导水平的重要保证。总结世界上一些长期执政的共产党丧失政权的教训,我们意识到"治国必先治党,治党必须从严"。当前,我们党内存在的消极腐败现象,在一定程度上已经严重影响了党的形象,影响了党和群众的血肉联系,干扰了建设中国特色社会主义事业的发展。为此,必须从党的生死存亡的高度,认识党要管党和从严治党方针的重要性。

第三节　按照新时代中国特色社会主义思想要求全面推进党的建设新的伟大工程

一、推进党的建设新的伟大工程的基本内涵

习近平总书记指出:"历史总是要前进的,历史从不等待一切犹豫者、观望者、懈怠者、软弱者。只有与历史同步伐、与时代共命运的人,才能赢得光明的未来。"我们要从历史和发展的维度充分理解党的建设新的伟大工程的时代内涵,更加精准把握时代脉搏,更加准确理解新时代推进党的建设的关键点。

（一）推进党的建设新的伟大工程必须毫不动摇坚持党对一切工作的领导

党政军民学,东西南北中,党是领导一切的。中国共产党领导是中国特色社会主义最本质的特征,是中国特色社会主义制度的最大优势。中国共产党的领导是党和国家的根本所在、命脉所在,是全国人民的利益所在、幸福所在。没有中国共产党的领导,中华民族伟大复兴只是空想。坚持党的领导,是历史的选择、人民的选择,是中国人民在长期奋斗中得出的基本结论,是在中国特色社会主义现代化建设进程中总结的基本经验。进入新时代,国际国内形势复杂多变,我们肩负光荣而艰巨的历史使命,爬坡过坎应对风险挑战,从根本上要依靠党的领导,要依靠党凝聚不可战胜的强大力量。任务越繁重,越要用好我们的最大优势,越要加强和改善党的领导,越要发挥党总揽全局、协调各方的领导作用。

坚持党对一切工作的领导,是新时代党的建设的最高原则,必须毫不动摇坚持到底,必须确保党始终成为中国特色社会主义事业的坚强领导核心。

（二）推进党的建设新的伟大工程必须坚持把党的政治建设摆在首位

政治属性是政党第一位的属性,政治建设是政党建设的内在要求。党的十九大报告首次把党的政治建设纳入党的建设总体布局,强调"以党的政治建设为统领","把党的政治建设摆在首位",突出了党的政治建设在新时代的极端重要性。旗帜鲜明讲政治是马克思主义政党的基本要求,是由党的性质决定的根本原则,是我们党的一贯要求。党的十八大以来,以习近平同志为核心的党中央以刀刃向内的决心和勇气推进全面从严治党,着眼从政治上建设党,采取了一系列重大措施,取得了显著成效,巩固了党的集中统一领导,党的面貌、党的风气发生历史性变化,深得党心军心民心。党的政治建设是党的根本性建设,决定党的建设的方向和成效,必须时刻摆在党的建设首要位置。

（三）推进党的建设新的伟大工程必须坚持用习近平新时代中国特色社会主义思想武装全党

思想建党,是我们党的光荣传统和政治优势,是我们党的建设的基本经验。党的十九大报告提出要把坚定理想信念作为党的思想建设的首要任务。我们党是拥有8 900多万党员,在有十几亿人口的大国长期执政的党,要把党建设好、建设强,要凝聚起社会主义现代化建设的强大力量,根本的要靠理想信念。历史和实践表明,加强思想建设,任何时候都是党的建设的重要内容。我们必须用科学理论武装头脑,不断培植自己的精神家园。习近平新时代中国特色社会主义思想为我们提供了强大的思想武器,我们要深刻理解把握这一思想的科学体系、精神实质、实践要求,不断筑牢理想信念,保持党的思想建设的先进性。

二、新时代党的建设的总要求

坚持和加强党的全面领导,坚持党要管党、全面从严治党,以加强党的长期执政能力建设、先进性和纯洁性建设为主线,以党的政治建设为统领,以坚定理想信念宗旨为根基,以调动全党积极性、主动性、创造性为着力点,全面推进党的政治建设、思想建设、组织建设、作风建设、纪律建设,把制度建设贯穿其中,深入推进反腐败斗争,不断提高党的建设质量。

党的十八大以来,以习近平同志为核心的党中央接过历史接力棒,带领全国人民阔步迈进中国特色社会主义新时代。党和国家事业发生历史性变革、取得历史性成就,关键就在于以习近平同志为核心的党中央的坚强领导,在于习近平新时代中国特色社会主义思想的科学指引。党的十九大胜利召开,标注了我国发展新的历史方位,开启了新时代的新征程。习近平总书记强调,党要团结带领人民进行伟大斗争、推进伟大事业、实现伟大梦想,必须毫不动摇坚持和完善党的领导,毫不动摇把党建设得更加坚强有力。进入新时代,我们党一定要有新气象新作为,要更加理直气壮地深入持续推进党的建设新的伟大工程。

三、新时代党的建设的总目标

习近平总书记提出了新时代党的建设要达到的总目标:把党建设成为始终走在时代前列、人民衷心拥护、勇于自我革命、经得起各种风浪考验、朝气蓬勃的马克思主义执政党。

新时代党的建设的总目标集中体现了党的性质、宗旨、纲领,体现了新时代中国共产党人的价值取向、政治定力、使命担当。要明确我们党是马克思主义政党;要真正具有战略思维、前瞻思维,站在时代前列,引领时代潮流;要通过真正坚持以人民为中心,以扎实的执政绩效、不断增强群众获得感来赢得群众爱戴与拥护;要勇于自我革命,通过增强自我净化、自我完善、自我革新、自我提高能力,不断纯洁党的肌体,确保党的先进性、纯洁性;要经得起风浪考验,朝气蓬勃,时刻保持政治定力和战略定力,坚持从自身实际出发,坚持与时俱进,不断吸纳新的养分,保持生机活力。

四、新时代党的建设的总任务

新时代党的建设思想新方略强调"坚持党对一切工作的领导"和"坚持全面从严治党"。按照新时代党的建设总要求,将坚持党的全面领导、全面从严治党同全面推进党的建设三者有机统一起来,关键是要把新时代党的建设总要求和新部署变成具体的党建工作和能力建设新要求,切实完成好新时代党的建设八个方面的新任务。

一是要把党的政治建设摆在首位,旗帜鲜明讲政治,坚决维护以习近平同志为核心的党中央权威,坚决服从党中央集中统一领导。全体党员干部要切实加强党性锻炼,不断提高政治觉悟和政治能力,把对党忠诚、为党分忧、为党尽职、为民造福作为根本政治担当,永葆共产党人政治本色。二是要用习近平新时代中国特色社会主义思想武装全党,强化思想建设,坚定理想信念,牢记党的宗旨,挺起共产党人的精神脊梁,切实解决好世界观、人生观、价值观这个"总开关"问题,自觉做共产主义远大理想和中国特色社会主义共同理想的坚定信仰者和忠实实践者。三是要加快建设高素质专业化干部队伍,把好干部标准落到实处,坚持正确选人用人导向,匡正选人用人风气,突出政治标准,注重培养专业能力、专业精神,切实改进推荐考察办法。四是要加强基层组织建设,以提升组织力为重点,突出政治功能,充分发挥基层党组织战斗堡垒作用。五是持之以恒正风肃纪,继续整治"四风"问题,强化监督执纪问责,抓早抓小,防微杜渐。六是夺取反腐败斗争压倒性胜利,坚持无禁区、全覆盖、零容忍,推进反腐败国家立法。七是健全党和国家监督体系,建立巡视巡察上下联动的监督网,深化国家监察体制改革。八是全面增强执政本领,切实增强学习本领、政治领导本领、改革创新本领、科学发展本领、依法执政本领、群众工作本领、狠抓落实本领、驾驭风险本领。在实践中不断推动新时代党的建设实现点、线、面的有机结合,切实把党自身建设好、建设强,确保党始终同人民想在一起、干在一起,从而不断引领承载着中国人民伟大梦想的航船破浪前进。

 **思考与练习**

1. 中国特色社会主义的依靠力量是哪些？如何正确看待我国社会变革中新出现的社会阶层及其变化？
2. 如何理解坚持四项基本原则的核心是坚持共产党的领导？
3. 不断深化对共产党执政规律的认识主要包括哪些内容？
4. 全面推进党的建设新的伟大工程的总目标和任务是什么？

 探究与实践

"来而不往非礼也"、"官不打送礼的"等处世理念在很多人的思想中都很牢固，久而久之，"礼尚往来"就演变成了严重的人身依附、人情依赖。故而有的学者称中国是个关系社会，什么事都找关系，一遇到麻烦，不找法律，先翻电话本，看能找到谁，然后就是找存折。有些事不少人觉得不花钱心里不踏实，有时候也知道花钱是白花，但花完了钱，他们就觉得心理上有了安慰："我努力了。"在这种文化的氛围中，只要是管点事的，做清官很难，时刻在经受着考验。

想一想：在新的历史时期，如何才能克服人情文化和官僚文化的影响来加强党的建设？

主要参考文献

1. 《马克思恩格斯选集》,人民出版社,1995年版
2. 《毛泽东选集》,人民出版社,1991年版
3. 《邓小平文选》(第一、二、三卷),人民出版社,1993年版
4. 辽宁省教育委员会组编:《邓小平理论教程》,辽宁大学出版社,1998年版
5. 陈晓晖编著:《邓小平理论和"三个代表"重要思想概论教学案例》,中国人民大学出版社,2004年版
6. 郭永礼、高志凯、花立新等编著:《邓小平理论与"三个代表"重要思想概论》,南海出版公司,2003年版
7. 高泽涵、许火盈主编:《邓小平理论和"三个代表"重要思想概论》,中国经济出版社,2004年版
8. 吴仕民、袁贵仁主编:《邓小平理论与"三个代表"重要思想概论》,民族出版社,2004年版

主要参考文献